SULTANAS

MULHERES CHEFES DE ESTADO NO ISLÃ

ESQUECIDAS

Tabla.

FATIMA MERNISSI

SULTANAS

MULHERES CHEFES DE ESTADO NO ISLÃ

ESQUECIDAS

TRADUÇÃO
MARÍLIA SCALZO

7   PREFÁCIO
    Samira Adel Osman

15 INTRODUÇÃO
    BENAZIR BHUTTO FOI A PRIMEIRA?

23 PRIMEIRA PARTE
    SULTANAS E CORTESÃS
25 I. Como o Islã se refere às rainhas?
48 II. O califa e a sultana
62 III. As *jaryas* ou a revolução do harém
80 IV. Khayzuran: cortesã ou chefe de Estado?

103 SEGUNDA PARTE
    A SOBERANIA NO ISLÃ
105 I. Os critérios de soberania no Islã
127 II. Quinze sultanas

159 TERCEIRA PARTE
    AS RAINHAS ÁRABES
161 I. A dinastia xiita do Iêmen
195 II. As pequenas rainhas de Sabá
223 III. A Dama do Cairo

251 CONCLUSÃO
    A MEDINA-DEMOCRACIA

267 REFERÊNCIAS

PREFÁCIO
SAMIRA ADEL OSMAN

Mais que um prefácio, este texto pretende ser uma homenagem a Fatima Mernissi, autora pouco conhecida e pouco lida no Brasil. Até agora.

Pela ausência de conhecimento da intelectual e de suas obras é que me permito iniciar com uma breve nota biográfica. Começo pelo impacto de seu falecimento, aos 75 anos de idade, no dia 30 de novembro de 2015, e pelas justas homenagens que recebeu. Os obituários de jornais como *New York Times*, *Guardian*, *Libération*, *The Arab Weekly*, *Morocco World News*, de instituições como Muslim Institute, Oxford Research Encyclopedias e diversas notas biográficas a descreveram como fundadora do feminismo islâmico, figura importante e influente do feminismo árabe, inspiração e ícone do feminismo marroquino, voz eloquente da intelectualidade do mundo árabe, uma mulher intelectual, imponente e poderosa; ativista e revolucionária, livre-pensadora e humanista, a mais célebre escritora feminista dos tempos modernos, cujo legado inspirou e continuará inspirando gerações de homens e mulheres do Oriente e do Ocidente.

Seu importante papel como intelectual do mundo árabe e islâmico, e para além dele, foi reconhecido em vida. Em 2003, dividiu com Susan Sontag o Prêmio Príncipe das Astúrias das Letras pelos trabalhos dedicados ao diálogo entre culturas, tendo ambas desbancado 42 fortes candidaturas, como a do egípcio Nagib Mahfuz e a do peruano Alfredo Bryce. Em 2004, Mernissi recebeu o prêmio anual da Fundação Erasmus e, em 2013, integrou a lista da revista *Arabian Business* e a do *Guardian* como uma das cem mulheres mais influentes do mundo árabe e do mundo, respectivamente. Foi escolhida para o grupo de sábios da Comissão Europeia para o diálogo entre povos e culturas, atuou em diversos trabalhos para a Unesco e para a Organização Internacional do Trabalho da onu sobre a condição das mulheres em seu país.

Após sua morte — lamentada por colegas, alunos, discípulos, admiradores —, as homenagens não cessaram. Cátedras Fatima Mernissi foram criadas na Universidade Muhammad v, onde lecionou, na Universidade Livre de Bruxelas e na Universidade Autônoma do México. A Mesa (Middle East Studies Association) criou o Fatima Mernissi Book Award para premiar estudos de gênero; o Instituto Africano de Sharjah criou a bolsa Fatima Mernissi e, em março de 2022, o Correio magrebino estampou um selo em sua homenagem.

Esse reconhecimento não foi por acaso, mas sim a coroação de uma trajetória de vida e de uma carreira construída em condições que poderiam ser consideradas adversas. Mernissi nasceu em 1940 na cidade de Fez, no Marrocos, em uma família de classe média e tradicional em que o acesso à educação das mulheres passava a ser possível para a sua geração. A mãe, as tias e as avós eram analfabetas e nunca ocuparam os bancos escolares, mas Mernissi pôde ter acesso à educação primária e secundária graças aos movimentos nacionalistas que criavam escolas destinadas à educação de meninas. Pôde também transgredir o espaço doméstico do harém e abdicar do uso do véu, no qual as mulheres de sua família ainda estavam enredadas. Para Mernissi, as mulheres analfabetas, confinadas e veladas das gerações anteriores a sua eram a força motriz e progressista que garantiria às gerações seguintes a ruptura com a ignorância, os muros e o véu.

Escolheu a área de sociologia e ciência política para sua formação superior, estudando na Universidade Muhammad v, onde se graduou, na Sorbonne, onde deu continuidade à pós-graduação, e na Universidade Brandeis, em Massachusetts, onde obteve o título de doutora em 1973. De volta a seu país, em 1974, assumiu como professora na Universidade Muhammad v em Rabat e mais tarde tornou-se pesquisadora do Institut Universitaire de la Recherche

Scientifique. Ao longo de sua carreira, foi professora visitante em diferentes universidades pelo mundo. Questionada em uma entrevista por ter retornado para viver e atuar em seu país, apesar das limitações impostas às mulheres (de acordo com a visão do entrevistador), Mernissi respondeu de forma bem-humorada, mas muito perspicaz: no Marrocos, seu pensamento, suas ideias e suas obras seriam lidos, discutidos e levariam a uma polarização de opiniões; concordando ou discordando, o mais importante era o debate que seus textos e opiniões poderiam gerar em sua terra natal.

A socióloga nunca deixou de reafirmar o compromisso com suas origens e como estava umbilicalmente ligada e enraizada a essa sociedade da qual era parte e na qual militava por melhores condições, colaborando inclusive na fundação da Organização Marroquina de Direitos Humanos, defendendo posicionamentos sobre democracia, cidadania, igualdade de direitos, liberdade de pensamento e de expressão e a separação entre Estado e religião — temas polêmicos em sociedades árabes e muçulmanas — muito antes dos sopros da Primavera Árabe, deflagrada em 2010. Sua obra *La Peur-modernité: conflit Islam démocratie*, de 1992, publicado em inglês, em 1993, com o título *Islam and Democracy: Fear of the Modern World*, faz um mergulho histórico no mundo árabe e muçulmano no contexto da Guerra do Golfo para debater questões como democracia, poder político e sociedade civil e fazer uma crítica profunda aos governos autocráticos sustentados pelos movimentos fundamentalistas que, segundo a autora, estavam longe de coadunar com os ensinamentos do Profeta nos primórdios do Islã. Mernissi insistia que democracia, direitos humanos, dignidade, participação social e política não eram nem invenções nem exclusividades ocidentais; por isso, deveriam ser entendidos como parte da história e da tradição muçulmana, da herança religiosa e da identidade cultural, não havendo incompatibilidade entre islamismo e modernidade.

Mernissi pode ser considerada uma intelectual orgânica no sentido dado por Gramsci, já que seu engajamento e ativismo ultrapassavam os muros acadêmicos, voltando-se especialmente para a condição das mulheres em seu país e em outras partes do Magreb. Logo no início de sua carreira, juntou-se a um grupo de intelectuais marroquinos e fundou o La Caravane Civique, dedicado à alfabetização e educação das mulheres vivendo nas zonas rurais do Marrocos e da Tunísia. Seu trabalho para a Unesco e para a Organização Internacional do Trabalho (OIT), intitulado "Mulheres e trabalho", realizado nas décadas de 1970 e 1980, coletou dados, números e estatísticas, mas também narrativas de vida ímpares de mulheres marroquinas de diferentes idades, condições sociais, regiões geográficas, estilos de vida, versando sobre seu cotidiano e as dificuldades enfrentadas por elas. Desse rico material, onze histórias de mulheres de distintas classes sociais foram selecionadas para compor a obra *Le Maroc raconté par ses femmes*, publicado originalmente em 1983 e reeditado e revisto em 1991 com o título *Le Monde n'est pas un harem*, no qual a autora defendeu a possibilidade de convivência entre a tradição islâmica e o feminismo.

As relações de gênero no Islã, o papel da mulher nas sociedades árabes e a questão do véu, entre outros temas, são analisados por Mernissi como decorrentes de interpretações equivocadas feitas pelas autoridades religiosas dessas sociedades, que usaram a religião e seus textos sagrados, como o Alcorão e os Hadiths, para defender princípios culturais, patriarcais, machistas e misóginos que colocaram a mulher em condição de inferioridade em relação ao homem. Mernissi usa o mesmo procedimento: busca na religião e nos textos sagrados os fundamentos para defender a igualdade entre homens e mulheres, tratar da importância das mulheres nos primórdios do Islã e desconstruir o papel de submissão, passividade e obediência a que estariam relegadas as mulheres nas sociedades árabes e muçulmanas. A socióloga denunciava essa situação como desvio, acréscimo, distorção dos textos religiosos para adequá-los ao sistema patriarcal e aos governos autoritários do mundo contemporâneo. Esses foram os argumentos de sua tese de doutorado, publicada como livro em 1975 sob o título *Beyond the Veil: Male--Female Dynamics in Modern Muslim Society*; de *Le Harem politique:*

le Prophète et les femmes, de 1987 (publicado em inglês, em 1991, com o título *The Veil and the Male Elite: a Feminist Interpretation of Women's Right in Islam*); de *Women's Rebelion and Islamic Memory*, de 1993; assim como de *La Femme dans l'insconscient musulman*, de 1982, publicado sob o pseudônimo Fatna Aït Sabbah, cuja autoria Mernissi só reivindicou ao final da vida.

Outros temas recorrentes na obra de Mernissi são o harém e a figura de Chahrazad. Escrito originalmente em inglês, *Dreams of Trespass. Tales of a Harem Girlhood*, de 1994, percorreu 28 países, tendo sido, até o momento, o único livro de Mernissi traduzido e publicado no Brasil, pela Companhia das Letras, sob o título *Sonhos de transgressão: Minha vida de menina num harém*, de 1996. Com elementos inspirados em sua vida na Fez da década de 1940, é a única obra ficcional da autora; mulheres como Yasmina, inspirada em sua avó, transcendem a imaginação e se apresentam como fortes, poderosas e transgressoras ao romper com a prisão física ou metafórica do harém.

"Nasci em 1940 num harém...", é assim que começa a obra e foi o que bastou para que a repercussão ganhasse contornos imaginativos envolvendo sensualidade, sexualidade, orgias e fantasias que compuseram a visão distorcida do harém no Ocidente. Mernissi respondeu a essa percepção com outra obra publicada em 2000: *Scheherazade Goes West, or: The European Harem* (em 2001, o subtítulo foi substituído por *Different Cultures, Different Harems*). Além de dissecar o harém ocidental produzido pela pintura orientalista europeia e contrapô-lo ao harém muçulmano dos tempos de Harun al-Rachid, Mernissi faz uma provocação: se o harém é o símbolo da opressão feminina no Islã, o manequim 38 é o símbolo da opressão feminina no Ocidente, que dita normas e padrões de beleza, que violenta simbolicamente essas mulheres, que cria outras formas de preconceito. Confinadas, as mulheres muçulmanas podem ser fortes e poderosas; livres, as mulheres ocidentais podem ser oprimidas.

Mernissi lançou mão, em suas obras, da comparação entre as sociedades orientais e as ocidentais, não para hierarquizar ou criar dicotomias. A intenção era não só apontar igualdades e semelhanças, como também mostrar que problemas semelhantes afetavam as diferentes sociedades e culturas. Assim, as questões de gênero, o papel da mulher, o patriarcado, o machismo e a misoginia não seriam exclusividades das sociedades árabes muçulmanas; antes, seriam problemas que têm afetado as mulheres ao longo da história sexista da humanidade. Por isso, nas obras de Mernissi, a condição de inferioridade da mulher segue de mãos dadas com colonialismo, patriarcalismo, capitalismo e imperialismo, e essa luta deve ser encarada em uma solidariedade feminista transnacional na luta por igualdade, justiça social e dignidade humana. O termo feminismo ou qualquer outro ("mulherismo", "nisaísmo") também não era um problema para Mernissi, desde que o nome escolhido designasse a luta pelos direitos das mulheres. Sendo assim, podemos afirmar que Mernissi se definia como feminista, feminista árabe, feminista islâmica, já que ela nunca rompeu com sua origem nem com sua religião ao lutar pela causa das mulheres; por isso, em suas entrevistas ou falas públicas era comum que usasse expressões como "nós, mulheres", "nós, árabes", "nós, muçulmanas". Também poderia ser "nós, mulheres árabes muçulmanas", numa adição e não exclusão de termos, já que é possível ser mulher, ser árabe e ser muçulmana. E ser feminista e lutar pelos direitos das mulheres.

Por fim, resta tratar da obra que é o motivo deste prefácio. Assim como em *Le Harem politique*, no qual Mernissi mergulhou nos estudos dos Hadiths para investigar a participação feminina nos assuntos políticos nos primórdios do Islã, em *Sultanes oubliées: femmes chefs d'État en Islam* — publicado originalmente em francês em 1990 e em inglês em 1993 com o título *The Forgotten Queens of Islam* —, a socióloga dá uma guinada na história ao tratar do tema das mulheres a partir de um olhar que se volta para o passado islâmico para compreender uma polêmica do presente: o ano 1988, quando, no Paquistão, Benazir Bhutto se tornaria supostamente a primeira mulher a ocupar o cargo de primeira-ministra em um Estado muçulmano da história contemporânea; supostamente porque, como

Mernissi irá defender e comprovar ao longo de sua obra, as mulheres muçulmanas detiveram e ocuparam posições de poder e autoridade ao longo da história do Islã. Bhutto não era nem uma exceção, nem uma blasfêmia, como alegou seu principal opositor, Nawaz Charif. Sua eleição deveria ser compreendida a partir do papel que suas antepassadas muçulmanas ocuparam na esfera política do Império Árabe Islâmico, que se iniciou no século VII na Península Arábica e se espalhou por diferentes regiões, culturas e tradições ao longo dos séculos.

Dona de uma grande erudição, conhecedora da história e da historiografia muçulmanas, munida de um olhar analítico, metódico e interpretativo, Mernissi mergulha nas fontes islâmicas e, tal qual Chahrazad, narra a história do Islã de uma forma que enreda o leitor do começo ao fim. Nas páginas de *Sultanas esquecidas*, adentramos os palácios, as cortes, os haréns; acompanhamos as intrigas palacianas, as disputas de poder, as histórias de amor e as paixões arrebatadoras; compreendemos as mães que lutam por seus filhos e contra seus filhos; conhecemos mulheres fiéis ao marido ou ao amante, e fiéis sobretudo a si mesmas; escravizadas, cortesãs, rainhas, sultanas; árabes, persas, mongóis, mamelucas; poderosas, resistentes, resilientes. Mulheres e Muçulmanas e Sultanas.

É pela evidência histórica, comprovada pelas fontes, pelos fatos e pelos cargos ocupados por essas mulheres que Mernissi desconstrói os discursos religiosos feitos por homens para obliterar o papel das mulheres no Islã, como coadjuvantes, pouco importantes ou relegadas ao confinamento e ao esquecimento. Mais do que escrever a história do Islã a partir do protagonismo feminino, a obra de Mernissi é uma grande contribuição para a escrita da história, seja ela de qualquer lugar, época ou religião. Mernissi defendia que se escrevesse sobre as mulheres na história e sobre a história das mulheres, mas sobretudo que as mulheres escrevessem a história porque, para ela, o maior equívoco foi permitir que a história, a memória, o coletivo e o espaço da produção do conhecimento fossem dominados por homens.

Benazir Bhutto foi destituída do cargo dois anos depois de eleita, sendo presa e exilada sob acusação de corrupção. Em 2007, em pré-campanha, foi assassinada. No Brasil, Dilma Rousseff sofreu impeachment em 2016, também acusada de corrupção, e o que não faltou em seu processo foram manifestações de machismo e misoginia, motivos que podem ser travestidos de tradição religiosa inventada ou de falsos discursos moralistas. Assim, o esquecimento e apagamento do papel das mulheres na história não são um problema de fé ou de religião, mas antes de um mundo que continua sendo comandado por homens e onde as mulheres ainda devem continuar lutando pela vida e para existir.

Finalmente, termino este prefácio contando um episódio ocorrido em minhas primeiras turmas de História da Ásia na Unifesp. Em uma aula, eu comentava algo sobre a questão das mulheres e o feminismo islâmico, quando uma aluna me perguntou, espantada: "Existe um feminismo islâmico?" e, quase incrédula, pediu que eu citasse algum nome. Automaticamente pensei em autoras muçulmanas publicadas no Brasil: Nawal El-Saadawi e evidentemente Fatima Mernissi, acrescentando que eram mulheres, muçulmanas, feministas, mas pouco lidas e pouco publicadas em nosso país.

A publicação de *Sultanas esquecidas* poderá finalmente preencher um trecho no pontilhado dessa lacuna. Essa obra, traduzida para o português, permitirá às leitoras e aos leitores no Brasil conhecer sobre o feminismo islâmico — que existe! — e sobre Fatima Mernissi, que ajudou a construir esse movimento emancipatório como um importante legado para o papel das mulheres no Brasil, no Islã e no mundo.

INTRODUÇÃO
BENAZIR BHUTTO FOI A PRIMEIRA?

Quando Benazir Bhutto tornou-se primeira-ministra do Paquistão, após ganhar as eleições em 16 de novembro de 1988, todos aqueles que achavam que tinham o monopólio de falar em nome do Islã, especialmente Nawaz Charif, líder da IDA (Aliança Democrática Islâmica, na sigla em inglês), levantaram a bandeira da blasfêmia — nunca um Estado muçulmano foi dirigido por uma mulher, que horror! — e protestaram diante do que seria um acontecimento antinatural para a tradição islâmica. A decisão política entre nossos ancestrais só era conjugada no masculino. Durante quinze séculos de Islã — do ano 1 da Hégira, ou 622 no calendário ocidental, ao ano 1410-1411 ou 1989 —,[1] o governo e a direção do Estado sempre foram, em toda parte e sem interrupções, privilégio e monopólio unicamente masculinos. Nenhuma mulher chegou ao trono no Islã, nenhuma mulher dirigiu um Estado, dizem os porta-vozes dos partidos que reivindicam o Islã e fazem de sua defesa seu cavalo de batalha contra outros muçulmanos. E, na sua lógica, como nenhuma mulher dirigiu um estado muçulmano entre 622 e 1989, Benazir também não poderia fazê-lo.

Toda a imprensa, tanto no Ocidente como no Oriente, repercutiu essa argumentação, sem destacar um fato muito intrigante: os políticos paquistaneses só apelaram para a tradição muçulmana

---

[1] O primeiro ano do calendário muçulmano coincide com o ano 622 do calendário ocidental, o ano da Hégira, quando o Profeta deixou Meca, sua cidade natal, e emigrou para Medina. É um ano simbólico, escolhido porque foi o ano em que ele começou a dirigir a primeira comunidade muçulmana. O ano de 1989 coincide com o ano 1410-1411, pois os meses do calendário sunita são lunares e, por isso, mais curtos. A cada ano, o calendário muçulmano se aproxima alguns dias do calendário cristão. [Todas as notas são da autora, à exceção das que estão especificadas com outra autoria.]

depois de sua derrota nas eleições.[2] Paradoxalmente, os líderes de partidos que reivindicavam o Islã, como Charif, aceitaram oficialmente as regras do jogo das eleições, isto é, a democracia parlamentar, uma democracia que provém dos princípios da *Declaração universal dos direitos humanos*, em que o voto é a base soberana do poder político. Como poderiam, depois do triunfo de uma candidata eleita democraticamente, reivindicar alguma coisa totalmente estranha a esse cenário: o passado, a tradição? Não seria possível para um candidato francês, alemão ou americano, ao perder as eleições, recorrer ao passado para desacreditar seu rival e, dessa forma, anular os resultados. Além de absurdo, seria inadmissível. Então, como explicar que um político muçulmano que disputou as eleições com uma mulher pudesse brandir o passado e empunhar a tradição como arma para desafiar sua rival? Em que território político estamos?

Dizer que Bhutto não podia dirigir o Estado paquistanês apesar de sua vitória nas eleições era abandonar a cena política da democracia parlamentar para se deslocar em direção a uma cena em que o voto não é o fundamento da legitimidade. É essa passagem de uma era política para outra que se torna fascinante assim que uma mulher surge no horizonte. Nawaz Charif e seus adeptos não teriam feito a mesma campanha contra o candidato vencedor das eleições caso se chamasse Hasan ou Muhammad. Em termos de princípios, a dupla cena e, portanto, a ambiguidade (sempre portadora de violência em matéria de direito) só existe quando se trata de mulheres.

Neste livro, não pretendo resolver o enigma da dupla cena, dissertar a respeito da ambiguidade que paira sobre os direitos políticos das mulheres muçulmanas, nem tentar estabelecer o que é

---

2 A Aliança Democrática Islâmica de Nawaz Charif conquistou apenas 55 cadeiras. O partido popular paquistanês de Benazir Bhutto ganhou 92 cadeiras entre as 207 que são eleitas diretamente. O total de cadeiras é de 237, mas 30 são reservadas: 10 para minorias, sobretudo a minoria cristã, e 20 para mulheres.

óbvio para as pessoas decentes, ou seja, o misterioso vínculo entre a viabilidade dos "Direitos humanos" e a inviolabilidade dos da mulher. Como boa muçulmana obediente, deixarei esses assuntos sérios para os homens. Conheço meu lugar e só posso me preocupar com o que me diz respeito: as futilidades. E o que pode ser mais fútil do que pesquisar mulheres que nunca existiram: as mulheres que dirigiram Estados muçulmanos entre 622 e 1989? Brincar de detetive, especialmente de detetive particular, não é uma atividade muito séria. Procuramos um detetive particular quando sabemos que a causa é indefensável junto às autoridades públicas — o que é aparentemente o caso dessas rainhas. Ninguém, no vasto Império Muçulmano, se importou com o destino delas. Nenhuma autoridade pública parece preocupada. Além disso, há alguma prova de sua existência?

As opções são simples: ou nunca existiram mulheres chefes de Estado e, nesse caso, os políticos que afirmaram que Benazir Bhutto foi a primeira tinham razão, ou já existiram mulheres que dirigiram Estados muçulmanos, mas foram apagadas da história oficial e sua ocultação tem toda a aparência de um assassinato histórico. Na segunda hipótese, você, leitor, e eu, sua detetive particular, seríamos os primeiros a jogar luz em uma das eliminações mais fascinantes da história da humanidade: uma liquidação em série de chefes de Estado transcorrida em silêncio, deixando completamente indiferentes as autoridades públicas em toda parte, tanto no mundo muçulmano como no dos infiéis.

Por onde começar? Devemos esperar até tropeçar em cadáveres de rainhas? Que monumentos devem ser escavados? Para que palácios devemos olhar? É melhor voar para a Ásia, perder-se na África ou atravessar o estreito de Gibraltar para se aventurar na Europa e sentir o perfume misterioso dos jardins andalusinos? Explorar Córdoba ou privilegiar Délhi? Pesquisar em Chanacale e arredores ou pegar um barco para as ilhas da Indonésia? Sobrevoar Basra e Bagdá ou fazer um tour por Isfahan e Samarcanda antes de ser engolido pelas estepes da Mongólia? O Islã é grande, espalhando-se denso e imenso no tempo e no espaço. Por onde, em que direção devemos tentar alcançar os espaços irreais das rainhas muçulmanas, se é que existiram?

Posta a investigação policial, permanece o desafio do método: como se faz uma investigação desse tipo? O problema é que tenho pouca experiência nessa área. Leio pouco romances policiais, pois, assim que a vítima é assassinada, pulo para as últimas páginas para encontrar o criminoso. Acredito, porém, que até os melhores detetives teriam me aconselhado simplesmente a ir a uma biblioteca. E, acredite se quiser, não precisei procurar muito. Como num conto de fadas, do farfalhar sedoso das páginas amareladas de livros antigos, sultanas, *malikas* e *khatuns* emergiram. Uma a uma, atravessaram as salas silenciosas das bibliotecas, ao longo de intermináveis cortejos de intrigas e mistérios. Às vezes, apresentavam-se em duplas ou trios, passando o trono de mãe para filha nas longínquas ilhas do Islã asiático. Chamavam-se Malika Arwa, Sayida al-Hurra, Sultana Radiya, Chajarat al-Durr, Terken Khatun, ou, mais modestamente, Taj al-'Alam (Coroa do Universo) e Nur al-'Alam (Luz do Universo) etc. Algumas herdaram o poder, outras tiveram que matar os herdeiros para tomá-lo. Muitas lideraram batalhas, infligiram derrotas, assinaram armistícios. Algumas confiaram em vizires competentes, outras contaram apenas consigo mesmas. Cada uma tinha sua própria maneira de tratar o povo, fazer justiça e administrar os impostos. Algumas ficaram no trono por muito tempo, outras mal tiveram tempo de se instalar nele. Muitas foram mortas como califas (a escolher, ortodoxos, omíadas ou abássidas), ou seja, envenenadas ou apunhaladas. Raras são as que morreram calmamente em sua cama.

Quanto mais aumentava o número de rainhas, mais crescia minha angústia enquanto detetive. Procurava mulheres chefes de Estado, mas nem todas as rainhas com as quais me deparava e que exerceram o poder poderiam ser classificadas como tal. Como distinguir as que haviam governado de fato? Qual poderia ser o critério incontestável para definir um chefe de Estado ou os símbolos da soberania num Islã em que a coroa não é bem-vista e a humildade é o único símbolo de grandeza?

Antes de listar as rainhas, me debruçar sobre suas vidas e classificá-las, talvez fosse preciso começar respondendo a uma questão ao mesmo tempo prosaica e fundamental: como as mulheres fizeram para tomar o poder em Estados que, em princípio, definiam a política como exclusivamente masculina?

Não há feminino para imã nem para califa — os dois conceitos do poder na língua árabe, aquela em que o Alcorão foi revelado. O dicionário *Lisan al-'arab*, diz com todas as letras: "califa só se usa no masculino".[3] Nesse contexto, em que o princípio é o da exclusão, toda infiltração de mulheres no terreno da decisão política, mesmo de máscara e nos corredores dos haréns, mesmo atrás de dezenas de cortinas, véus e muxarabiês, é uma aventura muito meritória e heroica. Como mulheres de tempos antigos, supostamente com menos recursos do que nós, foram bem-sucedidas num campo em que nós, modernas, falhamos tão miseravelmente? Em muitos países muçulmanos, há um tipo de aceitação do jogo democrático: assembleias representam a população, instituições são designadas pelo escrutínio universal e milhões de mulheres muçulmanas dirigem-se às urnas cada vez que se anunciam eleições. No entanto, raras são as instituições em que figuram mulheres. Na maior parte dos casos, os parlamentos muçulmanos, os "Conselhos do Povo" ou "da Revolução", se parecem com os haréns: comportam um único gênero. Este pensa e se esforça para resolver os problemas do outro, e em sua ausência! O que não é, evidentemente, a melhor maneira de resolver os problemas, nem do gênero que pensa nem do que está ausente, menos ainda os que interessam a ambos e requerem diálogo.

Numa época em que as mulheres entre nós que têm ótimos diplomas universitários se contam aos milhares — graças à educação

---

3 Trata-se de uma obra do século XIII, escrita pelo lexicógrafo muçulmano, Ibn Manzur. Fatima Mernissi, vai citar ao longo de todo o texto este dicionário, mas sem dar a referência de qual edição está consultando. [N. E.]

pública, mesmo que esta ainda beneficie apenas as classes média e alta —, em que supostamente estamos mais informadas, mais espertas, mais sofisticadas, somos mesmo assim generosamente excluídas da política. O jogo se desenrola num contexto bem preciso, em que a questão essencial é a do espaço. As mulheres incomodam quando aparecem onde não são esperadas. E ninguém, entre nós, espera vê-las presentes nos locais em que se tomam decisões importantes. Se os reacionários paquistaneses estivessem habituados a ver mais mulheres nos círculos do poder, teriam reagido com um pouco mais de discernimento ao ver a silhueta de Benazir despontar no horizonte. Por isso o interesse nos segredos de nossas ancestrais. Qual o segredo das rainhas que governaram? Como conseguiram se aproximar do poder sem assustar os homens? Que táticas usaram para aprisioná-los? Como os manipularam? Teriam usado a sedução, a beleza, a inteligência ou a fortuna? Conheço muitas mulheres de diferentes Estados do Magreb e de outros países árabes que são politicamente ambiciosas, extremamente bonitas e dotadas de múltiplos encantos, mas que não sabem como se comportar no plano político. Parece que, nos dias de hoje, a sedução não funciona bem ou fica restrita a um nível muito baixo. Não conheço pessoalmente nenhuma mulher que tenha ultrapassado, graças à sedução, o limiar que transforma uma cortesã insegura em parceira política.

Quais são, então, os segredos das mulheres de antigamente? Como se moviam numa arena política em que toda mulher que se move pode sofrer castigos humanos e divinos? Quais eram seus nomes e seus títulos? Ousavam se autodenominar "califa" ou "imã", ou contentavam-se com títulos mais obscuros e menos prestigiosos?

Para evitar qualquer mal-entendido e confusão, entenda-se que, neste livro, toda vez que falo de Islã sem outro qualificativo refiro-me ao Islã político, ao Islã como prática de poder, aos atos dos homens impelidos por interesses e animados por paixões, o que é diferente do Islã-Risala, a Mensagem divina, o ideal registrado no Alcorão, o livro sagrado. Quando falar deste último, o identificarei como Islã-Risala ou Islã espiritual.

PRIMEIRA PARTE
SULTANAS E CORTESÃS

I.
COMO O ISLÃ SE REFERE ÀS RAINHAS?

Diante da abundância de rainhas que, nas páginas amareladas de nossos livros de história, não param de disputar o poder com os califas e os tronos com os sultões, é preciso em primeiro lugar fazer a pergunta mais óbvia: como o Islã se refere às rainhas, numa religião que, quando fala da rainha de Sabá no Alcorão, nunca cita seu nome? Vamos chamar as rainhas pelo nome, pelo sobrenome, ou pelo sobrenome do marido, do pai ou do filho? Elas têm direito a títulos? Quais, já que existem no Islã apenas dois títulos específicos que se relacionam com o poder: califa e imã? Mais uma vez, as palavras vão revelar e tornar patente o encadeamento que modulou as mentalidades, consciente e inconscientemente, durante os últimos quinze séculos.

Digo logo que, pelo pouco que sei, nenhuma mulher usou o título de califa ou de imã no sentido comum do termo, ou seja, daquele que dirige a oração para todos, homens e mulheres. Uma das razões para minha ansiedade em fazer essa afirmação é que não posso deixar de me sentir culpada pelo simples fato de perguntar se já houve uma mulher califa. Penso que a pergunta em si constitua blasfêmia. A simples ideia de ousar questionar a história sendo mulher é vivida por mim — programada como sou por uma educação muçulmana tradicional — como uma embaraçosa blasfêmia. Nesta manhã ensolarada de 6 de fevereiro de 1989, a alguns passos de Jami al-Sunna, uma das grandes mesquitas de Rabat, me sinto culpada por estar aqui com meu computador, escrevendo sobre as mulheres e o califado. Essa insólita associação de termos cria uma angústia nova e difusa a que é preciso tentar responder antes da hora da oração. Quero que tudo esteja em ordem antes do meio-dia, quando o muezim anunciará que o sol alcançou o meio do céu. E a ordem diz que as mulheres devem estar em seu lugar, e o califa no dele.

Nenhuma mulher que exerceu o poder usou o título de califa ou de imã. No entanto, pode-se dizer que nunca houve mulheres chefes de Estado no Islã? O título, por si só, seria um critério de exclusão? Se tomarmos o título de califa como critério de governo, eliminaremos a maior parte dos chefes de Estado, pois poucos o usaram. Califa é um título extremamente precioso, reservado a uma ínfima minoria, pois tem uma dimensão religiosa e messiânica. Hoje, como no passado, muitos chefes de Estado muçulmanos adorariam usá-lo, mas são exceções aqueles que têm o direito. O rei do Marrocos está entre eles, é Amir al-Muminin (Comandante dos Fiéis) e califa, representante de Deus na terra, com sua dinastia descendendo do Profeta.

Para entender o que é um califa, é preciso compreender seu contrário, o sultão ou *malik*. E o melhor professor que poderíamos encontrar é Ibn Khaldun, intelectual de talento do século XIV (732/1332–808/1406), que desempenhou funções políticas por toda parte no mundo muçulmano, de Al-Andalus ao Egito, e retirou-se da vida pública com quarenta anos em Orã, perto de Tiaret, na Argélia, para refletir sobre a violência e as razões do despotismo. Sabia do que falava, pois, durante sua carreira política a serviço dos príncipes, esbarrou na morte muitas vezes. Segundo ele, todo o mal do mundo muçulmano e sua violência política vêm do fato de o califado, missão divina específica do Islã, ter sido convertido em *mulk*, despotismo arcaico que não reconhece limites e não está sujeito a nenhuma lei a não ser às paixões do príncipe.

> O *mulk* [...] envolve dominação e coerção resultantes do espírito de rapina e da animalidade. As ordens que o chefe dará se afastarão, então, na maior parte do tempo, da equidade e serão nefastas para os interesses materiais dos que estão sob seu domínio, porque cobram deles impostos com que geralmente não podem arcar, para satisfazer suas paixões. (IBN KHALDUN, s.d.: 190)[4]

---

4 A tradução francesa do *Muqaddima*, de Ibn Khaldun, é de G. Sourdon e L. Bercher (1951). Acho essa tradução problemática na medida em que os autores tradu-

O califado é o contrário do *mulk* na medida em que se trata de uma autoridade que obedece a uma lei divina; a charia é imposta ao próprio chefe e torna suas paixões ilegítimas. É nesse ponto, explica Ibn Khaldun, que reside a grandeza do Islã como modelo político: o califa está amarrado, seus desejos e paixões reprimidos, enquanto o *malik* não reconhece nenhuma lei superior. O califado, consequentemente, tem outra vantagem que o *mulk* não tem. O *mulk* trata da gestão dos interesses dos governados unicamente na terra, enquanto o califado, por conta de sua natureza espiritual, vai se encarregar também do além:

> O *mulk* visa apenas aos interesses deste mundo [...] Sendo que o objetivo do legislador inspirado, aquele que aplica a charia, no que diz respeito às pessoas, é assegurar sua felicidade também no outro mundo. Trata-se, portanto, de uma obrigação que nasce em virtude das leis de inspiração divina: incitar a comunidade a obedecer às prescrições dessas leis no que diz respeito a seus interesses neste mundo e no outro. Esse poder pertence aos guardiões da lei divina, os profetas e aqueles que os representam, ou seja, os califas. (IBN KHALDUN, s.d.: 190-191)

O califa que substitui os profetas, mensageiros de Deus na terra, perde a liberdade do déspota, do *malik*. Está vinculado à charia, que é obviamente imposta a seus eleitores, mas também os amarra. Está aí, segundo Ibn Khaldun, a novidade e a particularidade do

---

zem *mulk* por "realeza teocrática". Considero isso incorreto e confuso para quem quer compreender o Islã, pois o *mulk* não tem nada de teocrático! É justamente um poder que não reivindica nenhum Deus e nenhuma lei que não seja a paixão do chefe e seus delírios. Ibn Khaldun contrapõe o *mulk*, intrínseca e essencialmente humano, ao califado, que é um governo de inspiração divina. Assim sendo, traduzir *mulk* por realeza teocrática é dar ao termo uma dimensão espiritual que Ibn Khaldun queria especificamente negar. Utilizarei essa tradução da obra, mas substituirei sempre "realeza teocrática" por *mulk*. Quando entendo que a tradução não é fiel ao texto em árabe, me dou o privilégio de traduzir e, nesse caso, dar apenas a referência em árabe.

Islã como modelo político. O califa, além de estar vinculado à lei divina, dificilmente poderá mudá-la, pois a prerrogativa de legislar não lhe pertence. Na verdade, o legislador é o próprio Deus. Por mais poderoso que seja o califa, ele não tem o direito de fazer a lei, pois Deus é o Legislador. A missão do califa é aplicá-la. Então onde está o problema — podemos perguntar como Ibn Khaldun, que sofria com o despotismo —, sendo que o califado é tão diferente do *mulk*? O problema é que o califado engloba necessariamente o *mulk* como um de seus componentes, já que precisa tratar dos interesses da comunidade na terra. Esse detalhe é importante para entender tudo o que se seguirá, em particular no que diz respeito às rainhas, que só podem reivindicar o poder terreno. O *mulk*, capacidade do chefe de coagir as pessoas por meio do uso da violência, existe, mas o Islã como modelo político se protege dele submetendo-o à charia, a lei religiosa. Os muçulmanos estarão protegidos do *mulk*, despótico por natureza, única e exclusivamente se a charia for seguida ao pé da letra pelo chefe espiritual, o califa. É na obediência deste último à charia que está o milagre do governo ideal: "Tudo o que no *mulk* é feito sob coação e por dominação é apenas iniquidade, agressividade, atos repreensíveis aos olhos do Legislador [...] pois são decisões tomadas sem o auxílio da luz de Deus" (IBN KHALDUN, s.d.: 191). É nesse ponto, insiste Ibn Khaldun, que o califado é uma instituição particular do Islã, pois vincula a vontade do chefe à charia, a lei divina, enquanto o *mulk* existe em todos os lugares, em outras nações, onde quer que haja um agrupamento de pessoas que decidiram viver juntas.

O califa é por definição alguém que substitui outro. Substitui o Profeta em sua missão: permitir a um grupo de pessoas viver de acordo com as leis religiosas que garantem uma vida harmoniosa na terra e feliz no Paraíso. Nem todos podem aspirar a ser califa; o acesso a esse privilégio está sujeito a critérios rigorosos. Por outro lado, títulos como sultão, que tem como origem o termo árabe *salata* (dominar), e *malik*, que tem a mesma conotação de força, significando o poder bruto desvinculado da religião, podem ser acessíveis a qualquer um.⁵ É por isso que as mulheres podem usá-los, pois não implicam e não representam nenhuma missão divina. Califa, elas nunca poderão ser. Para entender essa questão, precisamos nos debruçar sobre os critérios necessários para ser elegível ao cargo de califa; eles escondem o mistério da exclusão das mulheres.

Segundo Ibn Khaldun, os árabes decidiram, com o advento do Profeta, resolver o problema da relação conflituosa entre um chefe que se impõe pela força e um súdito forçado a obedecer, adotando uma lei, a charia, que liga o chefe e o súdito. O chefe, nesse caso, é chamado califa, aquele que substitui o Profeta, e o súdito atinge o status de fiel. O que liga os dois e submete as vontades das duas partes é a crença nessa lei de natureza divina, a charia. Lembremos que as duas palavras-chave da legislação no Islã, charia e suna, querem dizer via, estrada traçada, caminho: basta segui-lo. O califa é uma inovação na história dos árabes, um privilégio outorgado por Deus por intermédio de um profeta árabe, que os permitiu superar a relação forçosamente violenta entre o chefe e a comunidade. Por isso poucos chefes de Estado não árabes tiveram acesso ao privilégio de ter o título de califa, sendo que qualquer militar que acabasse de conquistar um país podia requerer o título de sultão ou *malik*.⁶

As mulheres não são as únicas que não podem reivindicar o título de califa. Raros são os homens que conseguiram tomar o poder no mundo muçulmano e puderam usá-lo, sendo convincentes e dignos de confiança. Veremos que, se compreendermos a missão do califa, teremos compreendido todo o sistema político muçulmano e

---

5 Cf. *Lisan al-'arab*, o dicionário mais divertido que se pode encontrar no mercado. Ao mesmo tempo livro de história, de linguística e de literatura, compreendendo anedotas etc., é uma descida fabulosa às mentalidades profundas. Tem seis volumes. Seu autor, Ibn Manzur, nasceu no Cairo em 630/1232 e morreu em 711/1311.
6 Tudo o que vou dizer nesse parágrafo, com relação ao imã e ao califa, ao sultão e ao *malik*, está no dicionário *Lisan al-'arab*. Basta consultar os termos "Sultan", "Malik", "Khalifa" etc. Ver também IBN KHALDUN, s.d.: 190, capítulos 25 e 26; e 1951: 76, sobre as consequências que dizem respeito às qualidades e às condições de elegibilidade ao posto de califa.

toda a filosofia que o sustenta; e sobretudo o porquê de a emergência do feminino na política ser necessariamente uma mensagem de protesto. A aparição das mulheres na cena política muçulmana, que normalmente deveria estar sujeita à supervisão mesmo que nominal de um califa, caso este tenha perdido o poder militar, denuncia que os inferiores reinam, que os insurgentes estão no comando, que algo está fora de controle no sistema.

O califa atravessou os séculos porque representa um sonho de governo justo. E, como nos sonhos, tem resistência e um poder invisível. O califado é um sonho que se mostrou difícil de se realizar depois da morte do Profeta: é a visão mítica de uma comunidade feliz, idealmente guiada por um califa que é humilde prisioneiro da lei divina e iluminado por ela. Por mais estranho que possa parecer, o califa — já dissemos e nunca é demais repetir — não é detentor nem do poder legislativo, nem consequentemente do poder de fazer as reformas judiciárias, pois o próprio Deus é Al-Mucharri, "o Legislador, o Criador da Charia".[7] A lei foi revelada de modo definitivo, por isso qualquer mudança de status pessoal que se remeta à charia, qualquer reforma das leis sobre poligamia, repúdio, herança e adoção, levanta clamor nas sociedades que tentam adaptá-las às tensões e aos problemas cotidianos.

De acordo com o *Lisan al-'arab*, a palavra califa só existe no masculino e não pode ser usada no feminino, sendo que sultão e *malik* existem nos dois gêneros. A gramática árabe parece ter gerenciado e ordenado a distribuição do poder político entre os homens e as mulheres. De fato, embora não tenha existido nenhuma mulher califa (que eu saiba), houve muitas sultanas e *malikas*.[8]

---

7 Para um resumo preciso, nítido, rápido do califado, ver MILLOT, 1970: 48ss.
8 Veremos no capítulo 9, "A Dama do Cairo", dedicado a Sitt al-Mulk, a rainha fatímida, que esta, depois da vacância de poder ocasionada pelo estranho desaparecimento do califa Al-Hakim, tomou as rédeas do império e o dirigiu — de dentro de seu harém, óbvio. Nunca foi reconhecida oficialmente como tal. Não pôde nem sequer reivindicar ser *malika* ou sultana. Contentou-se em usar seu atributo Sitt al-Mulk, a Dama do Poder.

Uma das mais célebres foi Sultana Radiya, que governou por muitos anos em Délhi, desde 634 da Hégira (que corresponde ao ano 1236 do calendário ocidental),[9] não muito longe do Punjab, feudo de Nawaz Charif e quartel-general dos integristas paquistaneses, que supostamente conhecem o passado bem o suficiente para nos apresentá-lo como futuro. Ela tomou o poder mais ou menos nas mesmas condições de Benazir Bhutto, exigindo justiça perante o povo por um crime cometido pelo sultão em exercício, seu irmão Rukn al-Din. Temos nosso historiador preferido para nos informar sobre a tomada do poder por Sultana Radiya: Ibn Battuta, o viajante marroquino. Ele atravessou seu país no século XIV, exatamente cem anos depois do reinado de Radiya, que aparentemente marcara tanto os muçulmanos que estes ainda entretinham seus visitantes com histórias a seu respeito. Ibn Battuta partiu de Tânger para fazer a volta ao mundo e deixou Meca em setembro de 1332 para visitar "Bilad al-Sind", a terra natal de nossa Benazir. Sua descrição do país e de seus reis faz parte do nosso saber elementar,

---

9 Considerando que um dos objetivos deste livro é desmistificar a história, retirar seu caráter distante, torná-la próxima e familiar, terei como ponto de honra revelar minhas fontes, avaliá-las e indicar sobretudo a forma como os preguiçosos ou os que têm pressa poderão se informar rapidamente. Melhor, para desinibir o leitor intimidado e incentivá-lo a acessar "diretamente" esses livros de história muçulmana, com os quais forças reacionárias nos ameaçam, usando-os contra nós para abafar nossos direitos, indicarei ao lado das "referências ortodoxas" textos que explicam o fenômeno em poucos parágrafos e, em particular, aqueles que estão disponíveis imediatamente, seja em francês, árabe ou inglês. Já que nossa ignorância sobre o passado é usada contra nós, vamos reagir: vamos ler o passado!

Começaremos pelas datas. Acredito que o leitor, como eu, está sempre perdido quando tenta entender a história por elas. A justaposição de dois calendários, o muçulmano e o ocidental, não facilita as coisas. No que diz respeito às datas das dinastias e de soberanos muçulmanos e sua árvore genealógica, terei como referência constantemente dois documentos que recomendo: a *Encyclopédie de l'Islam* e o livro do autor inglês Stanley Lane Poole, publicado originalmente em 1893, depois traduzido e publicado em árabe com o título *Tabaqat salatin al-Islam* em 1982. Esse livro é tão prático e bem-feito que um egípcio, Ahmad al-Sa'id Suleiman, que aparentemente o apreciava muito, simplesmente publicou-o sob sua autoria e com o título *Tarikh al-dual al-islamiya wa mu'jam al-usar al-hakima*.

pois Ibn Battuta figura entre os *best-sellers* até hoje — não no sentido americano do termo, claro, que é uma operação de marketing de algumas semanas, mas no sentido árabe, ou seja, um livro não muito atraente, com as páginas amareladas, uma capa banal e um preço módico, que continua a ser vendido, século após século, tranquilamente à sombra das mesquitas.[10]

Outra rainha com título de sultana é Chajarat al-Durr. A soberana do Egito assumiu o poder no Cairo no ano 648/1250, como qualquer chefe militar que se impõe por seu senso estratégico, porque deu aos muçulmanos, então em plena cruzada, uma vitória de que os franceses se lembram muito bem, uma vez que derrotou seu exército e fez prisioneiro seu rei, Luís IX.[11]

As rainhas árabes, no entanto, raramente usaram o título de sultana: os historiadores lhes dão com mais frequência o de *malika*. Notemos apenas, por ora, que tanto Radiya como Chajarat al-Durr são turcas: elas assumiram o poder em dinastias mamelucas que reinaram na Índia e no Egito. No Iêmen, várias rainhas usaram o título de *malika*: Asma e Arwa exerceram o poder em Sanaa no fim do século XI. Se Asma reinou apenas por um curto período, e conjuntamente com seu marido 'Ali, fundador da dinastia Sulayhi, a rainha Arwa, por sua vez, manteve-se no poder durante quase meio século, comandou os assuntos de Estado e planejou as estratégias de guerra até sua morte em 484/1090. Poderíamos dizer que *malika* é um título genérico dado de bom grado para qualquer mulher que obteve uma parcela de poder em qualquer parte do mundo muçulmano, de Délhi ao Magrebe. Muitas rainhas berberes tiveram direito a esse título. A mais célebre é Zaynab al-Nafzawiya, que dividiu o poder com seu marido Yusuf Ibn Tachfin. Ela é descrita pelo historiador Abu Zar al-Fasi (1972: 132) como *al-qaima*

---

10 Ver a referência a Radiya em IBN BATTUTA, 1982: V.II-36; 1985: 423.
11 Sultana Chajarat al-Durr figura em todos os livros de história árabe "oficial" que descrevem essa época. Voltaremos a esse assunto no capítulo consagrado a ela. Para os amantes de textos curtos, e divertidos, ver o capítulo XIII de Amin Maalouf (1986: 253ss).

bi-mulkih (aquela que tinha autoridade). E que autoridade, pois trata-se de um dos dois impérios criados por soberanos marroquinos cuja autoridade se estendia até a Espanha.[12] Zaynab reinou de 453/1061 a 500/1107. Os historiadores árabes não parecem ter nenhum problema em reconhecer mulheres como *malika*, as detentoras do poder terreno. Outro título com frequência dado às mulheres que exercem o poder político é *al-hurra*.

Al-hurra quer dizer etimologicamente "a mulher livre", em oposição àquela que é escravizada. A *hurra* em um harém designava a esposa legítima, geralmente de descendência aristocrática, em oposição às *jaryas*, que eram compradas pelo senhor no mercado de escravizados. É preciso notar que as palavras "livre" (*hurr*) e "liberdade" (*hurriya*), na língua árabe, não têm nada a ver com a moderna conotação dos direitos humanos. A liberdade entre nós não se enraíza numa memória de reivindicação e de luta pela autonomia e pela independência do indivíduo. A liberdade é o oposto da escravidão. Quando uma criança francesa diz liberdade, vêm a sua mente as marchas do povo e as lutas nas ruas de Paris em 1789, que os professores martelaram em seus ouvidos. Quando uma criança árabe diz essa palavra, vem em sua mente a pompa da idade de ouro da aristocracia abássida, que ainda faz nossos professores sonharem, pois nunca mais os árabes tiveram direito a tantas *jaryas*, belas escravizadas que se amontoavam nas ruas de Bagdá. A admiração de meu professor pela pompa abássida foi a mensagem essencial que recebi quando criança. Apenas no secundário me falaram da importância da escravidão durante esse período. O conceito de *hurr* evoca para nós a dupla aristocracia-escravidão, que seria interessante aprofundar: *sayida*, feminino do termo *sayid*, chefe, senhor, se opõe a *'abd*, escravo. Hoje, no árabe moderno, seja clássico ou dialeto, a palavra significa senhor (*al-sayid*) e senhora (*al-sayida*). A raiz *hurr*, que quer dizer livre, constituída pelas letras *ha* (h duro gutural, aspirado quase na glote)

---

12 O outro império é o dos almóadas, que os sucederam e reinaram de 1130 a 1269.

e *ra* (r rolado), está associada à ideia de liberdade, mas uma liberdade no sentido da soberania aristocrática, não no sentido da luta contra o despotismo, como é o caso da palavra liberdade na célebre fórmula francesa "Liberdade, igualdade, fraternidade". *Hurr* em árabe não tem conotação democrática ou popular; pelo contrário, *hurr* é aquele que se distingue do escravizado, que se distancia do inferior. Se liberdade, na língua francesa moderna, está associada na memória às lutas do povo por seus direitos contra um poder despótico, a palavra *hurriya* tem suas raízes fincadas na noção oposta, a da soberania dos aristocratas. Ibn Manzur nos diz que a *hurriyat al-'arab* (a liberdade dos árabes) são seus *achraf* (bem-nascidos).[13] E esses "são definidos em relação à grandeza de seus ancestrais". Em tudo, *charaf* (honra) é a parte superior, a parte que domina: e os *achraf* (honrados) entre os humanos são os superiores. *Al-hurr* é também o gesto nobre, e o *hurr* entre qualquer coisa é o melhor. Assim, uma terra *hurr* é uma terra fértil, uma nuvem *hurr* é a que está cheia de chuva, e a parte *hurr* da casa é a melhor e mais confortável. *Hurr* é um conceito intrinsicamente ligado a *charaf*, aristocracia, elite, grupo superior. Um dos nomes da águia, por exemplo, é *al-hurr*. É a classe dos senhores: "São os melhores entre as pessoas". Paradoxalmente, mesmo o Islã tendo nascido de um projeto democrático que limitava o poder das aristocracias, a palavra *achraf* não sofreu degradação, muito pelo contrário. Os senhores de Coraixe eram os *achraf* na Arábia pré-islâmica. Mas, depois do triunfo do Islã, *achraf* passou a designar sempre a elite, os notáveis de uma cidade ou de um país, e sobretudo e mais particularmente os descendentes do Profeta. *Achraf*, ou *cherifs*, são aqueles cuja linhagem remonta a Fatima, sua filha, e a 'Ali, seu genro e primo.

A ideia de *hurr* tem a ver também com resistência, pois "se diz que uma mulher passou a noite *hurra*, se não foi deflorada na noi-

---

[13] Em *Lisan al-'arab*, de Ibn Manzur, ver a raiz "Ha ra ra". [Idem para todas as demais citações e definições que aparecem neste parágrafo e no seguinte.]

te de núpcias e seu marido não pôde penetrá-la". Essa noção de esforço, de energia dirigida e concentrada contida na palavra *hurr*, fica evidente em *harrara*, que é uma das palavras que exprime o ato de escrever. Dizemos *tahrir al-kitaba* (redigir as palavras, ou mais exatamente liberá-las) no sentido de dispor as letras corretamente; e *tahrir al-hisab* (alinhar, escrever números) significa "dispô-los certificando-se de que tudo está correto, sem defeitos ou rasuras". É claro que uma das funções dos *hurr* é pensar pelos outros, planejar, se concentrar em pensar pelo grupo. É o distintivo de honra da elite. Mas o surpreendente é que nunca encontramos o título *hurr* dado a um chefe de Estado temporal ou espiritual, exprimindo a ideia de soberania como as palavras sultão ou *malik*. Por outro lado, encontramos muitas vezes o termo usado para mulheres como sinônimo de *malika* ou sultana: os historiadores o adotam indiferentemente e em regiões do Império Muçulmano tão diversas como a Espanha, a África do Norte ou o Iêmen. *Hurra* é o título das duas rainhas iemenitas dos séculos XI e XII, Asma e Arwa, que teremos a oportunidade de rever. Mais tarde, nos séculos XV e XVI, várias rainhas andalusinas, que desempenharam um papel importante de um lado (Espanha) e de outro (Marrocos) do Mediterrâneo, usarão esse título. As mulheres aparecem em grande número na cena política muçulmana nos grandes eventos-rupturas; a queda de Granada, quando os cristãos expulsaram os muçulmanos da Espanha no fim do século XV, é um deles.

Uma das mulheres mais célebres é Aicha al-Hurra, conhecida entre os espanhóis como Sultana Madre de Boabdil, sendo Boabdil a alteração do nome de seu filho, Muhammad Abu 'Abdallah, que conquistou a admiração de seus adversários no momento da derrota ('INAN, 1987: 196ss). Segundo 'Abdallah 'Inan, especialista na queda de Granada, Aicha al-Hurra desempenhou um papel eminente nos acontecimentos históricos, apesar do silêncio das fontes árabes, que sequer mencionam seu nome. Só a análise dos documentos espanhóis prova que ela foi uma chefe notável, que tomou decisões heroicas naquele momento trágico, e uma das personagens "mais nobres e fascinantes de nossa história" ('INAN, 1987: 197). Sua vida, que é "uma página de heroísmo", observa 'Inan, é muito pouco conhecida, para não dizer ignorada, e pouco analisada até pelos especialistas. Ele mesmo tenta resgatar alguns episódios. Foi Aicha al-Hurra que teria decidido e, consequentemente, agido para transferir o poder das mãos de seu velho marido 'Ali Abu al-Hasan, que tomou o poder em 866/1461, para um dos filhos que teve com ele, Muhammad Abu 'Abdallah, o último rei de Granada, que também usava o nome Muhammad XI. Este assumiu o poder seguindo fielmente as diretivas da mãe em 887/1482, e o manteve — depois de algumas peripécias e interrupções — até a data fatídica de 896/1492; ou seja, um ano depois da queda de Granada. Ele foi o último rei da dinastia dos Banu Nasr (ou Banu al-Ahmar) de Granada (629/1232 a 897/1492) e estará para sempre associado, na memória dos árabes, a uma das derrotas mais inesquecíveis de sua história. Sua fuga diante dos exércitos de Fernando e Isabel, a Católica, significou a morte do Império Muçulmano da Espanha após mais de oito séculos. Podemos então compreender que a história árabe jogue um véu sobre o papel de sua mãe Aicha al-Hurra, testemunha e participante de um dos períodos mais traumáticos da história do Islã ocidental.

O despertar de Aicha al-Hurra para a política começou com uma decepção conjugal. Ela morava no suntuoso palácio de Alhambra, dera ao marido dois filhos, Muhammad (Abu 'Abdallah) e Yusuf, e acompanhava com certa ansiedade a série de desastres militares que prenunciavam uma queda próxima. Entrou na ação política quando seu marido, bem mais velho que ela, sucumbiu aos encantos de Isabel, uma prisioneira de guerra espanhola que passou a ser sua favorita. Isabel caíra nas mãos dos árabes quando ainda era criança, durante uma expedição militar. Favorita reconhecida, com domínio das artes da sedução, decidiu se converter ao Islã, gesto que certamente agradaria ao soberano árabe, e adotou o nome Soraya. Quando o sultão pôs os olhos nela, ficou perdidamente apaixonado, libertou-a e casou-se com ela. Soraya lhe deu filhos, o que a deixou mais forte; e, nessa situação política explosiva, passou a usar sua influência sobre 'Ali Abu al-Hasan para trabalhar pelo triunfo dos seus. A elite de Granada, sentindo o perigo que representava a ascensão da esposa espanhola, respondeu ao apelo da esposa árabe, que tinha intenções claras: depor o marido, traidor de seu povo, e substituí-lo por seu filho Abu 'Abdallah; para isso, apostaria na fibra nacionalista dos andalusinos angustiados com seu futuro. O palácio de Alhambra tornou-se um verdadeiro campo de batalha, dividido entre duas mulheres que representavam duas culturas inimigas. Uma delas fatalmente desapareceria. A rainha árabe, Al-Hurra, que ocupava a ala onde fica o famoso Pátio dos Leões (Bahu al-Siba), decidiu agir. Fugiu do palácio e organizou seus ataques desde fora até a queda do marido e a ascensão ao trono do filho Abu 'Abdallah, então com vinte e cinco anos, no ano de 887 da Hégira ('INAN, 1987: 198ss).

A queda de Granada empurrou outras *hurras* para a cena política, mulheres da elite que, de outro modo, teriam levado uma vida sonolenta no harém, e que a derrota atirou na batalha, obrigando-as a assumir o comando e a participar dos graves acontecimentos que a comunidade vivia. Liberadas da sujeição à tradição que as paralisava, condenando-as ao espaço doméstico, as mulheres se revelaram, apesar de sua inexperiência, boas estrategistas, tão brilhantes quanto os homens. Uma dentre elas, uma marroquina de origem andalusina, não encontrou nada melhor a fazer para esquecer a derrota do que se lançar à pirataria. Demonstrou tantos talentos que logo se tornou *hakimat Titúan* (governadora de Tetuan). Os historiadores muçulmanos reservam para esta segunda Al-Hurra, como para a primeira, o mesmo silêncio desdenhoso. Quase não há informações nas fontes árabes sobre essa rainha que exerceu o poder durante praticamente trinta anos (de 916/1510, data em que seu marido, Al-Mandri, assumiu o poder, a 949/1542, quando foi deposta), sendo, segundo fontes espanholas e portuguesas, sua parceira no jogo diplomático.[14] Durante essa parceria de mui-

---

14 É o caso, por exemplo, de documentos espanhóis datados de 1540 que relatam negociações entre os espanhóis e Al-Sayida al-Hurra depois de um ataque do:

tos anos, foi governadora de Tetuan e da região noroeste do Marrocos e chefe incontestável da pirataria na região. Um de seus aliados foi ninguém menos que o famoso corsário turco Barba-Ruiva, que operava a partir de Argel (AL-'AFIYA, 1989: 18).[15] No entanto, não tinha apenas corsários como aliados: casou-se em segundas núpcias, depois da morte do marido, com o rei do Marrocos, Ahmad al-Wattasi, o terceiro da dinastia (932/1524 a 966/1549). Para mostrar-lhe que não tinha nenhuma intenção de renunciar a seu papel político, exigiu que, para a cerimônia de casamento, o rei se deslocasse da capital, Fez, para Tetuan. Foi a única vez na história do Marrocos que um rei se casou fora da capital.

Sua família, os Banu Rachid, era de notáveis andalusinos que, depois da queda de Granada, como muitos outros, decidiram se mudar para a África do Norte. A vida de Al-Sayida al-Hurra começou com as angústias do exílio e o futuro incerto que todos os refugiados andalusinos fugidos da Inquisição conheceram. Sua família se estabeleceu em Chauen e a deu em casamento a Al-Mandri, que pertencia a outra grande família andalusina que se instalara na cidade vizinha de Tetuan. Muitas comunidades de imigrantes ainda acalentavam o sonho de voltar. Realizar expedições contra os espanhóis era a obsessão dos mais corajosos, e a prática da pirataria era a solução ideal, permitindo às populações desalojadas de uma hora para a outra obter renda rapidamente (com pilhagem e resgate de prisioneiros), e ao mesmo tempo continuar a lutar contra o inimigo cristão. A história do renascimento de Tetuan está ligada com e reflete a da família de Al-Mandri, o marido de Al-Hurra que passou a comandar a comunidade de andalusinos exilados.

corsários em Gibraltar onde "conseguiram um grande butim e muitos prisioneiros" (CASTRIES, 1905: V.I-89, 107).
15 Al-Sayida al-Hurra revive a partir do interesse que lhe dedicam os historiadores do norte do Marrocos, que falam, na maior parte do tempo, correntemente o espanhol e querem reabilitá-la, consagrando a ela estudos e artigos em geral baseados em fontes europeias. Podemos citar os seguintes: AL-'AFIYA, 1982: 121SS; DAUD, 1959: V.I-117SS; HAKIM, 1982: V.III-128SS; e VÉRONNE, 1956: V. XLIII-222-225.

> Tetuan foi restaurada cerca de oitenta anos depois de sua destruição, ou seja, por volta de 1490, ou pouco depois, pelo capitão Abu al-Hasan al-Mandri, nativo de Granada [...] Os refugiados enviaram uma delegação a Fez, dirigida ao sultão Muhammad al-Wattasi. Este acolheu-os bem, desejou-lhes as boas-vindas e, atendendo a seus pedidos, deu-lhes autorização para se instalarem nas ruínas da cidade destruída e, ao mesmo tempo, de construir fortificações contra os ataques [...] Desde que ganharam a autorização do sultão, os andalusinos ergueram as muralhas de Tetuan, construíram suas casas e a grande mesquita. Então, liderados por Al-Mandri, empreenderam a guerra santa contra os portugueses que haviam se instalado em Ceuta. (JOLY, 1905: V.V-188)

As fontes não estão de acordo sobre a identidade do marido de Al-Hurra. Seria este 'Ali o fundador da nova cidade de Tetuan e líder da comunidade ou o filho dele, Al-Mandri II? No primeiro caso, ela teria tido um marido bem mais velho do que ela, e o fato de ele ter perdido a visão no fim da vida explicaria o envolvimento precoce da esposa na gestão dos assuntos políticos. Outros historiadores dizem que ela se casou com o filho dele, e que este, vendo seus dons para a política, designou-a para substituí-lo na chefia da cidade sempre que se ausentava, e foi assim que tornou sua autoridade familiar para a comunidade, levando-a a aceitá-la depois como governadora (AL-'AFIYA, 1989: 10).

A governadora de Tetuan só teve direito ao título de Al-Hurra, isto é, de uma mulher que exercia um poder soberano, em 1515, quando o marido morreu. Eleita prefeita de Tetuan, ela se saiu tão bem que foi nomeada governadora. Mais tarde teve contato com o pirata otomano Khair al-Din, conhecido como Barba-Ruiva, montou uma frota e partiu para o Mediterrâneo. Os espanhóis e os portugueses mantinham relações próximas com ela — uma vez que Tetuan era a potência naval responsável pela região —, para libertar seus prisioneiros. E Al-Sayida al-Hurra é o único título que encontramos nos documentos portugueses e espanhóis que dizem respeito a ela, a ponto de alguns se perguntarem se este não seria seu nome (AL-'AFIYA, 1989; AL-NASIRI, 1956: V.IV-154; DAUD, 1959: V.I-117; HAKIM, 1982).

Outro título de rainha, sempre entre os árabes, é *sitt*, literalmente "dama". Uma das rainhas da dinastia fatímida do Egito (nascida em 359/980) usava o nome de Sitt al-Mulk. Ela tomou o poder depois de ter orquestrado em 411/1021 o "desaparecimento" do irmão, Al-Hakim bi-'Amri Allah, o sexto califa da dinastia. Tinha suas razões: as extravagâncias do irmão, que atacava os fracos, exterminava os cães e proibia as mulheres de saírem, haviam ganhado uma amplitude sem precedentes. Um dia ele acordou e anunciou que era Deus e que a população do Cairo, começando por Sitt al-Mulk, deveria adorá-lo (AL-HANBALI, s.d.: V.III-192SS; AL-MAQRIZI, 1987: V.II-285; IBN AL-ATHIR, 1987: V.VII-304SS).

Sitt parece ter sido um título usado por mulheres com talentos excepcionais. O livro *Al-A'lam*, de Al-Zirikli (1983), o "quem é quem" daqueles que se tornaram célebres entre os homens e as mulheres árabes e de cultura árabe e orientalistas, cita várias que se impuseram como especialistas em ciências religiosas: Sitt al-Qudat (Amante dos Cádis!), uma *musnida* (especialista em *hadith*), que viveu no século XIV, deu aulas em Damasco e redigiu tratados de *fiqh*, ciência religiosa; Sitt al-'Arab e Sitt al-'Ajam, ambas renomadas especialistas em *fiqh* no século XIV; e, finalmente, Sitt al-Wuzara (Amante dos Vizires), oficiava em Bagdá e era colega de Ibn 'Arabi, no século XV.

Não podemos encerrar a lista dos títulos dados às mulheres que exerceram o poder político entre os árabes sem mencionar os casos — raros, é verdade — daquelas que assumiram o poder tanto como chefes militares quanto como chefes religiosas. Um título bastante excepcional, num Islã que faz uma distinção cuidadosa entre poder espiritual e poder secular ou mais exatamente militar, foi dado a uma rainha iemenita que era também chefe religiosa, filha do imã Al-Zaydi al-Nasir li-Din Allah, e que tomou Sanaa pelas armas, como chefe zaidita, em meados do século XV.

O título que usou foi o de Charifa Fatima (AL-DAMDI apud AL-ZIRIKLI, 1983).

Ghaliya al-Wahabiya, uma hambalita de Tarba, perto de Taif, liderou na Arábia Saudita um movimento de resistência militar para defender Meca do domínio estrangeiro no início do século XVIII; deram-lhe o título de *amira*, sendo que *amir* era o título do chefe dos exércitos. O *amir* generalíssimo do exército é *amir al-umara*. "Esse cargo devia comportar, no início, apenas atribuições militares."[16] Seus dons como estrategista e o temor que inspirava levaram os inimigos que a enfrentaram nos campos de batalha a atribuir-lhe o dom mágico de tornar invisível o estado-maior wahabita. Os historiadores registram sua aparição à frente dos beduínos como um acontecimento excepcional: "Nunca a resistência das tribos árabes que viviam na vizinhança de Meca foi tão forte como a dos árabes de Tarba [...] Tinham no comando uma mulher que usava o nome de Ghalia [...]" (AL-MUHANDIS apud AL-ZIRIKLI, 1983).

No entanto, na maioria dos casos, as mulheres que se lançaram na arena política não eram, assim como os homens, nem chefes militares, nem chefes religiosas fora do comum. Mesmo se, às vezes, tiveram que dirigir operações militares, este não era seu papel preferido. Quanto à religião, como boas políticas e como seus colegas homens, tentaram manipular em vez de reivindicar o espiritual e seus símbolos.

Se, na parte árabe do mundo muçulmano, *malika*, sultana, *al-hurra* e *sitt* parecem ser os títulos atribuídos às mulheres que dirigem ou tomam parte na direção do Estado, o título de *khatun* é o que se encontra com mais frequência no Islã asiático, especialmente nas dinastias turcas e mongóis. Segundo a *Encyclopédie de l'Islam*, *khatun* "é um título de origem sogdiana usado pelas esposas e pa-

---

[16] Em *Encyclopédie de l'Islam*. A 1ª edição desta obra foi publicada em três idiomas, Francês, Inglês e Alemão, entre 1913 e 1938, em 4 volumes. Uma segunda edição ampliada (12 volumes) foi publicada entre 1960 e 2005 e está disponível em francês e inglês também em versão digital no site da editora Brill. Veja ao final do livro a referência à 2ª edição. [N. E.]

rentes dos soberanos Teu-Tchuch, depois turcos. Empregado pelos seljúcidas e pelos corásmios [...]". Um grande número de mulheres que participaram ativamente da direção dos assuntos de Estado, fosse com o marido ou sozinhas, usaram esse título. Um dos problemas que se apresentaria aos príncipes mongóis, que chegaram ao Islã como conquistadores e em alguns decênios foram conquistados por ele, era saber como conciliar a condição eminentemente pública das mulheres com aquela privada que a nova religião impunha. Ghazan, o sétimo governante da dinastia Ilkhan, depois de tomar o poder em 694/1295, se confrontou com esse problema quando optou pelo Islã sunita.

Dokuz Khatun, esposa favorita de Hulagu, o filho de Gengis Khan que conquistou grande parte do Império Muçulmano e subjugou sua capital Bagdá em 1258, teve um papel importante em relação à atitude dos novos conquistadores para com os cristãos. Pertencente à seita nestoriana, tentou garantir-lhes status privilegiado e colocá-los em posições de responsabilidade.[17] Al-Sarim Uzbek, da corte árabe de Homs, quando foi recebido por Hulagu para falar de política, ficou extremamente surpreso ao ver que a esposa deste estava sempre presente.[18] O Islã teve que se dobrar aos costumes das estepes asiáticas no que concernia ao papel das mulheres e sua preeminência na vida pública. Uma das coisas que impressionou Ibn Battuta, como viajante árabe, quando atravessou o Império Mongol e visitou os soberanos turcos, foi essa constante presença das mulheres na política: "Estas [as mulheres] gozam, entre os turcos e os tártaros, de um destino muito feliz. Quando redigem uma ordem, inserem ali as palavras: *Pela ordem do sultão e das* khatuns" (IBN BATTUTA, 1982: V.I-451). *Khatun* foi também o título das rainhas da dinastia Kutlugh-Khanid de Kirman, que o usavam com ostentação. Foi o caso, por exemplo, de Kutlugh

---

17 Em *Encyclopédie de l'Islam*, ver "Ilkhan".
18 Cf. o relato dessa visita no capítulo "A visit to the Mongols", em LEWIS, 1974: V.I-89.

Turkan Khatun e Padichah Khatun, respectivamente quarta e sexta soberanas da dinastia em 1257 e 1293.

Quer fossem *khatuns*, *malikas* ou sultanas, cortesãs exercendo o poder nas sombras a partir do harém ou chefes de Estado oficiais cujo nome foi cunhado em moedas, nenhuma, porém, usou o título de califa. Pode-se concluir então que esse fato as exclui para sempre do papel de chefe supremo do Estado? Um dos grandes debates que agita o mundo muçulmano desde a morte do Profeta até hoje gira em torno da origem étnica do califa: deve ser um árabe ou pode ter vindo de qualquer outra etnia, isto é, ser *'ajam*? Será que um *'ajam*, um não árabe, pode dirigir a comunidade? Etimologicamente, os *'ajams* são aqueles que não conseguem falar corretamente a língua árabe, que a falam mal, com sotaque, ou não dominam as sutilezas do vocabulário. Os *'ajams* são aqueles que falam uma linguagem confusa, aqueles que falam uma língua diferente da árabe.

Entre os muitos chefes de Estado não árabes que tomaram o poder em seu tempo através dos séculos — persas, mongóis, berberes, curdos, sudaneses, indianos e outros —, raros foram aqueles que pretenderam outra coisa além de um título de sultão ou *malik*, ou variantes desse último. A reivindicação do título de califa pelos otomanos no século XVI foi sentida como um choque violento e extraordinário. Pois, para ser califa, é preciso ter um vínculo com o Profeta e, quando se é turco, a coisa fica mais delicada. É preciso recorrer à ficção. Os otomanos tiveram que fazer isso... Qualquer chefe de Estado muçulmano que reivindique o título de califa é obrigado a resolver o problema de sua descendência do Profeta, comprovando uma árvore dinástica que o ligue a seus descendentes, isto é, aos filhos de sua filha Fatima e de seu marido 'Ali, ao mesmo tempo genro e primo do Profeta. Uma das formas de contestação clássica da oposição aos califas árabes — primeiro aos omíadas, depois aos abássidas — será precisamente reivindicar uma filiação que remonta ao Profeta. Sem dúvida, aqueles que se aventuram nesse caminho põem a vida em perigo e acabam sendo suprimidos fisicamente, pois só pode existir um califa. E os califas omíadas, como os abássidas, deverão pôr ordem na terra e no céu, cortando a cabeça de qualquer pretendente ao título. Os abássidas, que eram sunitas, viram seu declínio começar no dia em que não conseguiram mais liquidar um pretendente xiita que foi declarado califa em 297/909. Tratava-se de Al-Mahdi al-Fatimi, que criou uma segunda dinastia de califas, a dos fatímidas (em referência a Fatima, filha do Profeta). Ter dois califas ao mesmo tempo, um sunita e outro xiita, era completamente incongruente com o ideal muçulmano que tende à unidade, único fator capaz de assegurar a força. Para conseguir sustentar essa situação, os fatímidas foram obrigados a operar longe de Bagdá. Começaram na África do Norte e apenas em 358/969 transferiram a capital para o Cairo e tomaram o Egito e a Síria. Tudo isso para dizer que a ideia de se declarar califa não vem com facilidade à mente de qualquer homem poderoso. Está profundamente enraizado nas almas que esse é um privilégio reservado a seres excepcionais. Uma mulher reivindicar o título revelaria um delírio e, que eu saiba, nenhuma perdeu o bom senso a ponto de levar essa ideia em consideração.

Dois dos critérios de elegibilidade ao califado são: ser homem e ser árabe. E, enquanto este último foi violentamente contestado e milhões de muçulmanos morreram para defender a ideia de que qualquer muçulmano pode ser califa, ninguém jamais contestou o critério da masculinidade. De qualquer modo, ninguém jamais pôs a vida em perigo para afirmar que o critério da masculinidade requerido para ocupar o posto de califa infringia o princípio da igualdade que é a base do Islã. Como o Islã conseguiu conciliar esses dois pontos: o princípio de igualdade entre todos e os critérios tão restritos de elegibilidade ao califado? Aí está um dos enigmas da história política que os modernos têm a incumbência de esclarecer. O objetivo dessa viagem ao passado em busca das sultanas e de seus títulos é um pequeno passo nesse sentido. Uma incursão ao passado que nos revela uma única certeza: voltar atrás é impossível, pois o que mudou no mundo, sociedades muçulmanas incluídas, não foram apenas as reivindicações das mulheres ou as dos homens em relação aos dirigentes, mas o meio em que vivem, o ar que respiram, o céu que avistam, a terra sobre a qual andam. O céu dos califas abássidas não é mais o nosso, e sua Terra não é mais a nossa. A nossa Terra gira em torno do Sol; no tempo deles, era o Sol que girava em torno da Terra. No entanto, a luta pela democracia não começou com a importação da *Declaração universal dos direitos humanos*, que é ocidental, como se sabe, mas teve início nos primeiros séculos do Islã, com a seita carijita.

Essa seita, entre as inúmeras que contestaram o Islã enquanto prática política, primeiro contestou a condição coraixita de elegibilidade ao califado, afirmando que qualquer um, independentemente de sua origem étnica, tinha direito de ser califa e governar os muçulmanos. Os carijitas (*khawarij*) são aqueles que saem, aqueles que não estão mais no jogo político, aqueles que estão fora, aqueles com quem o diálogo no seio do Islã não é mais possível.[19] Quando os carijitas declararam seu desacordo em relação aos critérios de elegibilidade do chefe, foi um choque. O consenso então era geral: somente um árabe tinha direito a esse posto. Para entender a atmosfera e a mentalidade que reinava nos primeiros séculos da Hégira, seria útil considerar a atitude de um intelectual refinado como Ibn Hazm, o Andalusino, o bom muçulmano que tentou se conformar ao ideal igualitário muçulmano, mas permaneceu ferozmente aristocrata no coração.

Ibn Hazm cita o nome de três homens não coraixitas que se outorgaram, por períodos extremamente curtos, o título de califa. O primeiro é um oponente dos omíadas, Yazid Ibn al-Muhallab, que apareceu durante o reinado do nono califa omíada, Yazid Ibn 'Abd al-Malik, no século IX, e contestou seu poder — em vão. O segundo é um soberano da cidade marroquina de Sijilmassa, Muhammad Ibn al-Fath, que atribuiu a si mesmo o título durante um curto período

---

19 Sobre os carijitas, consultar: ABU ZAHRA, 1924: 96ss; e AMIN, 1975: v.I-256ss. Esse último tenta lançar luz sobre as mentalidades da vida intelectual no Islã do início até o fim da dinastia omíada.

em meados do século x. O último é 'Abdurrahman Ibn Abu Amir, um soberano andalusino que usou o título "por apenas um dia [...] Ficou tão eufórico ao ouvir-se chamado de califa que rasgou suas roupas, mas se recobrou e renunciou [...] e é a história mais maluca que já ouvi" (IBN HAZM, 1981: v.II-119-122). O sarcasmo de Ibn Hazm exprime de algum modo o que a maioria dos muçulmanos de seu tempo pensava. Era pura loucura querer reivindicar o título de califa não pertencendo à aristocracia de Meca. Ele listou outros três soberanos poderosos que consultaram autoridades religiosas para descobrir como se apropriar do título e que, diante de sua resistência, renunciaram à empreitada.[20]

A única exceção é o nono califa otomano Selim I, que recebeu oficialmente, em 923/1517, do último califa abássida que vivia então no Egito (mudaram-se para lá depois da destruição de Bagdá por Gengis Khan), o título e os símbolos do califado, entre esses, o manto do Profeta, um de seus dentes e uma mecha de seus cabelos, que foram transferidos para o Palácio Topkapi (POOLE, 1982: 176; ZAYDAN, s.d.: v.I-138). Foi um momento muito emocionante, como se pode imaginar, no mundo muçulmano. Mas até os otomanos, ninguém fora os coraixitas, da tribo do Profeta, pôde reivindicar o título de califa, nem tentar assumi-lo enquanto privilégio e magia que transcende o poder terreno e seus caprichos. As hordas de Gengis Khan conseguiram destruir Bagdá em 1258, e Hulagu, encarregado de conquistar as terras do Islã, massacrou cerca de oitenta mil pessoas, entre elas o seu líder, o último califa abássida Al-Musta'sim. O que não podiam imaginar é que oitenta anos depois, em 1282, seu próprio filho e terceiro soberano da dinastia, Manku Timur, se renderia aos encantos da religião maldita e trocaria seu nome para Ahmad, declarando sua nova fé, o que espalhou a confusão entre os guerreiros e precipitou sua queda dois anos depois. Isso, porém, era não conhecer o Islã e seu fascínio. Treze

---

20 Ibn Hazm, nascido em 384 e morto em 456 da Hégira, é um dos maiores especialistas em Coraixe, sendo autor do livro de referência: *Jamharat ansab al-'arab*.

anos depois, outro neto de Gengis Khan, Ghazan, sétimo da dinastia, declarou-se muçulmano e, desta vez, o Islã se tornaria a tradição da corte.

Entretanto, no auge de seu poder, os mongóis, tendo tomado tudo dos abássidas, seu império e suas riquezas, sua autoridade e sua grandeza, não foram capazes de se apoderar do título de califa, que transcendia misteriosamente a força dos exércitos e todas as suas manifestações terrenas.[21]

Vê-se que o califa tem uma condição fora do comum na hierarquia muçulmana: se por um lado é chefe de Estado, não são todos os chefes de Estado que são califas. A reivindicação desse título por não árabes continua problemática, ainda mais se consideramos a hipótese altamente fantasiosa de mulheres chefes de Estado. Porém existe realmente uma incompatibilidade fundamental entre o califado como modelo ideal de autoridade e a mulher soberana.

---

[21] Textos curtos apaixonantes sobre a queda de Bagdá nas mãos de Gengis Khan: MAALOUF, 1986: 253SS; LEWIS, 1974: VI-76SS.

II.
O CALIFA E A SULTANA

A vertigem que me tomou ao associar mulher e califa, e que toma todos aqueles que, como eu, receberam uma sólida educação muçulmana, foi um pouco atenuada com a leitura das fontes históricas, mas não perdeu a intensidade. Uma boa educação muçulmana ensina a não dizer qualquer coisa, a pôr cada coisa e cada pessoa em seu lugar, a respeitar as hierarquias e os *hudud*, limites. A associação da palavra califa, essência do monoteísmo muçulmano, com a palavra mulher parece uma blasfêmia. A história nos ensina que os califas sempre consideraram que as mulheres não poderiam exercer um poder mesmo que inferior, como o *mulk*, o poder terreno, basicamente secular. Como representante de Deus na terra e, no plano dos princípios, a fonte suprema de toda delegação de Sua autoridade, os califas opuseram-se sistematicamente ao acesso das mulheres à função de chefe de Estado, ainda que estas nunca tenham reivindicado outra coisa além da gestão do que é terreno, de ser sultana. Até isso, porém, é proibido para elas. As raras mulheres que conseguiram chegar a um nível alto o bastante para querer governar um Estado viram sua validação espiritual ser recusada pelo califa sempre que lhe pediram. Pois para exercer um poder somente secular, sem nenhuma pretensão de gerir o espiritual, um sultão precisa da garantia do califa, de sua bênção espiritual; não se pode dirigir uma comunidade muçulmana se não se tem de algum modo uma ligação com o divino, mesmo que apenas formal. E gerenciar essa ligação tornou-se uma das funções dos califas no momento em que deixaram de ser poderosos.

Paradoxalmente, foi ao perder seu poder terreno, na tomada de Bagdá pelos mongóis, que o califa descobriu sua força espiritual. Foi com seu enfraquecimento enquanto chefe militar e a atomização de seu império, despedaçado e dividido entre seus antigos vassalos e escravizados, que o califa árabe entendeu o domínio que exerce sobre eles como o representante da autoridade divina. E foi precisamente essa descentralização do poder, a formação de governos locais autônomos e a chegada ao poder dos *'ajams*, os não árabes, que abriram o caminho real da política para as mulheres. No entanto, uma vez que conseguiam assentar sua autoridade localmente, as rainhas tinham, assim como os reis, que pedir a bênção ao califa, que se tornara o distribuidor de certificados de legitimidade. Elas enfrentariam, diferentemente de seus pais, maridos ou irmãos, uma recusa cruel e, geralmente, sem recurso. Recusa que, muitas vezes, favoreceu outros pretendentes ao trono e desencadeou ou precipitou, mais cedo ou mais tarde, sua derrota e, às vezes, sua morte trágica.

Um califa que não tem poder militar e que distribui para os generais implantados nos quatro cantos do império títulos honoríficos como Rukn al-Din (Pilar da Religião), Sayf al-Dawla (Sabre do Estado), 'Amid al-Mulk (Reitor do Poder) ou Nasir al-Din wa al-Dawla (Aquele que faz triunfar a religião e o Estado) faz um jogo duplo quando o império começa a desmoronar. De um lado, os novos chefes locais, que ascenderam pela força da espada, precisam de uma fachada de legitimidade, de uma garantia religiosa. Do outro, o califa, militarmente enfraquecido e economicamente empobrecido, fica bem feliz de ter ainda em seu poder o que falta a seus conquistadores, que muitas vezes legislavam em sua própria capital. Os títulos honoríficos eram uma espécie de investidura, e a entrega do título seguia um ritual solene. "O reconhecimento pelo califa implicava, além de um diploma de investidura, as insígnias do poder, como um título, um cavalo de batalha ricamente ornamentado, estandartes etc."[22] A cerimônia de entrega do título era motivo, em Bagdá e na capital local, de grandes festas e trocas de presentes. No século IV da Hégira, os títulos constituíam uma das fontes de renda mais importantes para o califa. Em 423/1031, quando o emir de Bagdá recebeu o

---

22 Em *Encyclopédie de l'Islam*, ver "Lakab".

título de Malik al-Dawla (Aquele que possui o Estado), ele ofereceu ao califa "2.000 dinares, 30.000 *dirhams*, dez peças de tecido de seda, cem de brocado de qualidade superior, outras cem de menor qualidade [...]" (IBN AL-JAWZI apud METZ, 1968: 262ss).

Uma das primeiras mulheres que aspirou ao sultanato foi Terken Khatun,[23] esposa de Malikchah, o sultão seljúcida que fazia tremer Bagdá e seu califa e que reinou entre 465/1072 e 485/1092. Malikchah, de origem turca, exigiu do califa títulos grandiloquentes em troca de proteção, pois este último era incapaz de defender até mesmo sua capital. Depois da morte de Malikchah, Terken Khatun tentou tomar o poder, uma vez que seu filho Mahmud, o príncipe herdeiro, tinha apenas quatro anos. O Islã proíbe em princípio que o poder seja confiado a uma criança e o desafio era enorme: "A *khutba* [sermão] da sexta-feira, que era feita nas mesquitas em nome de Malikchah, ressoava num império que se estendia das fronteiras da China ao fim da Síria e das profundezas do norte dos países muçulmanos ao Iêmen do sul" (IBN AL-ATHIR, 1987: V.VIII-482). Malikchah fora a ponta de lança do Islã, defendendo o sunismo encarnado por Bagdá e seu califa contra os ataques dos xiitas que haviam se tornado uma força perigosa.

Para garantir a sucessão como almejava, e para poder se defender contra todos os outros pretendentes ao trono, Terken Khatun precisava da cumplicidade do califa abássida da época, Al-Muqtadir, vigésimo sétimo da dinastia, que reinou entre 467/1070 e 487/1094. Ela guardou segredo sobre a morte do marido e tentou fechar um acordo com Bagdá. O califa começou dizendo que Mahmud era uma criança. Terken deu um jeito de conseguir uma *fatwa* (um decreto) que afirmasse que Mahmud podia reinar apesar do "detalhe" da idade. Mas o califa não estava disposto a deixar uma mulher

---

[23] Não confundir com outra Khatun que usa o mesmo nome e que encontraremos mais tarde, após a tomada do poder pelos mongóis. A seljúcida de que falamos aqui nunca conseguiu se tornar oficialmente chefe de Estado, enquanto a segunda sim, com a ajuda dos mongóis.

se instalar no trono, por mais poderosa que fosse. O importante para ele era que a *khutba*, privilégio da soberania, não fosse dita em nome de uma mulher. Al-Muqtadir insistiu para que a *khutba* fosse feita em nome do filho. Isto, no entanto, não era suficiente: também impôs um vizir de sua escolha a Terken, que recusou imediatamente, considerando as condições do califa numerosas demais e muito humilhantes. Ao final, porém, ela acabou aceitando todas as condições do califa, pois sem a garantia de Bagdá não teria nenhuma chance diante de seus rivais.

Da mesma forma, outro califa abássida, Al-Mustansir, opôs-se de forma violenta à chegada de uma mulher ao trono do Egito: Sultana Chajarat al-Durr, esposa de Al-Malik al-Salih Najm al-Din Ayyub, oitavo soberano da dinastia aiúbida do Egito. Ela decidiu suceder ao marido depois da morte dele em 648/1250 (KAHHALA, 1982: v.II-288). O Egito dependia nesse momento do califado de Bagdá, e Chajarat al-Durr acabara de obter uma grande vitória militar contra os cruzados. Merecia pelo menos um dos inúmeros títulos de seu marido, que detinha entre outros *laqabs* (títulos) os mais grandiloquentes que um general poderia reivindicar: "Sultão dos árabes e dos não árabes, Rei das terras e dos mares, Rei da Índia e do Sind, do Iêmen, de Zabide, Sanaa e Aden, Mestre dos reis dos árabes e dos não árabes, e Sultão dos países do Oriente e do Ocidente".[24] Chajarat al-Durr provavelmente nem pedia tanto; reclamava um simples reconhecimento por parte de Al-Mustansir de seu poder como chefe de Estado egípcia. Então, o califa enviou aos emires do Egito a famosa declaração, muito humilhante para ela, em que anunciava que estava pronto para encontrar homens capazes, visto que aparentemente eles não existiam mais no Egito, que ficara limitado a escolher uma mulher (AL-HANBALI, s.d.: v.V-288). Chajarat al-Durr tentou ignorar sua autorização, acreditando que tinha o essencial: o apoio do exército, que, sob sua liderança, acabara de derrotar os cruzados em Damieta. Outorgou-se um título

---

[24] Em *Encyclopédie de l'Islam*, ver "Lakab".

mais curto que o do marido, que ainda assim foi uma provocação ao califa, porque esbarrava em suas prerrogativas. Trata-se de Malika al-Muslimin (Rainha dos Muçulmanos). Não o carregou por muito tempo, pois a recusa do califa foi fatal para ela e precipitou seu fim trágico, apesar de todo o talento que revelou para manter o poder e sua luta desesperada para reverter as regras do jogo político. Um jogo violento, cruel e impiedoso que parecia dominar com perfeição, já que em muito pouco tempo conseguiu liquidar todos os seus rivais (AL-HANBALI, s.d.: v.V-268ss; AL-MAQRIZI, 1987: v.II-237ss). O paradoxo era que esse mesmo Al-Mustansir, que se permitia ridicularizar Chajarat al-Durr e suas pretensões de liderança, além de ser militarmente incapaz, por seu comportamento irresponsável em relação aos mongóis, ainda causou a ruína e a destruição de Bagdá em 1258, assim como o extermínio de milhares de muçulmanos por Hulagu, o filho de Gengis Khan. Era símbolo de uma dinastia falida. Chajarat al-Durr, ao contrário, era a primeira de sua dinastia, a dos escravizados turcos, os únicos que foram capazes de enfrentar os exércitos mongóis. Estes últimos nunca conseguiram ocupar o Egito. A recusa de Al-Mustansir não era justificada pela defesa dos interesses dos muçulmanos, e ele certamente não estava em boa posição para julgá-la e avaliar suas capacidades. No entanto, como era califa, foi ele quem ganhou. Depois que a atitude do califa se tornou conhecida, as dissensões apareceram: os responsáveis pela Síria, que era então dependente do Cairo, se recusaram a reconhecer Chajarat al-Durr, o exército do Cairo logo se dividiu, e finalmente se decidiu por sua deposição.

Uma constante na história muçulmana é que toda tomada de poder político pelas mulheres é vivida pelos detentores do que o consenso chama de ortodoxia como uma agressão, uma violação das regras do jogo. O significado de ortodoxia evidentemente varia de acordo com as épocas e os lugares, segundo as culturas e as intenções daqueles que manipulam a espada e podem extorquir impostos. Essa constante, no entanto, permanece e atravessa o império e seus Estados: assim que uma mulher se aproxima de um trono, um grupo cujos interesses ela atrapalha aparece para tentar contestá-la em nome do espírito, em nome da charia — mesmo quando opera num contexto mais instável e revolucionário, como o da tomada do poder pelos mamelucos, ex-escravizados, supostamente mais favoráveis às mulheres, vítimas como eles das dinastias reinantes. A exceção talvez seja Radiya, que assumiu o poder em Délhi dez anos antes de Chajarat al-Durr, graças a seu pai, o sultão Qutb al-Din Aybak, um escravizado que chegou ao poder por seus próprios méritos. Foi ele quem estabeleceu a soberania dos muçulmanos na Índia e decidiu nomear sua filha princesa herdeira, apesar de ter três filhos homens. Ulemás, cádis e outras autoridades religiosas de quem gostava de se cercar e que tinham muita influência no país tentaram dissuadi-lo.[25] Isso não impediu Radiya de chegar ao poder. A resistência em nome da religião, no entanto, era latente e foi brandida durante seu reinado por seus rivais.

As indonésias também não escaparam desse obstáculo, apesar da distância cultural e geográfica. As quatro rainhas que transmitiram o poder uma para a outra no sultanato de Atjeh, a parte mais setentrional da ilha de Sumatra, no fim do século XVII, tiveram que enfrentar uma oposição religiosa que contestava seu direito de governar, reivindicando uma *fatwa* trazida de Meca.[26] Isso não as impediu de maneira alguma de monopolizar o poder até o início do século XVIII e de se atribuir títulos que teriam causado palpitações ao abássida Al-Mustansir. A primeira humildemente se intitulou Taj al-'Alam Safiyat al-Din (1641-1675), Coroa do Mundo, Pureza da Religião; a segunda escolheu o nome Nur al-'Alam Naqiyat al-Din (1675-1678), Luz do Mundo, Pureza da Religião; a terceira adotou um título meio persa, 'Inayat Chah Zakiyat al-Din (1678-1688); e a quarta, Kamalat Chah, reinou com tranquilidade até o fim do século XVII (1688-1699).[27]

---

25 Em *Encyclopédie de l'Islam*, ver "Iltutmich", que é o nome do pai de Sultana Radiya; e cf. KAHHALA, 1982: v.I-448.
26 Em *Encyclopédie de l'Islam*, ver "Atjeh".
27 Para detalhes sobre seu reinado, ver ÜÇOK, 1973: 152ss.

Mulheres, portanto, reinaram nas terras do Islã e governaram Estados, mas sempre violando princípios religiosos que justificavam e legitimavam a autoridade política. Por quê? Sabe-se que sexo e política estão tão ligados que é impossível distinguir um do outro, sobretudo nas culturas em que a relação homem-mulher encarna e simboliza a relação de autoridade de sociedades que definem a identidade do homem e sua virilidade por sua capacidade de esconder e controlar o feminino — e que não sentem nenhuma urgência de renunciar a isso. Toda infiltração do feminino na cena política muçulmana agita o palco e a atuação, assim como a credibilidade de todos os atores, principalmente dos mais solenes entre eles. E isso se desenrola no palco duplo do teatro-tempo: o palco do presente e do passado, com a memória desempenhando o papel de um espelho cuidadosamente distorcido, de um presente que ainda não pode ser sustentado por outra lógica. O clamor contra Benazir Bhutto é mais do que eloquente nesse sentido.

De onde vem esse conflito entre feminino e política? O modo mais simples de sondar seus fundamentos filosóficos é voltar ao conceito-chave de califa. Esse conceito sempre foi, e é ainda hoje, um dos títulos mais raramente reivindicados, apesar da multiplicidade de Estados-nações e da autonomia soberana de cada governante. A inimizade, para não dizer animosidade, dos mulás de Teerã — que se orgulham de ser os chefes espirituais do universo — contra o rei do Marrocos se deve ao fato de ele ser um dos raros chefes de Estado muçulmanos modernos que usa o título de califa. E, para a infelicidade deles, herdou-o há séculos. O Marrocos foi, além disso, uma das primeiras regiões do Império Muçulmano a reivindicar bem cedo instituições autônomas e se colocar desse modo como território muçulmano independente, que não aceitava qualquer alegado monopólio espiritual. Os soberanos da dinastia almorávida (448/1056 a 541/1147) adotaram o título de Amir al-Muslimin (Comandante dos Muçulmanos) para que seu desejo de autonomia fosse compreendido, sem, por outro lado, negar a autoridade do califa abássida, que mantinha o título de Amir al-Muminin (Comandante dos Fiéis). O exemplo da rivalidade entre Teerã e Rabat nos permite compreender ao mesmo tempo a permanência, a continuidade e a importância do simbolismo dos títulos e de seu peso no Islã enquanto cenário político, hoje em dia essencialmente religioso, e o significado ainda poderoso da palavra califa.

Se, por um lado, o califa sempre é imã, o imã não é necessariamente califa. Podemos muito bem dispensar um imã quando estamos na presença de um califa, pois este é ao mesmo tempo os dois. O imã é aquele que distribui as pessoas no espaço, enquanto o califa as distribui no tempo. A raiz de imã é *amma*, ser o primeiro, estar à frente, estar na cabeça, dirigir e conduzir as pessoas pelo *sirat al-mustaqim* (o caminho reto), de onde vem o significado mais comum, que é o comando da oração. O imã de uma mesquita é aquele que comanda a oração. A raiz da palavra califa é bem diferente: vem da palavra *khalafa*, que significa vir depois, seguir um ao outro no tempo. O primeiro a usar o título de califa foi Abu Bakr, assim nomeado porque sucedeu ao Profeta depois de sua morte. Como o Profeta se ocupava da saúde dos muçulmanos aqui na terra e no além, tentando fazê-los viver de acordo com a charia, a lei religiosa revelada por Allah, o califa herdou necessariamente as governanças espiritual e material dos muçulmanos. Assim, a própria natureza do poder faz com que o chefe político, cuja função é fazer existir a lei de Deus sobre a terra e, graças a ela, garantir a ordem e a justiça entre as pessoas, seja também o religioso. O califa tem como função proteger a religião e ao mesmo tempo cuidar da gestão política do universo, estando as duas tarefas inextricavelmente ligadas. É por causa desse emaranhado cósmico entre céu e terra, entre Allah como revelador da charia, legislador, e o califa como executor de sua vontade sobre a terra, que a exclusão das mulheres será lógica numa religião monoteísta, uma religião em que o divino é ao mesmo tempo Uno e masculino.

Dizer que o califa é o representante de Deus na terra (*khalifatu Allah fi ardihi*) é hoje uma fórmula que usamos sem pensar.

No entanto, no início, o primeiro califa, Abu Bakr (de 11/632 a 13/634), conhecido por sua grande modéstia, ficava um pouco assustado com o título e desaconselhava os discípulos a chamarem-no "Califa de Deus na terra". Dizia-lhes: "Me chamem de Califa do Profeta — que a prece de Allah e Sua paz estejam com ele — porque só podemos substituir o que está ausente. Não se pode substituir aquele que está presente" (IBN KHALDUN, s.d.: 191). De qualquer modo, é por causa do entrelaçamento entre o espiritual e o terreno, explica Ibn Khaldun, que "chamamos o califado de grande imamato, diferente do pequeno imamato, que consiste em comandar a oração. O grande imamato, ou califado, compreende o comando da oração, a consulta jurídica, a judicatura [função de cádi], a guerra santa e a edilidade" (IBN KHALDUN, 1951: 76). Então, o comando da oração (o pequeno imamato) é apenas uma das funções do califa, que é ao mesmo tempo chefe de Estado e chefe do governo e ocupa todos os cargos ministeriais importantes, se quisermos usar a terminologia moderna. É simultaneamente ministro da Justiça, das Finanças e da Defesa. Como para o pequeno imamato o simples fato de comandar a oração já excluía a mulher, muitas autoridades religiosas, entendem que, para o grande imamato, a questão parece supérflua.

De acordo com Ibn Ruchd:

> As opiniões se dividem quanto à capacidade de as mulheres serem imãs para um público masculino [quer dizer, de dirigir a oração], alguns contestam até sua capacidade de comandar a oração para um público feminino [...] Al-Chafi'i autoriza-as a comandar a oração das mulheres, Malik proíbe. Quanto a Abu Tawr e Al-Tabari, permitem que sejam imã nos dois casos. Entretanto, o consenso da maioria [das autoridades religiosas] é proibir a mulher de ser imã para um público masculino.[28] (IBN RUCHD, s.d.: v.I-105)

---

28 Ibn Ruchd morreu no ano 595 da Hégira.

Se a capacidade da mulher de gerenciar o que é "pequeno" é contestada, sem dúvida que sua candidatura para gerenciar o que é grande nem será considerada, mesmo que, *a priori*, nada a exclua se forem consideradas as quatro condições de elegibilidade para a função de califa, sobre as quais, segundo Ibn Khaldun, todos estão de acordo. A primeira é o saber, a segunda é a equidade, a terceira é a competência e a última, enfim, a aptidão física. O saber é "evidente porque o califa deve aplicar a Lei divina, o que só pode fazer se conhecê-la", nos diz o autor de *Al-Muqaddima*. Quanto à equidade, trata-se a um só tempo de integridade e probidade, de uma vida sem excessos nem exageros de nenhum tipo, porque é uma função religiosa. A noção de equilíbrio é a essência desse conceito: um califa deve ser tanto quanto possível um homem que não viola as proibições éticas, que não faz *bid'a*, inovação. Qualquer inovação, sabemos, equivale a sair do trilho, a sair do caminho reto da charia, que já está todo traçado. Já a competência é requerida "porque é preciso ser capaz de impor o respeito aos limites e de empreender guerras [...]" (IBN KHALDUN, s.d.: 191). Quanto à última condição, do bem-estar dos sentidos e dos membros, requer que o califa tenha boa saúde, que não seja "nem louco, nem cego, nem surdo, nem mudo [...]" (ibid.: 193).

É no fim do capítulo 26 sobre "o califado e suas condições" que Ibn Khaldun, para explicar por que isso não diz respeito às mulheres, lembra que:

> Allah só dá ordens diretamente a uma pessoa se souber que é capaz de executá-las [...] A maior parte das leis religiosas aplica-se às mulheres assim como aos homens. No entanto, a mensagem não lhes é endereçada diretamente, recorre-se à analogia no caso delas, porque não têm nenhum poder e estão sob o controle dos homens [...]. (ibid.: 196)

Em termos de princípios, o Islã é translúcido, se aceitarmos o pressuposto segundo o qual as mulheres não têm poder e, portanto, nenhuma missão divina pode ser transmitida diretamente a elas; desse modo, a instituição divina essencial, o califado, vai excluir as mulheres da política. Se os inimigos de Benazir Bhutto tivessem se colocado no plano dos princípios e especificado que falavam apenas da função de califa, inacessível a uma mulher, seriam inatacáveis. O problema, porém, é que Zia al-Haq também não era califa, apesar de suas pretensões religiosas de brandir a charia para encobrir a arbitrariedade de seu regime militar. O que os integristas criticavam de fato em Benazir Bhutto era ter ganhado as eleições. No entanto, normalmente, os bons muçulmanos que querem seguir à letra a tradição islâmica não devem participar de eleições populares por sufrágio universal, pois são totalmente estranhas ao espírito e à tradição da escolha do chefe por *bay'a*:

> A *bay'a* é o compromisso solene de obedecer. Aquele que fazia essa promessa se comprometia a dar a seu príncipe o direito de decidir sobre seus assuntos pessoais e sobre os dos muçulmanos, sem apresentar nenhuma contestação, a obedecê-lo em tudo o que comandasse, gostando ou não. (IBN KHALDUN, 1951: 74)

A *bay'a* não tem nada a ver com as eleições por sufrágio universal porque o violam em dois princípios fundamentais. O primeiro é que a *bay'a* é definitiva, enquanto o voto por sufrágio universal é temporário e se renova em intervalos regulares. O segundo é que a *bay'a* é privilégio dos notáveis, daqueles que já detêm uma parcela do poder de decisão, os *ahl al-hal wa al-'aqd*, literalmente, aqueles que têm a capacidade de atar e desatar. Outra expressão para a elite é *ahl al-ikhtiyar*, aqueles que têm escolha. Nunca houve, em nenhum momento da história muçulmana, uma tentativa de envolver todo mundo, de envolver a *'amma*, o povo.

O conceito de *'amma*, pessoas comuns, não deve ser confundido com o de *umma*, cuja origem é *umm*, mãe, e que indica a comunidade dos fiéis. Os dois se referem à massa dos fiéis, mas enquanto *umma* tem um sentido positivo, *'amma* tem um sentido extremamente pejorativo. A *'amma* é a massa inculta, ignorante e insubordinada por natureza, pois é incapaz de refletir ou de raciocinar e como tal deve ser excluída do poder. *Al-'aql*, a capacidade de discernimento e de raciocínio, é essencial para todos os muçulmanos, sobretudo para aquele que deve governar, por isso se impõe a exclusão das massas, privadas dessas qualidades. Apenas as pessoas da elite, os *ahl al--hal wa al-'aqd*, os que podem atar e desatar, isto é, decidir, podem guiá-los. A *'amma*, a massa popular, é sempre descrita na literatura histórica como um monstro que segue os rebeldes sem refletir e, sendo assim, deve ser amordaçada, constantemente vigiada e, se preciso for, reprimida. O papel da elite é ajudar o soberano a reprimir a *'amma*. A *'amma* e as mulheres são os párias necessários da cena política califal. Veremos que as mulheres não são as únicas a usar um *hijab* (véu); a *'amma* também é separada do califa por um *hijab*. As eleições por sufrágio universal constituem um rompimento dos *hijabs*, esses véus que organizam o cenário do califado, identificando os atores e determinando o lugar dos espectadores.

Nada simboliza melhor a relação da autoridade com a *'amma*, esse povo diabólico em rebelião constante, do que o discurso de Al-Hajjaj Ibn Yusuf, o carrasco mais tristemente célebre da história do despotismo no Islã. Ele havia sido enviado como governador ao Iraque, então em sedição, pelo califa 'Abd al-Malik Ibn Marwan (65/685 a 86/705), o quarto da dinastia omíada. O discurso que fez nessa ocasião é tão importante e tão significativo em nossa cultura, que fazia parte, na minha época, dos textos da escola primária. Como ignorávamos o significado das palavras, ritmadas como um poema, continuávamos cantando-as no pátio do recreio pulando corda. Eis o que proclamou Hajjaj, no púlpito, depois de ter pedido a bênção a Deus e orado por seu Profeta:

> Habitantes do Iraque, Satanás está incorporado em vocês, misturou--se a sua carne e a seu sangue, a seus ossos, a seus membros e a todos os seus órgãos. Circula em vocês com seu sangue; penetrou entre suas costelas e na medula de seus ossos; infundiu a revolta, a

rebelião e a perfídia. Estabeleceu-se em vocês, construiu aí seu ninho, pôs e chocou seus ovos [...] Povo do Iraque, o que posso esperar de vocês? O que posso esperar? Por que os deixaria viver? [...] Habitantes do Iraque, se um agitador os incitar à desordem, um corvo grasnar, um impostor soltar seu grito, vocês se tornam seus auxiliares e seus seguidores. A experiência não lhes é útil? Os conselhos não os podem salvar? Os acontecimentos não lhes ensinaram? (MAS'UDI, 1962: V.III-821)

Depois disso, Al-Hajjaj soltou suas tropas na cidade com ordem de dar uma lição aos habitantes do Iraque, de ensinar-lhes o respeito pela autoridade. Todos aqueles que tinham o mínimo cheiro de contestação foram liquidados e suas fortunas confiscadas. O professor, inquieto com o silêncio que envolvia a classe aterrorizada com o massacre dos iraquianos, via-se na obrigação, para salvar sua reputação e a do califa, de acrescentar que este ficara muito aflito quando soube dos excessos de Al-Hajjaj. Tínhamos direito de ouvir a carta do califa a Al-Hajjaj, que nos tranquilizava sobre a inocência da autoridade espiritual:

O Comandante dos Fiéis soube que você derramou rios de sangue e dilapidou tesouros. São dois atos que o Comandante dos Fiéis não pode tolerar. Assim, decretou contra você o preço do sangue por qualquer morte involuntária e, quando premeditada, a pena do talião [...].

O poder do tirano sobre o povo havia passado dos limites, e o dever do califa era exatamente proteger os fiéis. Contudo a *realpolitik* provou que o Comandante dos Fiéis precisava, infelizmente, de Hajjaj, e este, apesar de suas atrocidades, foi mantido como um dos homens fortes do regime.

A tragédia do califado sempre se deveu ao fosso que separava o califa e a *'amma*, fosso preenchido pela elite e pelos militares. O voto pelo sufrágio universal, que introduz na cena política a *'amma* como ator principal, abre a prática política muçulmana para um novo horizonte. Horizonte estranho em relação à prática, mas não ao ideal de governo justo. A democracia parlamentar desvenda um horizonte em que os irresponsáveis de antigamente, a *'amma* e as mulheres em seu rastro, tornam-se parceiros principais do jogo. É o mundo de cabeça para baixo. É de deixar tonto, e às vezes é bom ter esse tipo de tontura: basta encontrar um remédio contra ela e não tentar voltar atrás. Nesse sentido, a experiência paquistanesa de uma mulher no comando do Estado graças ao voto da *'amma* é uma chance extraordinária de aprender a se mexer num século cheio de desafios. Um século em que os excluídos de ontem, mulheres entre eles, não precisam mais, como as antigas *jaryas*, se esconder para governar.

III.
AS *JARYAS* OU A REVOLUÇÃO DO HARÉM

Cada história tem seus marcos e suas referências, suas ordens e suas desordens, suas idades de ouro e suas épocas de decadência e, entre as duas, os acontecimentos que "contam". Um dos acontecimentos traumáticos estudados pelos historiadores, que se colocam sempre como observadores, tomando o lado do palácio, é a revolta dos *zanjs*, os escravizados negros, que aconteceu sob os abássidas em 255/869. Foi a primeira revolta de escravizados que o Islã conheceu. Na verdade, podemos dizer que a primeira revolução foi a das mulheres escravizadas, as *jaryas*, que, muito antes dessa data, começaram seu ataque aos califas. A única dificuldade é datar o acontecimento, mas podemos fazê-lo se identificarmos o nome do primeiro califa refém do charme de sua escravizada cantora. Seria Yazid II, Ibn 'Abd al-Malik, o nono califa omíada, que só assumiu o poder no ano de 101/720 para passá-lo, segundo Al-Tabari (1979: v.VIII-189), para Hababa, sua *jarya*, para quem repetia, quando estava no auge do prazer, que tinha vontade de fugir para longe? Foi ela, a escravizada, que teve que lembrá-lo de sua missão na terra e da necessidade de não ir longe demais. Seria Al-Mahdi, o terceiro califa abássida, que assumiu o poder em 158/775? Casado com Khayzuran, esta não se contentou, como Hababa, em seduzir o marido: levou-o a dividir o poder com ela. Depois da morte dele, a influência de Khayzuran perdurou no reinado de seus dois filhos, Al-Hadi primeiro e Harun al-Rachid em seguida.

O poder das escravizadas sobre os califas operou transformações não previstas pela charia no centro do sistema, na relação das mulheres com "o representante de Deus na terra". Diferentemente dos *zanjs*, que tentaram tomar o poder na periferia, foi no próprio palácio do califa que as *jaryas* atuaram — na cama e no coração daquele que a lei erigia como amo absoluto das almas e dos bens.

No entanto, para que seja possível comparar, é preciso antes compreender a primeira revolta de escravizados oficialmente registrada por historiadores muçulmanos.

Os *zanjs* eram escravizados negros vindos do Sudão, que trabalhavam em condições muito duras nas lagunas salgadas dos arredores de Basra. Pegaram em armas, ocuparam a cidade e se puseram a caminho de Bagdá, interrompendo assim, durante anos, as grandes vias de comunicação que ligavam Bagdá ao Golfo Pérsico. Só parariam a vinte e sete quilômetros da capital, e sua revolta duraria catorze anos, estendendo-se por vários reinados e perturbando a vida de mais de um califa... Sua revolta começou segundo o modelo que o Islã, enquanto governo vinculado ao sagrado, conhecerá até nossos dias: um grupo que se insurge em nome de *al-'adl*, a justiça divina. Os *zanjs* se insurgiam contra as condições de trabalho que lhes eram impostas e que declaravam injustas segundo a charia, a lei divina. Em nome desta lei, recusaram obediência ao califa, que, em sua opinião, violara o pacto de Allah para com eles.[29] No começo, um certo 'Ali Ibn Muhammad comandou a revolta. Este, de acordo com Al-Tabari (1979: v.II-174), era um contestador que reivindicava ser descendente de 'Ali Ibn Abu Talib. Ele anunciou a seus companheiros que podiam mudar sua condição miserável nas lagunas onde extraíam sal e se tornarem chefes ricos e respeitados se pegassem em armas. Foi o que fizeram. Os escravizados deixaram seus senhores e foram em grande número se juntar ao chefe religioso. Na primeira vez que ouviram falar da revolta, os habitantes de Basra não puderam acreditar e foram até o "pregador" para recuperar seus escravizados fugidos. Para sua grande surpresa, o chefe religioso ordenou a cada escravizado que desse quinhentas chibatadas em seu senhor antes de deixá-lo ir embora, para revelar o simbolismo de seu projeto e assim anunciar a natureza de seu programa (ibid.: 177). Na sequência, os escravizados se organizaram, nomearam um dos seus como comandante

---

29 É o roteiro de todos os movimentos islamistas de hoje, sem exceção.

e se lançaram ao ataque das cidades, debaixo do nariz dos exércitos oficiais. Entretanto, como muitas das contestações populares que agitaram a época abássida, obstinadamente apresentada a nós como a idade de ouro, a revolta acabou em banho de sangue. Foi esmagada em 270/883, sob o governo do califa Al-Mu'tamid, décimo quinto abássida. A repressão foi tão chocante que até mesmo um historiador rigoroso como Al-Tabari não consegue, em dezessete páginas de seu *Tarikh al-umam wa al-muluk* (História das nações e dos reis) consagradas ao acontecimento, chamar seu líder pelo nome. Chama-o de *sahib al-zanj* (o sujeito dos zanjs), de *'adu Allah* (o inimigo de Allah) e ainda de *al-khabith* (o maligno). Evidentemente, todos os grandes nomes da história oficial fizeram o mesmo, começando por Ibn al-Athir. Séculos depois, tratando do ano de 255 e da revolta dos *zanjs*, ele retomará Al-Tabari literalmente, inclusive os insultos (AL-ATHIR, 1987: v.v-246ss). Comparada ao impacto limitado, de ordem militar, da revolta dos *zanjs*, a revolta das *jaryas* foi profunda e durável, pois atuava no registro afetivo e sexual, erótico e sensual. As escravizadas não guerreavam com seus senhores — faziam amor com eles! E sabemos como ficamos sem defesa nesse estado. Amar é justamente deixar cair as defesas e não se preocupar mais com limites; é borrar os limiares, eliminar as barreiras.

A imagem de Yazid II, um califa tão apaixonado por sua escravizada cantora e poeta que entrava em transe e dizia palavras insensatas, impressionou muito os historiadores. Até Mas'udi, que comumente aprecia as anedotas, perde seu senso de humor quando chega ao califado de Yazid II. "Um dia, durante uma sessão em que Hababa cantava [...] Yazid experimentou tamanho prazer que se pôs a gritar: 'Quero fugir!'. Hababa disse a ele: 'Comandante dos Fiéis, se deixar a *umma*, quem tomará conta de nós?'" (MAS'UDI, 1962: v.III-210). Quando Hababa morreu acidentalmente, engasgada com uma semente de romã entre duas canções, durante uma festa campestre, o califa Yazid, profundamente afetado, esqueceu do mundo e de seu dever, dos fiéis e dos infiéis. A capital muçulmana foi obrigada a fazer a oração sem o califa. Este se recusava a enterrar Hababa e chorava sobre seu corpo, do qual não queria se separar, esquecido da oração, do Estado, das mesquitas e dos rituais de sexta-feira. Algumas semanas depois, os fiéis acompanharam o caixão do primeiro e talvez último califa morto de um mal que até então era considerado menor: o amor por uma *jarya*, uma escravizada. Yazid II será fustigado por todos os historiadores e só encontrará, enquanto califa, prestígio e respeito sob a pena de Abu al-Faraj al-Isfahani, autor de *Kitab al-aghani* (Livro das canções), em que Hababa figura entre os artistas que contribuíram para o desenvolvimento da poesia e do canto. Diferentemente da interpretação de Mas'udi e de Al-Tabari, que adotavam o ponto de vista do poder e descreviam Hababa como perversa e inimiga de Allah e de sua religião, o autor do *Livro das canções* a considera uma poeta e música de talento, e vê Yazid como um homem de gosto estético muito desenvolvido para apreciá-la (AL-ISFAHANI, 1963: v.XV-122). É verdade que o *Livro das canções* não é um livro de história clássico: o autor dedicou seus vinte e quatro volumes a descrever os califas e os vizires em seus locais de diversão e não nos campos de batalha. O *Livro das canções* é uma tentativa de analisar o desenvolvimento do canto e da música na civilização árabe e, como os melhores cantores e poetas gravitavam em torno dos palácios, as *jaryas* ocupam um lugar central na obra, que analisa sua contribuição para o desenvolvimento dessas artes. Abu al-Faraj al-Isfahani, o autor do *Livro das canções*, escrevia a história da arte, não a do poder, e as *jaryas*, como Hababa, nos são apresentadas sob outra luz.

Para Mas'udi e Al-Tabari, bons muçulmanos como eram, Hababa era apenas uma escravizada que desviava o califa de sua missão. É interessante notar a esse respeito que os historiadores desprezam Yazid II por ter amado uma *jarya* publicamente, a ponto de nunca elogiar sua abordagem inovadora no plano da prática política e silenciar a respeito de suas tentativas de diálogo com a oposição. Enquanto reprimir e liquidar os opositores era o costume político dos califas até seu predecessor, Yazid II, pacífico, encorajou o diálogo e iniciou conversações com aqueles que o contestavam e se opunham a ele, o que não é uma prática desprezível. Enquanto iniciativas como essas valeram elogios a seu predecessor 'Umar Ibn 'Abd al-'Aziz, o primeiro califa omíada que renunciou a liquidar seus opositores xiitas e inaugurou o diálogo com eles, tal abordagem não rendeu nada para Yazid, que, no entanto, deu continuidade a essa política. Yazid será sistematicamente considerado um degenerado e um incapaz no plano político. Reler a história muçulmana hoje com um olhar moderno e nossas preocupações atuais, a saber, a democracia e os direitos humanos, é também refletir sobre o que nossos historiadores chamam de "um grande chefe de Estado".

Outro soberano que foi catalogado como grande e excepcional levou seu "dever de bom soberano muçulmano" até o ponto de matar a *jarya* que amava, sob o pretexto de que essa paixão estava em flagrante contradição com sua missão política. Posso já antecipar que não é um árabe, pois tamanho extremismo na oposição entre paixão amorosa e performance política com certeza é estranha ao Islã árabe tal como foi pregado e praticado pelo profeta Muhammad.[30] Trata-se de 'Adud al-Dawla (338/949 a 372/982), segundo soberano da dinastia xiita dos buídas que reinava em Bagdá no século IV da Hégira. Naquele momento, o poder do califa abássida era apenas nominal e simbólico. Os buídas, dinastia iraniana, faziam parte da aristocracia militar que havia tomado o poder localmente, primeiro na Pérsia, onde haviam se estabelecido como autoridade secular. Tendo entrado em Bagdá como força militar, mesmo sendo xiitas, respeitaram as prerrogativas simbólicas do califa abássida sunita.

---

30 O Profeta repetiu muitas vezes que as mulheres eram uma parte importante de sua vida, e que Aicha, que o acompanhava com frequência nos campos de batalha, era a pessoa que ele mais amava no mundo. As proezas sexuais do Profeta com suas muitas mulheres faziam parte de sua imagem como líder que está acima dos mortais comuns em todos os domínios, inclusive o sexual e o afetivo. Ser o melhor para suas mulheres é, sem dúvida, uma qualidade de que o Profeta parecia se orgulhar muito. Ver essa questão mais desenvolvida na segunda parte de meu livro *Le harem politique, le Prophète et les femmes* (1987).

Este concedeu-lhes títulos e eles deram ao califa a proteção militar de que precisava. Os rituais de entronização do chefe secular pelo califa, o ritual das *khutbas*, as pregações oficiais de sexta-feira e as outras cerimônias permitiram a esse casamento político bastante bizarro entre religiosos e militares manter e harmonizar as relações cotidianas. No entanto, 'Adud al-Dawla fez duas coisas "chocantes" aos olhos de qualquer bom muçulmano e que anunciaram de fato o começo da decadência do califado enquanto autoridade suprema. Para começar, foi o primeiro chefe muçulmano a reivindicar o título de Chahinchah, grave ofensa ao Islã, pois era o título dos reis da Pérsia pré-islâmica, aqueles mesmos que no início combateram o Islã e dos quais 'Adud al-Dawla orgulhava-se de descender. A segunda coisa foi ter exigido do califa árabe que o nome dele fosse pronunciado depois do seu na *khutba*, o sermão da sexta-feira nas mesquitas de Bagdá — o cúmulo da humilhação para o sistema do califado, por conta do simbolismo da *khutba*. 'Adud al-Dawla é, entretanto, descrito como um grande soberano. Historiadores importantes como Ibn Miskawayh, autor de *Kitab tajarib al-umam* (Livro das experiências das nações), e Al-Hanbali, que escreveu *Chadarat al-dahab* (Fragmentos de ouro), fazem um longo relato sobre suas capacidades enquanto excelente dirigente e bem-sucedido chefe militar (AL-HANBALI, s.d.: v.III-78; IBN MISKAWAYH, 1915: v.VII-39). O fato de ter ordenado a morte de uma inocente *jarya* que teve a infelicidade de agradá-lo demais não maculava sua estatura como homem político. Temos direito aos detalhes do processo de tomada de decisão do príncipe. O que atrapalhava 'Adud al-Dawla no amor é que não conseguia mais se concentrar. Depois de seu primeiro "isolamento", que se prolongou aparentemente por várias noites, se deu conta de que as questões do governo haviam se acumulado e sentiu-se miserável por ter sido negligente com seus deveres. Tomou a decisão de nunca mais rever a mulher, mas sua vontade cedeu à paixão devoradora que lhe inspirava. Marcou um segundo encontro e o fenômeno se repetiu. "Imaginou sua situação como se fosse uma imagem e assim foi capaz de detectar de onde vinha o desequilíbrio [...] Mandou chamar Chukr e deu-lhe a ordem de levar a *jarya* e afogá-la no rio" (IBN MISKAWAYH, 1915: V.VII-42). Seu raciocínio era simples e afiado. Foi assim que o expôs a Chukr, o carrasco: "Aquele que se deixa levar pelos prazeres se tornará um mau político e perderá necessariamente o poder terreno". Por sorte, os califas árabes não tiveram todos a ideia sanguinária de liquidar as mulheres que amavam. Tanto que, diferentemente de Hababa, as *jaryas* não se contentaram mais em apenas seduzir o califa, mas desenvolveram tamanho apetite pelo poder político que logo se puseram a compartilhá-lo.

A primeira *jarya* que ambicionou uma carreira política e teve uma influência que ultrapassou a de uma mulher do harém foi Khayzuran. Ela exercerá o poder por muito tempo por meio de vários califas, o marido e os dois filhos, e dirigirá toda a *umma* e o império.[31] Outra *jarya* surgida na cena política da dinastia abássida, Chaghaf, mãe do décimo oitavo califa Al-Muqtadir, morta em 321/933, conseguiu manobrar toda a elite burocrática, religiosa e militar para que seu filho fosse reconhecido como califa, apesar de ele ter apenas treze anos. O cádi Ahmad Ibn Yaqub obstinou-se em não reconhecer Al-Muqtadir e afirmou enquanto autoridade religiosa que era apenas uma criança e por isso não era qualificado para se tornar califa: foi morto com um grupo que compartilhava a mesma opinião (AL-TABARI, 1979: V.XII-16).

As mulheres, uma vez que assumiam o poder, cometiam atrocidades que não deixavam nada a desejar às dos homens, servindo-se do único argumento político convincente antes da descoberta do voto: a força bruta. Como os homens, elas usaram o assassinato político sempre que necessário, talvez com métodos mais leves, como a asfixia e o envenenamento em vez da espada — a diferença deve ser procurada nesse nível de detalhe técnico e não em outro lugar. De qualquer modo, o assassinato do cádi deu grande credibilidade política a essa rainha que os historiadores não nomeiam e que será

---

31 O leitor encontrará fontes sobre ela no próximo capítulo, que lhe é dedicado.

designada seja por sua função biológica, Umm al-Muqtadir (Mãe de Al-Muqtadir), seja por sua função política, Al-Sayida — título que, já vimos, em princípio designava as mulheres de classe alta, as mulheres livres, e que, rapidamente, será dado a todas aquelas que exercem um poder político de modo mais ou menos oficial.

Al-Sayida tinha uma concepção da política que podemos qualificar hoje como muito "feminista". Segundo ela, os assuntos da *umma*, sobretudo a justiça, seriam mais bem geridos por uma mulher. Para grande escândalo dos vizires e dos cádis, nomeou Thumal, uma de suas assistentes, como responsável pelas injustiças, posto que equivaleria ao que chamamos hoje de ministro da Justiça. As autoridades religiosas, principalmente os cádis, que teriam então que trabalhar sob as ordens de Thumal, começaram a se rebelar e a condenar a nomeação antes de a repudiar como repulsiva (AL--TABARI, 1979: v.XII-37). Soltaram suas ladainhas misóginas e se recusaram a colaborar com a nova responsável. Quando, no entanto, se deram conta de que Al-Sayida não tinha nenhuma intenção de ceder com relação a Thumal, baixaram a cabeça e aceitaram colaborar com a nova chefe. A lembrança do destino do cádi Yaqub ainda estava fresca no espírito deles.

É preciso reconhecer a objetividade dos grandes historiadores antigos, como Al-Tabari, quando se trata de mulheres, uma objetividade que só encontramos muito raramente entre os modernos. Al-Tabari nos conta que Thumal cumpriu muito bem sua tarefa e que, apesar da rejeição inicial, as pessoas passaram a amá-la e a apreciar seu modo de agir, e por um bom motivo: a primeira ordem que o califa Al-Muqtadir emitiu depois da nomeação de Thumal foi dar fim à corrupção e baixar as taxas da justiça. Os litigantes pagariam apenas uma pequena taxa para abrir um caso e, em algumas ocasiões, apenas a taxa do papel e não dariam nada aos auxiliares e outros funcionários que circulavam em torno dos altos funcionários da justiça (ibid.: 38). Esses detalhes importantes a respeito de um dos acontecimentos mais espetaculares da história muçulmana — a nomeação de uma mulher para comandar a Justiça e a alegria do povo miúdo diante de um responsável que luta contra a corrupção do aparelho judiciário — vão naturalmente desaparecer das biografias dedicadas pelos historiadores modernos a Umm al-Muqtadir. Já Ibn Hazm, que escreve um século depois de Al-Tabari, nos apresenta a nomeação de Thumal para o posto de responsável pelas injustiças entre uma série de bizarrices que constituem "escândalos que o mundo nunca viu iguais até nossos dias" (IBN HAZM, 1981: 98).

Com os historiadores modernos, assistimos a algo mais sutil: o apagamento dos detalhes. Umm al-Muqtadir nos é descrita por 'Ali Ibrahim Hasan, professor de História na Universidade do Cairo, em seu livro *Nisa lahunna fi al-tarikh al-islami nasib* (Mulheres que participam da história do Islã), como exemplo da decadência que ameaça as dinastias "que deixam as mulheres interferirem nos assuntos de Estado" (HASAN, 1970: 96). Seu modo de apresentar as trinta e três biografias de mulheres que selecionou como exemplares não dá nenhuma vontade de entrar na política. As mulheres mais realizadas são ou discípulas do Profeta, honra impossível de ser alcançada atualmente, ou intelectuais versadas em ciências, o que não garante nenhum acesso ao poder. E sabemos que o domínio em que as mulheres muçulmanas até hoje puderam se estabelecer firmemente foi o acadêmico. Uma intelectual não atrapalha o sistema — são as políticas que fazem tremer os fundamentos. Balqis, a rainha de Sabá, com quem Ibrahim Hasan inaugura a série de biografias, vê sua vida dividida em duas: a primeira, desinteressante, antes de seu encontro com o profeta Salomão; a segunda, admirável, muito depois. Ele tenta nos convencer de que tudo o que se diz sobre o trono dela é exagerado, e de que os historiadores fabulam demais sobre seu poder. É preciso reduzir o tamanho de seu trono, o valor de suas joias (ibid.: 9). Reduzir a importância da rainha de Sabá é um desafio, pois é uma das raras mulheres árabes difíceis de esconder ou encobrir, já que é citada no Alcorão como soberana e poderosa. Evidentemente o grande acontecimento da vida de Balqis teria sido o encontro com o profeta Salomão, que tinha, ele sim, o poder verdadeiro, com uma dimensão espiritual impressionante. A grandeza de Balqis reside no fato de logo ter entendido isso e ter decidido agradá-lo em vez de combatê-lo. A misoginia inconsciente de Hasan manifesta-se de um modo mais sutil, mas muito mais pernicioso, quando fala das rainhas islâmicas. Ele apaga todos os detalhes positivos relacionados a elas, como o acolhimento entusiasmado das medidas adotadas por Thumal. Conta da rejeição de Thumal pelos ulemás e para por aí, ignorando detalhes que os historiadores antigos, como Al-Tabari, anotavam "religiosamente", pode-se dizer, pois a missão do historiador era considerada pelos antigos uma missão religiosa. Essa técnica de apagamento dos detalhes pertinentes explica o porquê de termos hoje uma memória muçulmana uniformemente misógina e a necessidade de se passar um pente-fino em todo corte da história apresentado como verdade eterna e como "tradição muçulmana", sobretudo a associação entre feminino e política como maléfica e causadora de desastres.

Voltemos às *jaryas*, que prefeririam governar os califas de dentro de seu harém, em vez de gastar seu tempo refletindo sobre os obstáculos que barram o acesso ao poder. Ibrahim Hasan parece ter ficado chocado com um detalhe a respeito de Umm al-Muqtadir: sua origem estrangeira. Ele insiste muito no fato de ela ser *rumiya*, isto é, de origem romana. O termo *rum* designa primeiramente o Império Bizantino, o inimigo tradicional e mais próximo do Império Muçulmano, que se estende para além de todo Império Romano (HASAN, 1970: 96).[32] Como poderia a mãe de um califa muçulmano, representante de Deus na terra, ter origem estrangeira? Podemos

---

32 Sobre o termo *rum* para os homens e *rumiya* para as mulheres, tinham mais ou menos o mesmo significado que têm hoje: designam os europeus cristãos dos povos mediterrâneos que são nossos vizinhos. Hoje, nas medinas, chamamos todos os turistas com tipo ocidental de *rum*. E se em Bagdá os *rum* eram os bizantinos e, em Al-Andalus, os espanhóis e os franceses, trata-se de fato do mesmo mapa geográfico cultural. Os *rum* são os outros diferentes, cristãos e europeus, mas vizinhos, geograficamente próximos.

nos perguntar legitimamente. O califa, soberano divino, tinha o direito de se casar ou de ter filhos com uma mulher estrangeira? E o que aconteceria caso essa estrangeira ocupasse um lugar no coração do califa a ponto de ele lhe confiar a gestão da *umma*, a comunidade muçulmana? Houve casos em que os califas se deixaram seduzir por *jaryas* estrangeiras e, mais especificamente, cristãs? Um dos exemplos mais célebres é o de Subh, a *jarya* do califa Al--Hakam, um dos maiores entre os omíadas do Império Muçulmano da Espanha.

Subh foi devorada pela ambição. Tinha dois grandes defeitos pelos quais precisava ser perdoada pelos muçulmanos: era estrangeira e cristã. Claro que isso só podia acontecer sem problemas na Espanha muçulmana, civilização particularmente aberta e cosmopolita. Subh é, na maior parte dos casos, chamada pelos historiadores de Sabiha Malika Qurtuba, a Rainha de Córdoba, *sabiha* sendo um dos diminutivos da raiz *sabah*, "alvorecer". Seu nome original era Aurora e precisava ser arabizado sem ser traído. Outros, no entanto, dizem que o príncipe, encantado pela beleza da estrangeira, chamou-a Subh porque possuía aquela surpreendente doçura da aurora mediterrânea. Ela foi esposa de Al-Hakam al-Mustansir, o nono califa omíada do Ocidente, ramo que reinou na Espanha, tendo Córdoba como capital, durante quase três séculos (entre 138/756 e 422/1031). O reinado de Al-Hakam teria durado dezesseis anos (350/961 a 366/976). Todos os historiadores estão de acordo em reconhecê-lo como um grande chefe de Estado. Ibn Hazm, um dos historiadores mais eminentes do Al-Andalus muçulmano, ele próprio andalusino e famoso por ser rígido no julgamento dos soberanos, diz que Al-Hakam "tinha uma boa conduta" e que "investiu nas ciências que apreciava enormemente" (IBN HAZM, 1981: v.II-191ss). Segundo ele, Al-Hakam foi um dos governantes que permitiram ao Islã tornar-se um intenso polo cultural e científico, tanto por causa de sua política sistemática de compras de livros pelo mundo quanto por sua generosidade proverbial para com os homens de ciência que estimava e honrava. "Al-Hakam", escreve, "enviava emissários para todos os países à procura de livros e ordenava que os comprassem a qualquer preço e trouxessem para ele" (IBN HAZM, 1981: V.II-194). De acordo com Al-Maqqari, outro historiador do Al-Andalus, Al-Hakam "mandava construir bibliotecas que ninguém conseguia igualar [...] Reuniu em torno dele os especialistas mais competentes na arte da cópia, da correção e da encadernação [...]" (AL-MAQQARI, 1967: V.I-386). Por exemplo, mandou mil dinares em ouro puro para Al-Isfahani a fim de que este lhe enviasse uma cópia do *Livro das canções*. Foi o primeiro a lê-lo, antes mesmo do califa rival que reinava em Bagdá.[33]

Al-Hakam correspondia ao perfil do califa ideal e seu interesse pela ciência se igualava a sua fé profunda. Ibn Hazm, que exerceu a um certo momento da vida o ofício de cádi (juiz), conta que Al--Hakam "ordenou que se destruíssem todos os estoques de vinho que existiam no país, e foi estrito sobre isso [...] e consultou seus agentes nas províncias antes de ordenar que fossem arrancadas as videiras de todo o Al-Andalus [...]" (IBN HAZM, 1981: 194). A ordem, no entanto, não foi executada, pois os especialistas lhe explicaram que, mesmo se fossem destruídas as videiras, as pessoas continuariam a produzir vinho a partir de outras frutas também abundantes no clima ameno da Espanha. Para completar esse retrato ideal, acrescentemos que Al-Hakam se destacou como um grande *mujahid*, que passava seu tempo lutando contra os cristãos: "Não parava de combater os *rums*". E pode-se dizer que tinha muito trabalho nesse sentido, pois os *rums* de que estamos falando aqui são primeiramente os espanhóis, depois os franceses e todo o Império Romano do Ocidente. Os omíadas, fugindo da repressão abássida, seguiram para o Ocidente pela África e foram criar um novo Império Muçulmano na Espanha, no coração da Europa cristã.

---

33 Conhecemos a rivalidade que existiu entre o Império Muçulmano do Oriente, onde reinavam os abássidas que expulsaram os omíadas antes de tomarem seu lugar, e o Império Muçulmano do Ocidente, isto é, Al-Andalus, criado pelos descendentes dessa mesma dinastia omíada expulsa pelos abássidas. A referência à compra da cópia do *Livro das canções* está em AL-MAQQARI, 1967: V.I-386.

Um califa digno desse título, como vimos, deve dividir seu tempo entre a missão espiritual (cuidar da aplicação da lei religiosa) e a missão terrena, que inclui a gestão dos impostos e da justiça e a defesa do território. A *jihad* (guerra santa) tomou bastante tempo da vida dos grandes califas omíadas em geral e da de Al-Hakam em particular, que começou seu reinado com uma ofensiva espetacular contra os cristãos. "Os butins de suas conquistas foram incalculáveis, seja em dinheiro ou em armas, em animais ou em número de prisioneiros de guerra" (AL-MAQQARI, 1967: v.I-383). Na verdade, os *rums* nunca deram descanso aos omíadas e, como a conquista de Al-Andalus era uma obra refeita cotidianamente, os grandes soberanos partiam, eles próprios, na liderança de seus exércitos. Foi no decorrer de uma dessas expedições que Subh foi escravizada.

Como Subh conseguiu, sendo apenas uma prisioneira de guerra, tomar as rédeas da *umma*? É preciso deter-se aqui no segredo da ascensão de uma *jarya* num harém muçulmano em que não faltavam belas prisioneiras de guerra e a competição era duríssima. Como aparecer, como chamar a atenção do califa? Diferentemente do que poderíamos supor, a beleza física e a juventude não bastavam. Era preciso mais alguma coisa, e essa alguma coisa, para os árabes, era a inteligência — a inteligência e a cultura. Todas as *jaryas* que conseguiram impressionar o chefe a ponto de deixar que ela compartilhasse de seu poder eram, sem exceção, mulheres dotadas da inteligência analítica que sempre garantiu o sucesso a quem a tem, seja homem ou mulher. A capacidade de não se pronunciar irrefletidamente, de não dar sua opinião sobre uma situação, um acontecimento ou uma pessoa antes de analisá-los fria e lentamente é, em especial, uma forma de inteligência muito apreciada pelos homens árabes e foi causa do sucesso de mais de um homem ou mulher, ontem ou hoje. Numa mulher, uma inteligência como essa, sobretudo se acompanhada de alguma modéstia e um pouco de humor, levava diretamente ao coração de seu califa. É óbvio que esse tipo de inteligência se cultiva: é preciso recolher todo tipo de informação, saber triá-la e classificá-la para poder utilizá-la onde e quando for preciso. Os jogos de palavras bordados com poesia, citações do Alcorão e referências históricas eram um trunfo indispensável. E, para brincar com as palavras, era preciso conhecê-las. Muitas das *jaryas* que conseguiram se tornar favoritas eram mulheres particularmente bem-informadas a respeito do que se passava no império, além de versadas nas ciências-chave — como a história — e no poder da linguagem, sendo ao mesmo tempo poetas e linguistas. Subh foi apenas uma exceção que confirmava a regra.

O excessivo interesse de Al-Hakam pelas ciências e os livros será invocado por muitos como uma das razões que o levaram, com a idade, a negligenciar a gestão rotineira dos assuntos políticos e deixar a esposa se ocupar deles. Ela foi uma assistente extraordinária. Logo, no entanto, sentiu necessidade de ajuda. Apresentaram a ela um candidato para o trabalho de secretariado que transformaria sua vida e a do Império Muçulmano. Chamava-se Ibn Amir, tinha vinte e seis anos, era árabe de raiz, jovem, muito bonito, magnificamente cultivado, refinado nos modos, versado em todo tipo de ciências religiosas e dotado da capacidade de fazer as pessoas e o tempo se curvarem de acordo com sua vontade. Desde muito jovem, confessará depois, tinha uma única ideia fixa: governar Al-Andalus (AL-MURRAKUCHI, 1978: 46ss). Subh, como os funcionários que haviam organizado a entrevista no palácio, ficou maravilhada. Começou entre a rainha e seu secretário uma relação intensa que não escapou nem mesmo ao califa. Ele comentou um dia, em meio a uma conversa com seus íntimos, a respeito de Ibn Amir: "Esse jovem tem um domínio incrível sobre as mentes de nosso harém" (AL-MAQQARI, 1967: V.III-88). Será que foram amantes ou a rainha sacrificou seu desejo pelo dever de esposa de califa e depois de mãe de califa e, com a morte de Al-Hakam, de regente responsável pela *umma*? Será que limitou sua relação com um dos homens mais sedutores da história muçulmana, ou simplesmente da história, a uma colaboração estreita no domínio político? A questão foi debatida pelos historiadores antigos e ainda hoje é discutida pelos modernos. Trata-se de uma das inúmeras oportunidades que nos são dadas para medir a misoginia de uns e de outros.

O debate a respeito da vida sexual de Subh é bastante edificante desse ponto de vista. Al-Maqqari, que viveu no século XVII, autor de *Nafh al-tib min ghusn al-Andalus al-ratib*, começa seu relato dizendo que Ibn Amir — que logo se tornaria o governante efetivo de Al-Andalus, expulsaria Subh e manteria seu filho, o califa Hicham Ibn al-Hakam, refém em seu próprio palácio — sempre despertou ciúmes e animou verdadeiros complôs contra ele. Explica que isso acontece toda vez que uma pessoa tem uma chance extraordinária na vida, múltiplos dons e muito sucesso em tudo o que empreende, caso de Ibn Amir. Em seguida, especifica que por conta disso era possível compreender os rumores de que era amante de Subh. Rumores que logo foram postos em versos, sob a forma de poesia satírica que anunciava que os muçulmanos estavam à beira do apocalipse "pois o califa brinca em seu aposento, enquanto sua mãe está grávida... etc." (AL-MAQQARI, 1967: V.1-602). Al-Maqqari começa então a desculpar Subh e a defendê-la dessas acusações, e conclui que só Allah conhece o segredo das coisas.

Nos autores modernos, Subh é sistematicamente rebaixada ao nível de uma intrigante vulgar, e ainda por cima tola, que se deixa seduzir por um secretário interessado apenas em seu poder. É o caso de Muhammad 'Abdallah 'Inan, autor de *Tarajim islamiya* (Biografias muçulmanas). Em seu texto, o califa Al-Hakam e Subh são reduzidos a personagens de séries televisivas de segunda categoria cujo segredo só as tevês egípcias detêm, e ainda usa um tom racista e chauvinista que menospreza por completo a essência cosmopolita de nossa cultura:

> Nossa história muçulmana nos apresenta um grande número de mulheres estrangeiras, entre escravas e prisioneiras de guerra, que brilharam nos palácios dos califas e sultões e gozaram de poder e influência. Dificilmente, porém, nos mostra como o *muwatin* [cidadão] vive e reage a uma estrangeira, cristã, que exerce sobre ele um poder despó-

tico e totalitário, sob a égide de uma nação muçulmana poderosa [...] Nunca poderemos encontrar um exemplo tão perfeito como o de Subh, Aurora, a bela cristã que governou durante vinte anos o califado de Córdoba, graças a seu charme, sua influência. ('INAN, 1947: 172)

Em Ahmad Amin (1961; 1966), um dos grandes nomes da história muçulmana moderna, autor da prestigiosa trilogia *Fajr al-Islam*, *Duha al-Islam* e *Zuhr al-Islam*, Subh se transforma numa devoradora tentacular que consome homens e poder. A trilogia de Amin,[34] que compreende nada menos que nove volumes e é uma das obras mais vendidas no mercado desde seu lançamento, carrega um preconceito grave com relação à mulher muçulmana, mas é inatacável do ponto de vista científico. Sua misoginia, totalmente indesejada e inconsciente, é tão perniciosa quanto a qualidade de seu trabalho é inigualável. A sábia dosagem de acontecimentos e de comentários curtos e contundentes, o vai e vem incessante entre passado e presente, um dom narrativo nato e um saber enciclopédico fazem dela uma obra de cabeceira e uma referência essencial para gerações desde sua publicação. Sua misoginia é ainda mais insidiosa quando destilada em filigrana, levemente espalhada aqui e ali, misturada com coisas muito bonitas, como a contribuição científica de nossos ancestrais e seu amor pelos livros e pelo conhecimento.

Subh se torna uma conspiradora cínica e repulsiva na obra.

> E as coisas ficaram ainda piores quando Hicham Ibn al-Hakam chegou ao poder com apenas dez anos de idade. Foi proclamado califa e sua mãe Subh tornou-se regente. Era uma cristã de Navarra, com uma personalidade muito forte. Conseguiu estender seu poder a seu

---

[34] *Fajr al-Islam*, primeiro volume da trilogia, busca esclarecer as mentalidades da vida intelectual no Islã desde o início até o fim da dinastia omíada. *Duha al-Islam* está composto de três volumes dedicados à vida social e cultural, aos movimentos científicos e às seitas religiosas durante o primeiro período abássida. *Zuhr al-Islam* compreende quatro volumes sobre a vida cultural, científica e literária e os movimentos religiosos durante o segundo período abássida.

> marido Al-Hakam e interferir nos assuntos de Estado, apesar da força e da grandeza deste. Mas com o filho ainda criança, seu poder ficou enorme [...] Primeiramente Subh engajou Ibn Amir como secretário, antes mesmo da morte do marido [...] Ela passou a ocupar um lugar importante em seu coração e ele no dela. Nomeou-o *hajib*, isto é, chefe dos vizires, e deu-lhe assim livre acesso ao poder. Deste modo, ele se apropriou de todas as funções do califa [...]. (AMIN, 1966: v.III-126)

Sob a pluma de Ahmad Amin, Subh não é nem *malika* (rainha), nem *sayida* (senhora). Não tem mais título: é Subh, a Cristã. Al-Murrakuchi, historiador do século XIII, dá uma explicação menos reducionista sobre a relação entre Subh e Ibn Amir, em que os dois aparecem como parceiros no jogo político, cada um dando ao outro o que o outro não tinha e os dois se beneficiando igualmente dessa colaboração:

> O prestígio de Ibn Amir só aumentava, até que conheceu Sayida Subh, a mãe de Hicham, filho de Al-Hakam. Ele assumiu o controle de seus negócios e cuidou de suas fazendas. Então, se encantou com ela. As coisas continuaram assim até a morte de Al-Hakam. Hicham era jovem e temiam-se distúrbios; Ibn Amir garantiu a Subh a segurança e a calma necessárias para que seu filho pudesse reinar. Ibn Amir era muito competente e as circunstâncias agiram a seu favor. Subh mobilizou os fundos necessários; assim, Ibn Amir foi capaz de reconciliar o exército. Seguiram-se uma série de circunstâncias que lhe permitiram subir ainda mais alto até ser praticamente o único a cuidar dos assuntos do Estado. (AL-MURRAKUCHI, 1978: 48)

A relação entre Subh e Ibn Amir durou mais de trinta anos: eles se conheceram dez anos antes da morte de Al-Hakam (Ibn Amir foi nomeado secretário em 356/966 e Al-Hakam morreu em 366/976) e sua colaboração se prolongou por uns vinte anos, até a primeira briga notória entre eles, quando a rainha tentou fugir de sua influência buscando apoio com outros homens de seu círculo. Essa tentativa fracassou miseravelmente, pois ninguém era tão astucioso nem tão brilhante como Ibn Amir, que conseguiu reduzir à impotência todos os homens que ela tentou colocar como rivais. Em 388/997, Amir passou a ter vantagem no conflito com Subh. Sua estrela não pararia de brilhar, enquanto, para Subh, tratava-se do começo do fim. Ibn Amir se apropriou do poder não porque Subh fosse idiota ou má política, mas simplesmente porque ela jogou o jogo do poder e perdeu, como em qualquer combate político.

Os historiadores antigos tinham, parece, uma visão diferente dos historiadores mais modernos sobre a relação das mulheres com a política. Chamavam as rainhas por seu título, tentavam entender suas motivações, como faziam com os homens, e percebiam que escravizadas podiam se casar com califas, governar o Estado desde o harém e dar à luz futuros califas.

A maneira mais divertida de compreender o fenômeno da *jarya* e como, em um Islã aparentemente muito hierarquizado e hierarquizante, as mulheres conseguiram não apenas dominar os califas, mas compartilhar seu poder, é viver por alguns instantes a intimidade de Khayzuran e dos diferentes califas que se sucederam em sua vida. Seu exemplo nos permitirá medir os limites do poder das *jaryas*, muitas vezes de ordem territorial. Operando a partir do harém, território feminino, nenhuma das *jaryas* citadas — nem a mãe de Al-Muqtadir, nem Subh, nem Khayzuran — pode ser considerada mulher chefe de Estado. Seria preciso que cruzassem o limiar que separa o território das mulheres do território dos homens.

IV.
KHAYZURAN: CORTESÃ OU CHEFE DE ESTADO?

O grande obstáculo que ameaça a carreira política de uma mulher como Khayzuran, altamente interessada em política e com talentos aparentemente raros, não é nem de ordem biológica (o fato de ser mulher), nem de ordem jurídica (o fato de ser escravizada), mas territorial: o fato de pertencer a um harém, o espaço interno, o território da paz em contraposição ao espaço público, o espaço da guerra. Todos os historiadores gostam de repetir que ela reinou, comandou e governou o Estado muçulmano sob três califas: seu marido Al-Mahdi, o terceiro califa abássida, que reinou de 158/775 a 169/785; seu filho mais velho Al-Hadi; e seu filho caçula, aquele que ela amava e que soube lhe retribuir, Harun al-Rachid, o fabuloso, o sublime, o que a natureza dotou de dons extraordinários e a quem a memória acalenta como uma joia, aquele que teve a graça de viver seus sonhos e não sucumbir a seus encantos. Uma vez califa, reconhecerá os talentos da mãe e mostrará ao mundo muçulmano que não tem vergonha de dividir o poder com uma mulher, quando esta tem o dom de discernimento de Khayzuran. No entanto, ao fazer isso, Harun al-Rachid provará uma vez mais os limites de uma mulher do harém, seja cortesã ou regente: ela só tem poder com o consentimento e por meio de um homem; sua carreira política só pode se manifestar na cena pública mascarada pela presença de um homem.

A carreira política de Khayzuran manterá até o fim o selo fatal da vida de harém: seu poder reside na clandestinidade e é apenas a irradiação do poder alheio. No dia de sua morte, Bagdá compreenderá a grandeza da mãe na dor do filho. Um califa deve mostrar muito pudor e contenção quando morre uma mulher de quem gosta muito, evitando sobretudo exibir sua dor em público. Harun al-Rachid violará todos os ritos do califado e dos funerais e — milagre do homem que confia em si mesmo — seu prestígio só aumentará. Al-Tabari traz o testemunho de um homem que assistiu ao enterro de Khayzuran no ano 173 da Hégira:

> Vi Al-Rachid nesse dia [...] ele acompanhou o caixão descalço na lama até o cemitério dos coraixitas. Chegando lá, lavou seus pés [...] e fez a prece funerária. Depois desceu no túmulo para render uma última homenagem à mãe antes de deixar o cemitério. (AL-TABARI, 1979: v.x-56)

Até na morte Khayzuran desafiará o império e suas tradições.

Khayzuran significa "bambu", planta que simboliza ao mesmo tempo a beleza e a flexibilidade. Sua vida fascinou tanto as elites, que adotaram seus adornos e penteados, como o povo, que só pôde admirá-la nos contos de *As mil e uma noites*, o imaginário popular que a descreve, e com razão, como o sonho supremo da vida de uma mulher, em que sedução, fortuna e poder estão intimamente ligados e sensualmente entrelaçados. Ela tomou decisões políticas tão fundamentais que é possível dizer sem exagero que imprimiu sua marca a uma das épocas mais importantes da dinastia abássida e da história do Islã. Quase não há informações sobre sua aparência física, afirma Nabia Abbott, que lhe dedicou metade de seu livro *Two Queens of Baghdad*.[35] O bambu, por sua delgada flexibilidade e sua falsa fragilidade, é considerado, ainda hoje, revelador de algo indizível sobre o mistério do corpo feminino. Um dos cumprimentos murmurados quando jovens passam nas medinas das cidades tradicionais do Marrocos, ainda sob o charme do passado, é *Allah ya qdib l-khizran* (Allah! Que caule de bambu!). Khayzuran, porém, deu ao bambu uma dimensão mágica que ele não tinha. Como nos contos de fada, teve uma juventude muito difícil antes de fazer seu voo vertiginoso.

---

35 A outra rainha é Zubeida, uma das mulheres que reinou no coração de Harun al-Rachid. Nabia Abbott era professora na Universidade de Chicago. A versão original está em inglês, mas dispomos de uma tradução árabe, *Malikatan fi Baghdad*, tradução de 'Umar Abu Nasr, 1969.

Veio livre ao mundo numa região do Iêmen chamada Jurch. Os historiadores estão de acordo sobre esse fato, exceto Ibn Hazm[36] — no que está provavelmente enganado, pois esse detalhe tem importância. As iemenitas são, entre as mulheres árabes, aquelas que nunca aceitaram deixar os homens se ocuparem sozinhos da política. Seria porque a lembrança da rainha de Sabá se manteve viva apesar da islamização? Khayzuran, árabe do Iêmen, segundo a maioria esmagadora das fontes, chegou ao palácio de Bagdá como escravizada. Ainda que um muçulmano não pudesse ser escravizado por outro muçulmano, conforme diz a charia, nenhum historiador clássico jamais se preocupou em levantar a questão da escravidão um século depois da morte do Profeta, que especificava em suas leis e princípios que apenas um *kafir* (infiel) feito prisioneiro de guerra podia ser escravizado.[37] A lei da guerra habilitava o soberano muçulmano que conquistava um país a escravizar seus habitantes, homens ou mulheres. Era necessária então a conjunção de dois elementos para que uma pessoa fosse escravizada: ser infiel e fazer parte do butim depois de uma conquista. O Iêmen estava entre os primeiros países a ser islamizados desde o primeiro decênio do Islã. Como explicar então que uma iemenita como Kahyzuran tenha sido escravizada? De qualquer modo, Khayzuran foi levada por um beduíno e vendida em Meca. De comerciante em comerciante, foi parar no palácio do califa Al-Mansur, o pai de Al-Mahdi (ABBOTT, 1969: 34). Al--Mansur reparou nela desde as primeiras frases que disse, então perguntou sua origem.

— Nasci em Meca, mas cresci em Jurch, nas províncias do Iêmen.

— Ainda tem parentes vivos lá? — perguntou o califa.

---

36 Há quase uma unanimidade sobre Khayzuran ser do Iêmen, exceto por Ibn Hazm, que diz que ela é de origem mista, com pai árabe e mãe não árabe (IBN HAZM, 1981: V.XI-120).

37 Uma explicação muito elucidativa da regulamentação da escravidão no Islã é a de Ahmad Amin, "A escravidão e seu impacto cultural" (AMIN, 1961: V.I-79SS).

— Não, minha mãe só teve a mim — respondeu Khayzuran, e acrescentou depois de uma pausa uma frase que comoveu o soberano: — Sou sozinha, tenho apenas Allah neste mundo.

O califa, profundamente emocionado, ordenou que ela fosse dada a seu filho Al-Mahdi: "Levem-na para Al-Mahdi e digam a ele que ela seria perfeita para ter filhos" (ABBOTT, 1969: 38). Foi assim que ela chegou diante daquele que iria, assim que se tornasse califa, pôr o império a seus pés. É preciso lembrar que ela mentiu para o califa Al-Mansur. Não era nem filha única, nem sem família. Só revelará a existência de sua mãe, suas duas irmãs e seus dois irmãos quando se sentir segura do futuro e depois de dar à luz seus dois filhos. Sua família, que vivia na pobreza no Iêmen, uma vez trazida ao palácio de Bagdá se recuperou totalmente. Parece que a sedução de homens poderosos era uma especialidade familiar. Asma, uma de suas irmãs, tentou roubar-lhe Al-Mahdi, mas este voltou arrependido (ibid.: 50). Sua irmã Salsal apontou seu olhar para outro príncipe e se casou com Ja'far, o irmão do califa Al-Mahdi. Por fim, seu irmão Ghatrif foi nomeado governador do Iêmen.

Mesmo sendo a *jarya* favorita de Al-Mahdi, Khayzuran não foi a única mulher em sua vida. O fato de ter conseguido esposá-lo com um contrato legal dá uma ideia de sua influência. De acordo com a lei, um muçulmano não pode se casar com sua escravizada. Pode muito bem ter relações sexuais e filhos com elas sem casamento, em total legalidade. O que nos leva a refinar um pouco mais o conceito de poligamia e a compreender por que os haréns abundavam de *jaryas* no tempo das conquistas. Todo mundo sabe que o Islã não permite que um homem se case com mais de quatro mulheres; é preciso acrescentar, no entanto, que esse limite só diz respeito às mulheres livres, pois a charia dá ao feliz marido, além das quatro mulheres livres esposadas com contrato, o direito de ter relações sexuais e filhos com tantas *jaryas*, mulheres escravizadas, quantas possuir, segundo o versículo 3 da sura 4, "Al-Nisa" (As mulheres), que, a propósito, é o fundamento da poligamia como instituição e a torna inatacável:

> Casem-se com as mulheres que lhes agradam, duas, três, quatro;
> [mas] se temerem não ser justos,
> tomem apenas uma ou concubinas![38]

Não há limite para o número de concubinas porque, diz Al-Tabari em seu *Tafsir*, o fiel "não tem em relação a estas os mesmos deveres que tem para com as mulheres livres, posto que são suas propriedades" (AL-TABARI, s.d.: v.VII-541). O senhor não tem tanta obrigação em matéria de justiça em relação a uma escravizada, então pode multiplicar seu número. O grande perigo que podia ameaçar Khayzuran como favorita vinha sobretudo do lado das *jaryas*, escravizadas como ela, que os caprichos do destino despejavam sem parar às portas do palácio.

As *jaryas* eram levadas ao califa como parte dos butins de conquistas, ofertadas pelos governantes, enviadas como presentes por todos aqueles que gostariam de ser bem-vistos por Al-Mahdi, ou compradas, claro, se tivessem talentos excepcionais. Desenvolver seus talentos intelectuais, como aprender o *fiqh* (as ciências religiosas) e a poesia, ou seus talentos musicais, como tocar alaúde e cantar, era o único caminho aberto para essas mulheres às vezes árabes, mas geralmente estrangeiras, arrancadas de seu país natal e obrigadas a sobreviver num ambiente estrangeiro.

Uma das *jaryas* que despertou muito ciúme em Khayzuran chamava-se Maknuna. Tinha um lindo rosto e era *raskha*, isto é, fina de quadril e de pernas, e principalmente conhecida em Medina, sua cidade natal, como uma *mughanniya*, uma cantora. Al-Mahdi a comprara quando era príncipe herdeiro, pagando cem mil *dirhams*. O preço devia ser exorbitante, pois o manteve em segredo, já que seu pai, Al-Mansur, não apreciaria tais prodigalidades. Al-Mahdi era tão rendido a seus encantos que Khayzuran confessa-

---

38 As citações do Alcorão ao longo deste livro referem-se à tradução para o francês de Régis Blachère (LE CORAN, 1980). Traduzimos de forma livre para o português a partir desta versão adotada pela autora. [N. T.]

rá depois: "Nunca tive tanto medo de outra mulher como tive dela" (AL-ISFAHANI, 1963: v.xv-28).

O preço das *jaryas* aumentava de acordo com sua instrução e seu domínio das artes. Educar as *jaryas* tornara-se uma verdadeira instituição e recompensava bem aqueles que a isso se dedicavam. Foi justamente sob o reinado do califa Al-Mahdi e de seu pai que a instrução das *jaryas* ganhou uma importância sem precedentes. Um de seus contemporâneos, Ibrahim al-Mawsili, o mestre da canção e da música árabe que frequentava a corte desses dois califas, foi "o primeiro a começar a ensinar as belíssimas *jaryas*" e a dar a elas uma formação muito avançada em poesia, música e canto (ibid.: 170). "Ele tinha", conta Al-Isfahani, "uma verdadeira escola com oitenta *jaryas* em treinamento em sua casa ao mesmo tempo, além das suas" (ibid.: 164). Ishaq, o filho de Ibrahim al-Mawsili, seguiu a tradição do pai sob o governo dos filhos de Al-Khayzuran. Harun al-Rachid comprou dele algumas alunas-*jaryas*, e seu preço era tão alto que teve que pechinchar muito com o grande artista que animava suas noitadas depois das batalhas. Ibrahim al-Mawsili e seu filho eram de origem persa, e insuflavam na música e no canto ritmos e melodias novas, de sua própria cultura ou daquela das escravizadas estrangeiras que se hospedavam com eles, assim como salpicavam a poesia e o canto com palavras e conceitos persas. Charia, uma *jarya* comprada por Ibrahim, outro filho do califa Al-Mahdi e que se distinguiu declarando-se artista apesar de seu posto de príncipe, custou a ele trezentos dinares. Deu-lhe aulas durante um ano, período em que Charia foi liberada do trabalho doméstico, dedicando-se ao estudo e aos exercícios. No fim do ano, quando chamou especialistas para avaliarem seu preço, eles disseram que, se a pusesse à venda no mercado, valeria oito mil dinares, ou seja, vinte e seis vezes mais (ibid.: v.xvi-5). Melhor ainda, alguns anos depois, o califa que reinava, Al-Mustansir (218/833-227/842), ouviu falar dela e de seu incrível talento e ofereceu a Al-Mahdi setenta mil dinares, ou seja, duzentos e trinta e três vezes seu preço inicial.

O príncipe Ibrahim Ibn al-Mahdi recusou, evidentemente. Entende-se como, para Khayzuran, a ameaça viesse das *jaryas*, não da esposa aristocrata de Al-Mahdi, de quem conseguiu tirar todas as prerrogativas, inclusive o direito de ver seus filhos nomeados como príncipes herdeiros.

O golpe de Estado — se podemos chamá-lo assim — de Khayzuran foi conseguir que Al-Mahdi designasse seus filhos, excluindo os das outras esposas, como herdeiros presuntivos. Entre os excluídos, havia os da esposa aristocrata de Al-Mahdi, uma princesa de descendência real, Rayta — sua própria prima e filha do califa Al-Saffah, o fundador da dinastia —, que ele havia desposado em 144/762. Um século antes, entre os primeiros omíadas, "não era permitido que filho de escravizada se tornasse califa" (AL-ANDALUSI, 1983: v.VII-142). O soberano só poderia ser filho de uma mulher livre. Hicham Ibn 'Abd al-Malik, o décimo califa omíada (105/724 a 125/743), teria dito a Zaid Ibn 'Ali, um pretendente ao trono: "Ouvi dizer que você alimenta a ideia de se tornar califa. Essa função não lhe pode ser dada pois você é filho de uma escravizada" (ibid.: v.VII-139). Ibn 'Abd Rabbih al-Andalusi,[39] que dedica um volume de seu livro *Al-'Iqd al-farid* às mulheres, tenta compreender o fenômeno de ascensão das *jaryas* e como conseguiram transformar uma sociedade árabe que, apesar do Islã, continuava ferozmente aristocrática e elitista. Lembra que o profeta Muhammad teve, ele próprio, duas mulheres escravizadas, Maria, a copta, que lhe deu seu filho Ibrahim, morto quando criança, e Safiya, que suas coesposas insultavam chamando de judia:

> Quando veio se queixar com o Profeta, este aconselhou-a a, na próxima vez, contra-atacar lembrando às mulheres ciumentas de origem árabe e aristocrática: "Meu pai é Isaac, meu avô é Abraão, meu tio é Ismael, e meu irmão é José". (ibid.: v.VII-138)[40]

---

39 O autor morreu no ano 368 da Hégira.
40 O Islã reconhece todos os profetas judeus e cristãos como sendo os predecessores do profeta muçulmano. O Profeta então fazia Safiya se sentir confiante, aconse-

Apesar da atitude do Profeta e do Islã contra a hierarquização e pela igualdade entre senhores e escravizados, "as pessoas de Medina", conta o autor, "detestavam as escravizadas". Havia termos precisos para denominar as crianças nascidas de casamentos mistos: "Os árabes chamavam um *'ajam* [não árabe] que se tornava muçulmano de *al-muslimani* [...] um filho de pai árabe e de mãe *'ajam* era chamado de *hajin*, um filho de mãe árabe e de pai *'ajam* era chamado de *al-mudarri*" (AL-ANDALUSI, 1983: v.vii-139-140). Acrescenta que chamavam de *'ajam* todas as pessoas que não falavam bem o árabe, mesmo se fosse muçulmano, e que, antes do Islã, excluíam da herança o *hajin*. A ideia de igualdade tão fortemente apoiada pelo Profeta e pelo Alcorão levou muito tempo para vencer a resistência dos árabes. A atitude muito positiva do Profeta com relação às mulheres em geral (e às suas em particular, a quem dava a possibilidade de se desenvolver), assim como sua atitude emancipadora em relação às escravizadas, praticamente não foram seguidas. A igualdade entre escravizados e senhores teve que esperar muito tempo para começar a se infiltrar nos costumes, sobretudo nos da elite, sobretudo quando ameaçava interesses de classe.[41] Quando 'Abd al-Malik Ibn Marwan, quinto califa omíada (65/685 a 86/705), soube que 'Ali Ibn al-Husayn, neto do califa 'Ali, havia libertado uma *jarya* e se casado com ela, enviou-lhe uma carta criticando-o por se unir a uma mulher de classe inferior. Este lhe respondeu lembrando que "o Islã veio para elevar a classe dos inferiores, e é uma religião que dá perfeição àquele que é incompleto e generosidade ao mesquinho. Não é vergonha para um muçulmano casar-se com uma escravizada" (ibid.: v.vii-139). "Pouco depois", acrescenta Ibn 'Abd Rabbih, "testemunhamos a ascensão das *jaryas* e vemos

---

lhando-a a lembrar àquelas que a atacavam que a religião judaica era uma religião importante que contava com profetas de prestígio que os muçulmanos reconheciam como os seus e respeitavam do mesmo modo.
41 Ver a esse respeito: "Le Prophète, chef militaire" e "Le hijab descend sur Médine", os dois últimos capítulos de meu livro *Le harem politique*.

surgirem poesias e provérbios contra as mulheres livres" (AL-
-ANDALUSI, 1983: V.VII-139).

Khayzuran conseguiu que Al-Mahdi escolhesse seus dois filhos como príncipes herdeiros. Primeiro designou como herdeiro oficialmente o mais velho, Musa al-Hadi, no ano 159/775. No mesmo ano, libertou Khayzuran e casou-se com ela. O Islã, para lutar contra a escravidão, proibia os homens de se casarem com uma mulher escravizada antes de libertá-la. Uma vez liberta, podia-se fazer com ela um contrato de casamento na devida forma. Seu status, antes da libertação, era de *umm walad*, literalmente, a mãe da criança, em contraposição à mulher livre, que era chamada de *umm al-banin*, a mãe dos filhos. Uma das inovações que o Islã introduziu foi declarar que o filho de uma *umm walad*, uma mulher escravizada, e de um pai livre era livre. E que, depois, a mãe escravizada podia se libertar parcialmente tendo acesso ao status bem mais vantajoso de *umm al-banin*, o que significava que o marido não poderia mais vendê-la depois do nascimento da criança e que ela seria livre depois da morte dele. Os herdeiros de seu senhor não poderiam mais herdá-la, como faziam antes do Islã. Os filhos da *umm walad* tinham os mesmos direitos e privilégios daqueles nascidos de mãe livre. Podiam herdar bens do pai assim como os outros filhos, de acordo com as prescrições da charia. As *jaryas* também garantiriam que seus filhos herdassem tudo, até o trono.

Na história muçulmana, o número de califas cujas mães são escravizadas é mais do que impressionante. O fenômeno merece um estudo aprofundado, pois nos informa, para além das histórias de amor, sobre uma dimensão extremamente importante da luta de classes e das culturas durante a era de ouro muçulmana: a dimensão sexual. Ibn Hazm nota que "entre os abássidas, apenas três califas eram filhos de *hurra* (mulher livre) e, entre os omíadas de Al-Andalus, nenhum filho de mulher livre conseguiu se tornar califa" (IBN HAZM, 1981: V.XI-104). Salama, a mãe do califa Al-Mansur (o número dois da dinastia abássida), pai de Al-Mahdi, era uma escravizada berbere. As mães dos califas Al-Mamun (sétimo), Al-Muntasir (décimo primeiro), Al-Musta'in (décimo segundo) e Al-Muhtadi (décimo quarto) eram escravizadas romanas; a mãe de Al-Mutawakkil (décimo) era turca (IBN HAZM, 1981: v.XI-121). Khayzuran, no entanto, ultrapassou todas elas dando à luz dois futuros califas. Não contente com a designação do primeiro filho como herdeiro, quis dobrar suas chances insistindo com Al-Mahdi para que nomeasse Harun, seu caçula e preferido, príncipe herdeiro também. No ano de 166/782, sete anos depois de Musa al-Hadi, o califa Al-Mahdi designou Harun al-Rachid como herdeiro presuntivo em segundo lugar. Al-Mahdi adorava os filhos de Khayzuran, especialmente Banuqa, a filha que ela lhe deu e que ele amava a ponto de não conseguir se separar dela. Vestia-a como menino para poder levá-la consigo em viagens: "Vi Al-Mahdi avançar com seus exércitos quando visitou Basra", conta uma testemunha, "e diante dele vinha o responsável pela guarda, e entre os dois Banuqa vestida como um menino, com um casaco preto e uma espada de lado. Eu via que ela possuía seios, que despontavam sob as roupas". Outra descreve Banuqa como "morena, de belo porte, muito bonita". Banuqa morreu bem jovem e Al-Mahdi ficou inconsolável. Toda a corte e os altos dignitários viram-se obrigados a prestar-lhe condolências com todo o rigor do protocolo — tanto que as autoridades religiosas começaram a achar que era um pouco demais para uma mulher. A morte dela, mesmo sendo uma princesa, devia ser tratada com a maior discrição, ainda mais sendo Banuqa filha de uma *jarya* (AL-TABARI, 1979: v.X-21).

O Islã, na época de Khayzuran, estava em seu apogeu enquanto império religioso e militar. Continuava a se expandir e conquistar outras nações. Harun al-Rachid foi um grande conquistador — como seu pai, a quem acompanhou desde os quinze anos nos campos de batalha. No ano 165 da Hégira, aos dezessete anos, obteve uma grande vitória, atravessando as montanhas nevadas do Império Bizantino e sitiando Constantinopla. A regente que governava o país foi obrigada a assinar uma trégua de três anos muito vantajosa para Bagdá. Uma das condições que Harun incluiu no documento que obrigou a rainha romana a assinar era fornecer a ele "guias" que o ajudassem a atravessar as montanhas de volta para casa. Levado por sua coragem e seu entusiasmo, chegou a persuadir os 95.700 homens que compunham seu exército a se aventurar "adentrando caminhos difíceis que assustavam os muçulmanos" (AL-TABARI, 1979: v.IX-165). Uma grande parte das populações conquistadas era escravizada, e os palácios enchiam-se de *jaryas* que chegavam com sua cultura e seu exotismo. Eram persas, curdas, romanas, armênias, etíopes ou sudanesas, hindus ou berberes. Harun al-Rachid tinha mil *jaryas*. Al-Mutawakkil (232/847 a 247/861) teria tido quatro mil (MAS'UDI, 1962; 1983).[42] Os haréns haviam se tornado lugares de luxo onde as mulheres mais bonitas do mundo usavam as diferenças culturais e o domínio de vários saberes como cartadas de mestre a fim de seduzir califas e vizires, pois para seduzir esses homens, não bastava pestanejar. Era preciso surpreendê-los nas áreas que os fascinavam: astrologia e matemática, *fiqh* e história. A poesia e o canto vinham como bônus. As belas jovens que ficavam perdidas nas conversas sérias não tinham nenhuma chance de sucesso, muito menos de permanecer, e as favoritas que sabiam disso se cercavam de professores competentes. Para manter os favores de Al-Mahdi, Khayzuran teve aulas de *fiqh* com um dos cádis mais célebres de seu tempo. As técnicas sexuais e o refinamento na sensualidade eram, por fim, outro domínio que as *jaryas* buscavam desenvolver, pesquisando cada uma os segredos de sua própria cultura. As mulheres árabes de origem aristocrática não se saíam bem na comparação, em especial nesse último domínio, reprimidas como eram pela ética rígida que as classes do poder impunham a suas mulheres e que quase inexistia para as *jaryas*. À medida que o número de senhores

---

42 O autor morreu no século X. A referência às *jaryas* de Al-Mutawakkil está no volume III, página 122 da edição francesa. Ver também AMIN, 1961: v.I-9.

aumentava, as *jaryas* aprofundavam seu conhecimento do prazer masculino e seus caprichos.⁴³

Logo, cada região do mundo tornou-se conhecida pelas qualidades específicas de suas mulheres. As magrebinas ganhavam de longe:

> Aquele que quer uma *jarya* para o prazer deve escolher a berbere; o que quer uma mulher de confiança para preservar seus bens deve ficar com uma romana; àquele que quer uma *jarya* para ter filhos, a melhor escolha é uma persa; se quer uma *jarya* que amamente, deve escolher a francesa; e para o canto a mecana é incomparável.

Esses são os conselhos de um especialista, Ibn Batalan, médico cristão do século XI celebrado em Bagdá por sua competência, tornando-se ainda mais conhecido quando escreveu um tratado sobre a compra de escravizados: *Risala fi chari al-raqiq* (IBN BATALAN, 1954: V.V-352).⁴⁴ O tratado é fascinante, pois explica como frustrar as artimanhas dos traficantes que maquiam os escravizados doentes e dão

---

43 Especificamente sobre a escravidão e as *jaryas* sob os primeiros abássidas, ver: AMIN, 1961. Um bom panorama sobre a escravidão sob os abássidas é o capítulo 4, "A escravidão e seu impacto cultural", volume IV, p. 79 e seguintes.

Sobre as *jaryas*, e sobretudo a deterioração do status da mulher árabe livre e aristocrática sob o efeito da escravidão, ver: ZAYDAN, s.d.: IV-172; V-27-76. As análises de Jurji Zaydan são muito pertinentes; infelizmente, cada um desses temas é abordado em vários lugares com cortes que impedem o leitor de chegar a uma síntese geral, seja sobre a escravidão, seja sobre as mulheres. Mas há uma enorme quantidade de informações sobre os dois assuntos. A mesma coisa pode ser dita a respeito de Ahmad Amin, que também escolheu dividir seus nove volumes sobre a civilização muçulmana de acordo com a cronologia, então é preciso encontrar aqui e ali os assuntos que interessam.

Os amantes da síntese podem mergulhar no excelente capítulo que Adam Metz, orientalista alemão, dedicou à escravidão, no volume I (páginas 295 e seguintes) de seu livro traduzido para o árabe com o título *Al-hadara al-islamiya* (A civilização muçulmana), 1968. Em algumas páginas, ele esclarece o fenômeno, comparando as práticas árabes em matéria de escravidão ao que acontecia entre judeus e cristãos. A Igreja leva um golpe terrível. Os judeus tinham o direito de escravizar seus próprios filhos. Em suma, estamos felizes de viver em 1989.

44 O autor morreu no ano 444 da Hégira.

a eles, com simples cosméticos, uma aparência radiante de saúde, ou modificam a cor dos cabelos e da pele para atender às demandas.

> Os *nakhasin* [comerciantes de escravos] podem alterar a cor da pele, transformar a que é escura, dando-lhe um tom dourado [...] Podem corar rostos pálidos [...] E a mesma coisa para os cabelos, podem transformar cabelos louros em preto corvo [...] Podem frisar cabelos lisos [...] Podem alongar os cabelos colando falsos cabelos [...] Podem fazer desaparecer as tatuagens, pequenas marcas de varíola, pontos avermelhados e manchas pretas etc. (IBN BATALAN, 1954: V.V-378ss)

Ele dá algumas orientações práticas: é preciso desconfiar daqueles que têm olhos grandes, pois são preguiçosos ou voluptuosos; os que têm olhos fundos são invejosos; olhos azuis denotam estupidez, e quem tem pupilas que se movem rapidamente é a maldade encarnada; se você está lidando com uma pessoa que tem olhos em que o preto é mais forte que o branco, deve contar com suas pernas e correr, pois trata-se de um louco; cabelos muito finos são sinal de estupidez, e cabelos espessos e grossos denotam muita coragem. Segundo Ibn Batalan, tentar se comunicar com uma pessoa que tem nariz grande é tempo perdido, pois este traço denota idiotia. Uma pessoa de testa grande é preguiçosa, mas ter testa pequena também não é bom, pois a pessoa é ignorante. Uma grande boca revela coragem, e lábios grossos, imbecilidade. Onde Ibn Batalan, no entanto, ultrapassa todos os limites, é quando informa o eventual comprador de escravizados sobre as qualidades de cada raça. Depois das árabes, são as *jaryas* hindus que recomenda por sua fidelidade e ternura, mas, diz ele, "seu problema é que morrem muito jovens". As turcas são recomendadas por suas qualidades e sua beleza, mas são bastante atarracadas e é difícil encontrar uma esbelta. As romanas são boas escravas e com frequência têm boas habilidades manuais. Os monstros que devem ser evitados são as armênias, infiéis e ladras: é preciso usar o bastão para tirar algo delas (ibid.: 365ss).

O que impressiona em todos esses tratados é ver que os países muçulmanos, que, pela mensagem do Profeta e as prescrições do Alcorão, elegeram como objetivo a eliminação da escravidão, se transformaram em seus campeões e defensores, até mesmo quando as nações europeias renunciaram à prática no século XIX. No meio do século XVIII, um muçulmano redigirá um tratado de métodos para examinar o escravizado e evitar ser engambelado. Lutfallah al-Ghazali, um súdito do Egito otomano, deu a seu tratado o título muito piedoso de *Hidayat al-murid fi taqlib al-'abid* (Orientações para principiantes na arte de examinar escravos) (AL-GHAZALI, 1954). Dado que o tamanho do Império Muçulmano começava a se estabilizar na época de Harun al-Rachid e que, havia séculos, o Islã não era mais conquistador, mas conquistado, podemos nos perguntar de onde vinham esses escravizados. Só podiam ser muçulmanos. Como então as autoridades religiosas, tão preocupadas com o Islã e com a defesa de seus princípios essenciais, entre eles a justiça e a igualdade, não organizaram campanhas contra a escravidão? É uma pergunta que cedo ou tarde precisa ser feita.

Depois da morte súbita do marido, o califa Al-Mahdi, em 169/785, Khayzuran foi para a frente do palco. A morte de um califa era sempre um período de distúrbios e seus dois filhos estavam longe de Bagdá. Ela convocou os vizires para consultá-los e ordenou-lhes que desbloqueassem com urgência dinheiro para o exército. Tratava-se do equivalente ao soldo de dois anos, o que não era pouco. Era preciso acalmar os soldados que haviam começado a se agitar ao saber da notícia. Tendo partido em expedição com seu filho Harun para o Tabaristão, Al-Mahdi fora acometido, no meio do caminho, por um mal-estar que se revelou fatal. Morreu imediatamente e Harun decidiu, após consulta, enterrá-lo ali mesmo e pegar a estrada para Bagdá. Lá se encontrou com Khayzuran e os dois cuidaram do ritual da sucessão, na ausência do principal interessado. Fizeram com que Al-Hadi fosse designado califa, e os dignitários prestaram juramento a ele diante de seu irmão. Al-Hadi ainda levou vinte dias para chegar à capital. Os soldados, nesse meio-tempo, "haviam incendiado a porta da casa do vizir Al-Rabi, aberto as portas das prisões e libertado os prisioneiros" (IBN AL-ATHIR, 1987: V.V-84).⁴⁵

Quando Khayzuran convocou os dois ministros mais importantes, Al-Rabi e o célebre Yahya al-Barmaki, estes se apresentaram imediatamente a sua porta. Um incidente que nos interessa muito, pois indica os limites do poder de Khayzuran, aconteceu em seguida. Quando ela comunicou aos dois ministros que esperavam na porta que podiam entrar, apenas um obedeceu a sua ordem, o outro se recusou. "Quanto a Al-Rabi, ele aceitou entrar para vê-la, mas Yahya se recusou, conhecendo o ciúme de Al-Hadi" (ibidem). De fato, Al-Hadi, menos tolerante que o pai diante da ingerência da mãe, ao saber do ocorrido enviou um mensageiro ao vizir Al-Rabi, ameaçando-o de morte. Ele havia transgredido o limite do espaço proibido, o harém. Essa insistência no limiar que separa o mundo dos homens do das mulheres ficou ainda mais evidente em outro incidente alguns meses depois.

No tempo de seu marido, Khayzuran concedia audiências. Inúmeros personagens importantes se amontoavam a sua porta. Depois da morte do califa, ela não demonstrou nenhum desejo de mudar: "Continuava a monopolizar as decisões sem o [Al-Hadi] consultar. Comportava-se como antes, no reinado de Al-Mahdi [...] Os cortejos iam e vinham diante de sua porta [...]" (ibid.: 79). Al-Hadi, inseguro, se sentia ameaçado pelas ambições da mãe e tinha um ciúme doentio do irmão Harun al-Rachid, muito amado pela elite e pelo povo e admirado por suas proezas militares. Várias vezes tentou retirar seu título de herdeiro presuntivo para dá-lo a seu próprio filho Ja'far (ibid.: 88). Harun preferiu adotar a solução da fuga, reduzindo as ocasiões em que ficava em sua presença. Mas esse não era o jeito de

---

45 No que diz respeito às fontes sobre Khayzuran, são muitas. Me contentarei em citar alguns grandes historiadores clássicos. A personagem de Khayzuran foi objeto de livros inteiros, e ela figura em todo o tipo de literatura sobre as mulheres, *al-nisaiat*, ou ainda em *al-a'lam*, biografias de pessoas célebres: AL-HANBALI, s.d.: V.I-245; AL-TABARI, 1979: V.X-33-34, 52; IBN AL-ATHIR, 1987: V.V-81SS; MAS'UDI, 1983: V.III-319SS.

Khayzuran. Ela continuou a se envolver em tudo o que, de acordo com ela, lhe dizia respeito, e em primeiríssimo lugar vinha a direção dos assuntos do império. Al-Hadi pensava justamente o contrário: não parava de repetir para ela que "não está no poder das mulheres intervir [...] nos assuntos da soberania. Ocupe-se de suas orações e de seu rosário [...]" (AL-TABARI, 1979: v.X-33). Ela insistia. Um dia, foi até ele para forçá-lo a lhe fazer um favor. Intercedia por um certo 'Abdullah Ibn Malik. Com educação, Al-Hadi recusou-se a atender seu pedido, evitando, de uma maneira bem árabe, dar uma resposta. Khayzuran cometeu o erro de insistir: "Você é obrigado a me responder porque já prometi a 'Abdullah". Era revelar muito abertamente seu jogo (IBN AL-ATHIR, 1987). Em sua fúria, o filho, quando viu que ela se dirigia para a saída, fez um discurso inflamado, que resume muito bem a problemática das mulheres e da política:

> Fique e escute minhas palavras: qualquer um de meus generais, de minha comitiva ou de meus servos que for procurá-la em casa terá a cabeça cortada e seus bens confiscados. O que significam esses grupos que todo dia cercam sua porta? Você não tem um fuso com que se ocupar, um Alcorão para recitar, um lar onde se esconder dessas obsessões? Cuidado, e ai de você se abrir a boca em favor de alguém!
> (AL-TABARI, 1979: V.X-33)

Ela deixou o filho "sem saber onde pôr os pés", dizem os historiadores. A guerra estava declarada.

Musa al-Hadi morreu prematuramente aos vinte e quatro anos, depois de um reinado relâmpago de um ano e dois meses. Muitos historiadores dizem que sua morte foi obra de uma Khayzuran politicamente frustrada (AL-TABARI, 1987: V.X-33; IBN AL-ATHIR, 1979: V.V-79). Alguns dizem que ela foi obrigada a agir rapidamente porque soubera que ele tinha a intenção de matar Harun al-Rachid. As circunstâncias da morte variam: a mais cruel é a que diz que ela teria recomendado a suas belas *jaryas* que se infiltrassem no quarto em que Al-Hadi dormia e o sufocassem com almofadas. Elas teriam posto as almofadas sobre a cabeça do soberano como uma brincadeira e se sentado em cima. Al-Tabari, que quase nunca toma partido de ninguém, sentiu-se forçado a camuflar de algum modo a monstruosidade do ato de Khayzuran, contando que Al-Hadi tentara, pelo menos uma vez, matar a mãe. Ele lhe enviara comida dizendo que estava tão deliciosa que queria que ela experimentasse também. Khayzuran, mãe terna e sentimental, deu primeiro o prato para um cachorro provar. Este caiu morto na hora (AL-TABARI, 1979: v.X-33-34).

Por mais poderosa que fosse, Khayzuran nunca imaginou mudar a regra do jogo e tomar o poder diretamente. Aceitava a divisão do mundo em dois, o harém para as mulheres e a vida pública para os homens. Queria manipular o público a partir do privado, em vez de quebrar a separação e se situar oficialmente do outro lado, onde o poder se encontra — fora de casa e na arena pública — e onde é possível ser reconhecido como chefe de Estado.

Não foi o fato de ser mulher ou escravizada que bloqueou a carreira política de Khayzuran, mas o fato de pertencer, enquanto mulher, ao harém, o território da obediência. A iniciativa e a decisão sobre todas as matérias, sobretudo a política, está localizada, no Islã ideal, num território que é proibido para ela: o espaço público. Fazer política é necessariamente se encarregar do ato de guerra, é assumir o ato de matar. E a casa, território das mulheres, é o território da vida, do sexo e da reprodução. A mulher dá a vida, o homem caça e guerreia. O *harim* (que os ocidentais conhecem como harém) esconde suas raízes linguísticas no espaço sagrado, o santuário de Meca, com que compartilha seus privilégios e suas leis. É proibido caçar (matar os animais) e guerrear (matar os seres humanos) durante o período da peregrinação, no território *haram*, o santuário de Meca, tanto antes como depois do Islã. Trata-se de uma tradição pré-islâmica que foi mantida, com pequenas mudanças, pelo Islã (AL-BAGHDADI, s.d.: 309ss).[46] O termo *haram* se aplicava, no ritual pré-islâmico da peregrinação, às roupas que os

---

46 Al-Baghdadi morreu no ano 245 da Hégira.

peregrinos deviam tirar durante a procissão, a qual terminavam nus, tanto homens como mulheres. Essas roupas, símbolo dos pecados de que se desfaziam, não deviam ser tocadas.[47] O *haram* é então um santuário e, ao mesmo tempo, a casa de um homem, onde vivem suas mulheres e seus filhos, espaço proibido aos outros.

O filho mais velho de Khayzuran, Al-Hadi, queria que sua mãe voltasse para seu lugar, para seu território, a casa. Para ele, as personalidades do império que vinham pedir-lhe audiência transgrediam o limite de seu harém. O argumento de Al-Hadi contra a mãe, quando decidiu reagir quatro meses depois da morte do pai, não era de modo algum baseado em qualquer prova de sua incompetência. De acordo com ele, "interferir no poder não está entre as prerrogativas das mulheres", por causa de uma divisão de tarefas que resulta da alocação de territórios.

Depois de lembrar a mãe de seu lugar, ou seja, o harém, chamou os personagens que iam pedir audiência a ela e levou-os a reconhecer que violavam a lei territorial — a lei da honra. Quando Al-Hadi se sentiu importunado pela procissão de generais que se revezavam diante da porta da mãe, convocou-os:

> — Quem é o melhor entre nós, vocês ou eu? — perguntou o califa Al-Hadi para a audiência.
> — Claro que o senhor é o melhor, Comandante dos Fiéis — responderam eles.
> — E quem é a melhor entre as mães: a minha ou a de vocês? — continuou o califa.
> — Sua mãe é a melhor, Comandante dos Fiéis.
> — Quem entre vocês — continuou Al-Hadi — aprecia que os homens espalhem notícias sobre sua mãe?
> — Ninguém gosta que falem de sua mãe — responderam os presentes.
> — Então, por que os homens vão procurar minha mãe para falar com ela? (AL-TABARI, 1979: V.X-34).

---

47 Em *Lisan al-'arab*, ver "Haram".

Foi porque Khayzuran amava o poder e sofria por ser relegada a seu harém que decidiu recorrer à única arma que constitui a essência da política: a decisão de matar. É no harém que ela planejará o assassinato do filho, mesmo sendo este o espaço da paz. O harém é ao mesmo tempo o espaço e as mulheres que vivem ali. Confusão absolutamente central de toda a arquitetura muçulmana entre os seres e o espaço. O *harim* é o espaço protegido pelo qual um homem pode matar para impedir o acesso. O assassinato está fora, não dentro. O dever dos ulemás é cuidar dos limites e nos lembrar de que o Islã nada mais é que o respeito dos *hudud*, a não violação dos limites e das fronteiras. Os ulemás têm razão em insistir que a desagregação sexual, a saída das mulheres de casa para assumir as mesmas funções do homem, anuncia o apocalipse. Os que tentam dizer que o Islã e a democracia à moda ocidental (e existe apenas esta, pelo que vejo) são compatíveis, ou seja, que a ausência de privilégios no domínio político entre homens e mulheres não atrapalha em nada o Islã, querem na verdade evitar colocar os problemas fundamentais e, em particular, o debate sobre o indivíduo e o lugar do individualismo na gestão das decisões. O território de cada um é o princípio da arquitetura tradicional. "Todos os indivíduos têm direito a todos os territórios" é a mensagem da democracia moderna. Conflito cósmico em sua natureza e escala.

Essa noção da territorialidade pode explicar também outro fenômeno bizarro nesse fim de século XX: o medo quase irracional do terrorismo entre os ocidentais. Basta ver as notícias em Berlim ou Paris para se dar conta de que a visão da mídia é, exceto por incidentes específicos, um delírio coletivo sobre o poder do Islã. Uma confissão, a expressão de um medo profundo e atávico do Islã, apesar da pobreza tecnológica e militar dos Estados muçulmanos. O Islã é um fenômeno cósmico e, enquanto conceito territorial, é ameaçador. Não se pode esquecer que o Profeta disse que toda a terra é virtualmente uma mesquita (AL-NASAI, 1930: V.II-56). Basta a um operário da Renault ou da Citroën em qualquer lugar da França ter acesso a uma torneira com água limpa e fazer seu ritual de purificação e em seguida voltar a cabeça para o leste na direção de Meca, para transformar um corredor de fábrica em uma mesquita, um espaço de oração. O Islã é um fenômeno cósmico, uma relação precisa com o espaço. E é essa dimensão cósmica que faz da diferença entre os sexos uma arquitetura.

A mulher pertence ao espaço interior, o *harim*, espaço proibido, e o chefe de Estado pertence ao espaço exterior, o espaço público. Daí a necessidade de descobrirmos o ritual, que necessariamente deve acontecer no espaço, pelo qual mulheres chefes de Estado reivindicarão sua existência no espaço dos homens. Por quais signos e símbolos?

Não é nem a inteligência, nem a competência de Khayzuran que são postas em dúvida por seu filho quando contesta seu direito de continuar a carreira política que iniciara sob o mandato do marido: "Khayzuran queria dominar seu filho como dominara o pai dele, Al-Mahdi" (AL-TABARI, 1979: v.x-34). Sua influência e seu carisma eram inegáveis e explicavam como conseguira se destacar entre as favoritas que cercavam Al-Mahdi e eclipsar a prima dele, Rayta, a esposa aristocrata. Por outro lado, a inteligência de seu filho, que levava o nome de Musa antes de receber o título de califa Al-Hadi (aquele que guia), estava longe de ser levada a sério. Os historiadores sempre fazem descrições físicas dos califas, e a de Musa al-Hadi contém um detalhe que faz supor que a agilidade mental não era seu forte: "Era grande, forte, bonito, com uma tez branca realçada por um leve bronzeado. Tinha o lábio superior muito curto. Deram-lhe o apelido de Musa Atbiq" (ibid.: 38). E Ibn al-Athir, preocupado com os detalhes, explica que o chamavam assim porque o califa Al-Mahdi havia encarregado um escravizado de dizer a Musa: *atbiq* (feche-o), cada vez que este esquecia de aproximar os lábios, e assim deram-lhe o apelido de Musa Atbiq (IBN AL-ATHIR, 1987: v.v-80). Como a competência não era um terreno no qual o califa Al-Hadi podia concorrer com a mãe, ele erguia outra arma contra ela: o dever de voltar a seu território, o harém.

Uma outra palavra deriva de *haram*: *mahram*, a pessoa com a qual a lei do incesto proíbe o casamento, "aquela com quem existe uma relação de *rahm* [útero] que a torna proibida". O território, a coisa *haram* de um homem, é o que lhe pertence, o que ele defende do desejo dos outros. O *haram* de um poço é o espaço que o circunda e cujo acesso é proibido: "Pois um poço que um homem se deu o trabalho de cavar fica proibido para outros e não se pode contestar seu monopólio, e o chamamos *muharram* porque sua utilização é proibida para todos aqueles que não o cavaram".[48] Vemos que a palavra *harim* exprime de fato uma noção de limite, de fronteira, de separação entre dois territórios. Tem suas raízes no espaço enquanto campo ligado à vida (sexualidade) e à morte (guerra), à capacidade de se defender e de proteger. É um limiar que organiza o universo e distribui os seres no espaço, segundo sua relação com a força, sua capacidade de matar e de defender os limites.

O Islã é uma das raras religiões que erigiu a diferença entre os sexos em uma arquitetura social. Antes de Khayzuran, Aicha, a mulher do Profeta, a primeira muçulmana a reivindicar e assumir uma carreira política, foi confrontada com a mesma lógica territorial. A inteligência de Aicha também era reconhecida: "Aicha era a mulher mais sábia entre as pessoas em matéria de ciências religiosas e a que tinha mais conhecimentos" (AL-'ASQALANI, s.d.: v. VIII-18). Dirigiu a primeira resistência armada a um califa, liderando uma insurreição no ano 36/658 contra o quarto califa ortodoxo, 'Ali Ibn Abu Talib. Foi às mesquitas para convocar as multidões e pedir que pegassem em armas contra 'Ali, e depois, no campo de batalha, liderou milhares de homens. Essa batalha é conhecida como *Waq'at al-Jamal* (a Batalha do Camelo), em referência ao camelo que Aicha, única mulher no campo de batalha, montava. Sete mil muçulmanos caíram em poucas horas. É a primeira guerra civil, que vai traumatizar o Islã até hoje e marcará o início da divisão entre xiitas (aqueles que continuarão incondicionalmente com o

---

48 Em *Lisan al-'arab*, ver "Hirm".

califa 'Ali e seus descendentes) e sunitas (que aceitarão como califa aquele que acabar com a guerra civil e trouxer de volta a paz, mesmo se não for da família do Profeta).

Aicha foi a primeira a transgredir os *hudud* (limites), a violar a fronteira entre o território das mulheres e o dos homens, a incitar ao assassinato mesmo que o ato de guerra seja privilégio dos homens, ligado ao território externo ao harém. A mulher não tem o direito de matar. Decidir sobre a guerra é função e razão de ser dos homens. Aicha é a primeira mulher que toma uma decisão política, comandando homens armados, e ficará na memória associada à *fitna* (desordem e destruição).[49] Quando Aicha saiu em campanha para recrutar adeptos, em especial entre os discípulos do Profeta que ocupavam naquele momento postos de decisão, como governadores das províncias, e podiam ajudar a levantar exércitos, o argumento daqueles que se opuseram a sua iniciativa e decidiram continuar fiéis ao califa 'Ali nunca foi relativo à competência. Sempre foi, sistematicamente, um argumento territorial. A territorialidade é simbolizada pelo que o califa 'Ali diz a Aicha, ferida em seu camelo crivado de flechas, depois da derrota: "*Humaira*, foi isso que o Mensageiro de Deus ordenou a você? Será que não lhe ordenou que ficasse em casa sossegada?" (MAS'UDI, 1962: v.II-376). *Humaira*, ruivinha, era o diminutivo carinhoso que o Profeta escolhera para Aicha. Khayzuran, como Aicha, em circunstâncias diferentes, seria confrontada por um limite que não podia ser ultrapassado mais de um século depois.

A mulher chefe de Estado será aquela que reivindicará sua existência para além dos limites de casa. Será aquela que procurará se fazer visível no território eminentemente público: o *minbar*, o púlpito das mesquitas, ali onde o poder divino e o poder terreno comungam com intimidade e se manifestam um pelo outro, e um no outro.

---

49 Uma das descrições mais impressionantes da batalha do camelo é a de Al-Tabari (1979: v.v-161ss).

SEGUNDA PARTE
A SOBERANIA NO ISLÃ

I.
OS CRITÉRIOS DE SOBERANIA NO ISLÃ

São dois os critérios incontestáveis de soberania no Islã: o nome do chefe de Estado ser dito na *khutba* da sexta-feira e estar gravado na moeda. No entanto, se tivermos que escolher aquele que parece ter se imposto de forma indispensável e permanente desde o primeiro ano da Hégira (622), quando o Profeta construiu com suas próprias mãos a primeira mesquita em Medina, será a *khutba*, o sermão da oração de sexta-feira. Vimos que os títulos dos chefes de Estado no Islã variam de acordo com a natureza do poder que exercem: há o califado, em que os poderes espiritual e terreno são intimamente ligados, e o *mulk*, como apresentou Ibn Khaldun, isto é, o poder terreno sem nenhuma outra pretensão. Sua autoridade varia, é verdade, de acordo com o grau de domínio da força militar, mas uma coisa é certa: apenas aquele cujo nome é dito na *khutba* da sexta-feira é reconhecido como soberano oficial.

A *khutba* da sexta-feira é ao mesmo tempo o espelho e o reflexo do que acontece na cena política. Em caso de guerra, somos informados sobre o que se passa no *front* ouvindo o sermão: o nome do soberano citado é aquele que no momento controla militarmente o território. E o nome muda nos períodos de tumulto, de acordo com os acontecimentos. A *khutba* é um termômetro fiel das negociações sutis entre o religioso (o califa) e o secular (os chefes militares que se declaram chefes de Estado). Em 429/1038, quando o califa abássida enfraquecido militarmente aceitou que a *khutba* fosse dita em nome do soberano buida que se outorgara o título persa de Chahinchah (Imperador dos Imperadores ou Rei dos Reis), um motim quase estourou.[50] O título Chahinchah, em árabe

---

50 Em *Encyclopédie de l'Islam*, ver "Lakab"; e para os detalhes sobre o acontecimento histórico ver: IBN AL-ATHIR, 1987: V.VIII-226.

Malik al-Muluk, foi considerado blasfemo aos olhos dos fiéis, pois apenas Allah é descrito como Malik al-Mulk — na sura Al-'Imran, por exemplo, versículo 26. Para reestabelecer a ordem, o califa foi obrigado a chamar os ulemás e pedir-lhes uma *fatwa* sobre a matéria. Como sempre, esses se dividiram segundo seus interesses, sua coragem e o nível de sua fé. Muitos cádis deram ao soberano buída o que ele queria, declarando que não era heresia que reivindicasse o título de Malik al-Muluk. Apenas um, Abu al-Hasan al-Mawardi, se distinguiu como a voz da consciência e preferiu dizer a verdade, mesmo que tivesse a cabeça cortada. Declarou ser heresia um chefe de Estado reivindicar esse título, e sua *fatwa* era ainda mais grave pois ele ocupava a função de Qadi al-Qudat (Juiz dos Juízes), posto de prestígio e referência suprema em matéria de *fiqh* (ciências religiosas). "Depois de ter feito essa *fatwa*, ficou em casa, com medo [...]" (IBN AL-ATHIR, 1987: 226-227).

Em caso de qualquer dissidência, quase sempre de natureza religiosa, o primeiro gesto do rebelde é dizer a *khutba* em seu próprio nome, se tiver pretensões ao poder, ou em nome do soberano que melhor lhe servir. O mundo sunita ficou traumatizado em 450/1052 com uma *khutba* dita pelos rebeldes em nome de um soberano xiita em Bagdá, capital do império e do sunismo, quando a cidade foi ocupada por um general turco, Al-Basasiri (ibid.: 1987: 450). Essa *khutba* aconteceu em meio a um banho de sangue em que a *fitna* (desordem) chegou a seu auge. Compreendemos então a importância da *khutba* como critério para diferenciar as mulheres que exerceram oficialmente o poder daquelas que se contentaram em exercê-lo oficiosamente como esposa ou mãe, como Khayzuran. A ideia de uma *khutba* dita nas mesquitas do Iraque em nome de Khayzuran é totalmente blasfema; no entanto, os iraquianos ouviram comportadamente as *khutbas* ditas em nome da rainha da dinastia jalairida, Al-Malika Tindu, que reinou no país no século XV (AL-DAHABI, 1958: V.VII-153).

Se a *khutba* da sexta-feira é tão carregada simbolicamente, sobredeterminada por seu duplo alcance espiritual e material encarnados na presença física do grupo de fiéis, da *umma* reunida para fazer uma prece pública sob a liderança de um imã, o é ainda mais no caso das mulheres, consideradas estrangeiras no espaço político. As raras mulheres que mandaram dizer *khutbas* em seu nome do alto dos *minbars* (púlpitos) das mesquitas são excepcionais na história do Islã político, na medida em que conseguiram fazer com que fosse aceita oficialmente a violação das proibições. Se entendermos a relação conflitante entre o feminino e o religioso e a ambiguidade que paira sobre a legitimidade de a mulher "existir" na mesquita, ambiguidade administrada de formas diferentes de acordo com os lugares, as culturas e as épocas, apreciaremos ainda mais o incrível peso simbólico e político dessas poucas mulheres que conseguiram ter *khutbas* ditas em seu nome.

A cunhagem da moeda, outro critério de soberania, é um dos privilégios do poder soberano, mas a diferença entre os dois critérios de legitimidade é enorme, na medida em que a *khutba* é insígnia específica do soberano muçulmano enquanto a cunhagem da moeda é um emblema real que o Islã compartilha com outras culturas e religiões. Os árabes começaram adotando a moeda de seus vizinhos, o que é surpreendente se lembrarmos que Meca era um grande centro comercial quando o Islã surgiu. Utilizaram moedas persas ou romanas e, décadas depois do advento do Islã, ainda continuavam dependentes de moedas estrangeiras. Os historiadores datam no ano 65 da Hégira a decisão de um soberano muçulmano de proibir o uso de moedas estrangeiras. Essa iniciativa é atribuída a 'Abd al-Malik Ibn Marwan, o quinto califa omíada, que impôs o uso no território muçulmano de uma nova moeda oficial escrita em árabe, com a *chahada* cunhada de um lado com o ano e o nome do soberano, do outro.[51] Um gesto de independência como esse

---

[51] A *chahada* é um dos cinco pilares do Islã; consiste em dizer a frase cardeal *La ilaha illa Allah wa Muhammad Rasul Allah* (Não há Deus senão Deus e Muhammad é seu Profeta). Os quatro outros são a oração, a esmola, o jejum do Ramadã e a peregrinação a Meca. A referência em relação à primeira moeda muçulmana está em Jurji Zaydan, s.d.: v.1-142ss.

não agradou em nada o imperador romano, que ameaçou lançar no mercado uma moeda com insultos ao Profeta. O califa, perturbado com a eventualidade de ver blasfêmias impressas em metal e multiplicadas ao infinito, consultou as autoridades religiosas, que o aconselharam a ignorar a ameaça do romano e a convocar artesãos para fabricar *dinar* (ouro) e *dirham* (prata) impressos em árabe. Houve tentativas posteriores a esta de Marwan, especialmente a de Khalid Ibn al-Walid. Mas este se contentou em cunhar dinares em parceria com os romanos, gravando seu nome em latim sobre a moeda romana que representava uma cruz e uma coroa, dois símbolos igualmente amaldiçoados pelo Islã. Mu'awiya, o primeiro califa da dinastia omíada, assim como Khalid Ibn al-Walid, limitou-se a imprimir seu nome num dinar persa.

Se a circulação de uma moeda própria do Islã teve alguma dificuldade para se impor como símbolo de soberania durante a conquista, a *khutba*, sermão curto pronunciado pelo *khatib*, isto é, o imã encarregado de dirigir o serviço religioso, foi, desde o início da Hégira, um elemento inalterável do ritual muçulmano, celebrado na mesquita em ocasiões muito precisas: o serviço religioso da sexta-feira, o serviço das grandes festas e, por fim, os serviços específicos no caso de acontecimentos cósmicos incomuns e preocupantes, como um eclipse e, em especial, a seca. A oração, em princípio, acontece antes da *khutba*, exceto às sextas-feiras, quando essa ordem é invertida: a *khutba* vem primeiro e a oração é realizada em seguida. A *khutba* é verbal, um sermão, enquanto a oração é primeiramente gestual, cada gesto acompanhado de fórmulas codificadas que a completam e reforçam seu significado simbólico. A *khutba* contém invocações a Allah e aos profetas, uma leitura dos versículos do Alcorão e, por fim, orações em favor dos fiéis (*du'a li almuminin*). São essas *du'as* que terminam com a menção ao soberano no poder e preces pedindo a Deus para ajudá-lo em sua tarefa. A invocação do nome do soberano reinante, que constitui ao mesmo tempo uma espécie de publicidade para o soberano cujo nome é mencionado, sobretudo em tempos de distúrbios, e uma renovação do reconhecimento e da afeição em caso de paz, é acompanhada por orações e intercessões junto a Allah para que lhe assegure ajuda e vida longa. Como a prosperidade e a segurança do fiel dependem da boa gestão pelo soberano dos assuntos de Estado, desejar longa vida a este último e rezar por ele durante o sermão da sexta-feira é reforçar a ideia tão cara ao Islã de uma harmonia total entre céu e terra, espiritual e material, dirigente e dirigido. A *khutba* da sexta-feira, ritual religioso central do sistema, exprime a própria essência deste, ou seja, que religião é política e política, religião. É sempre dita em árabe, mas há exceções à regra nos países muçulmanos que não falam árabe. O ritual se desenvolve segundo um código preciso:

> É recomendado ao *khatib* que fique em um púlpito ou local elevado; que saúde a audiência no momento em que se dirigir a ela; que fique sentado até que o *mu'adhdhin*[52] tenha dito o *azan*; que se apoie em um arco, uma espada ou um bastão; que se volte diretamente para o auditório; que ore pela saúde dos muçulmanos; que faça uma *khutba* curta.[53]

O ritual do serviço religioso de sexta-feira é tão importante que é tema de um *kitab* (capítulo) especial em todos os tratados de *fiqh*.[54] Para compreender seu alcance, suas raízes na memória e a emoção

---

[52] Transcrição foneticamente exata da palavra muezlm pelos redatores extremamente exigentes da *Encyclopédie de l'Islam*; transcrição exata, é verdade, mas muito complicada. Escolhi transcrever as palavras árabes de um modo mais simples, mesmo se, foneticamente, a traição da palavra é mais do que certa. O essencial é que o leitor encontre as palavras-chave que já conhece.
[53] Em *Encyclopédie de l'Islam*, ver "Khutba".
[54] Todos os tratados de *fiqh* têm um "Kitab al-jum'a" (Livro da sexta-feira) que, em geral, vem depois do "Kitab al-salat" (Livro da oração). Pode-se ler, por exemplo:
- Se queremos nos informar rapidamente: o capítulo de vinte páginas dedicado à sexta-feira pelo imã Al-Bukhari em seu *Sahih*, volume I, páginas 157 a 178.
- Se, ao contrário, queremos conhecer os detalhes de cada conceito, palavra, que compõe a sexta-feira, com histórico e explicações linguísticas, ler o comentário de Ibn Hajar al-'Asqalani sobre o "Kitab al-jum'a" do imã Al-Bukhari, em seu livro intitulado: *Fath al-bari fi charh Sahih al-Bukhari* (AL-'ASQALANI, 1959: V.III-3-74).

estética que dela emana, é preciso voltar às primeiras *khutbas* celebradas pelo próprio Profeta na primeira mesquita do mundo, construída em Medina. Uma mesquita cujas grandeza e beleza eram a simplicidade e a sobriedade. Uma mesquita que nos fascina até hoje porque o poder do chefe, o Profeta, se exprimia precisamente em sua grande humildade e em sua recusa às vaidades do poder. Ele se considerava *hakam*, árbitro, simples catalisador da vontade do grupo e não seu déspota.

O primeiro gesto do Profeta, depois de ter fugido de Meca na companhia de seus adeptos e constituído em Medina a primeira comunidade muçulmana, foi construir uma mesquita: "Antes disso, o Profeta tinha o hábito de rezar nos estábulos e praticamente em qualquer lugar onde estivesse na hora da oração" (AL-TABARI, 1979: V.I--256). A primeira mesquita, porém, não foi apenas um lugar de prece. Costumamos esquecer hoje, com o advento dos parlamentos e das assembleias do povo que seguem o modelo ocidental, que a mesquita foi o primeiro e único espaço político em que os muçulmanos debatiam seus problemas em grupo. Essa era a ideia que o Profeta tinha de mesquita, tanto que só concebia sua casa como parte integrante dela:

> O Profeta decidiu construir sua mesquita ali onde sua camela pararia. Comprou o terreno com dez dinares [...] deu instruções para que tirassem as palmeiras que ali estavam [...] Havia também túmulos da *jahiliya* [...] Deu instruções para que fossem abertos, que enterrassem os ossos bem profundamente [...] e eles [os muçulmanos] começaram a erguer a mesquita [...] O Profeta em seguida construiu, bem ao lado, três cômodos com telhados de raízes de palmeiras. Quando terminou a construção, casou-se com Aicha e a noite de núpcias aconteceu no cômodo que dava diretamente para a mesquita [...]. (IBN SA'D, 1980: 229-230)[55]

O Profeta estava com tanta pressa de resolver o problema de sua acomodação para poder se voltar para o essencial, a gestão dos assuntos

---

55 Ibn Sa'd viveu no século IX, morreu no ano 230 da Hégira.

da comunidade, que decidiu deixar a mesquita sem teto. Quando os discípulos lhe perguntavam se não tinha a intenção de construir uma bem-feita, respondia: "Há outros problemas mais urgentes" (IBN SA'D, 1980: 240).

Assim começou o Islã, sob o signo da simplicidade, como a experiência de um grupo sob a direção de um Profeta que não tomava nenhuma decisão sozinho. Tinha sempre o cuidado de debater com os envolvidos, e isso dentro da mesquita, que era o local de culto e da resolução dos problemas. A mesquita do profeta Muhammad era ao mesmo tempo a assembleia e a corte de justiça, o quartel-general e o centro de tomada de decisões; e a *khutba* da sexta-feira era o momento em que a comunidade reunida para a oração, mulheres incluídas, era informada sobre as últimas notícias e recebia suas instruções.

> Usava-se o chamado do muezim a fim de reunir as pessoas para a oração e para contar-lhes os últimos acontecimentos, como a conquista de um novo território ou outro assunto que os envolvesse. Usava-se o chamado do muezim para a reunião coletiva como se fazia para a oração, mesmo quando não era a hora da oração. (ibid.: 247)

A *khutba* dos dias de festa era também uma ocasião para anunciar as expedições previstas, o programa estratégico de curto prazo:

> Quando Muhammad terminava a *salat* dos dias de festa com o *taslim*,[56] ficava em pé e se virava para o auditório sentado; quando desejava enviar uma missão ou tomar alguma outra decisão, dava ordens relativas a ela; tinha ainda o costume de dizer: deem esmolas, deem esmolas [...] depois, ia embora.[57]

---

[56] Invocação da paz que consiste em dizer a fórmula *Al-salamu 'alaykum* (Que a paz esteja convosco), assim como o *takbir* consiste em dizer a fórmula *Allahu Akbar* (Deus é o Maior).
[57] Em *Encyclopédie de l'Islam*, ver "Khutba".

É verdade que no começo a comunidade era restrita a menos de cem lares. "Havia 45 Muhajirun [mecanos que imigraram com o Profeta] e 45 Ansar [seus adeptos de Medina]" (ibid.: 238).

A ideia de que o *masjid*, a mesquita, é o lugar privilegiado, o espaço coletivo onde o chefe debate com todos os membros da comunidade antes de tomar decisões, é a ideia-chave desse Islã que hoje é apresentado como o bastião do despotismo. Tudo passava pelo *masjid*, que era também uma escola para ensinar aos novos convertidos como fazer as orações, em que consistia o Islã, como se comportar com relação aos outros nos lugares de culto e fora. Era preciso vir armado? Era possível se encontrar ali para resolver assuntos de compra e venda (o Profeta antes da revelação e seus seguidores mecanos eram comerciantes)? Era permitido prender prisioneiros de guerra no pátio do *masjid* (para vigiá-los melhor)?[58] Essas eram perguntas simples, cotidianas, banais, é verdade, mas que revelavam que a mesquita era mais do que um simples local de culto. Era um espaço em que era permitido mostrar sua ignorância, em que fazer perguntas era encorajado — ambas atividades altamente proibidas hoje. Era sobretudo um espaço em que o diálogo entre o chefe e o povo podia acontecer. Decidir uma coisa aparentemente tão simples como instalar um *minbar* (púlpito) na mesquita, para o Profeta, era um assunto que dizia respeito a todos os muçulmanos:

> O Profeta fazia em pé a oração da sexta-feira, encostado em um tronco de palmeira. Um dia, disse que ficar em pé o cansava. Tamim al--Dari respondeu: "Por que não construo para você um púlpito como vi em Cham [Síria]?". O Profeta perguntou aos muçulmanos sua opinião sobre a questão e eles concordaram com a proposta. (IBN SA'D, 1980: V.I-250)

---

[58] Uma das descrições mais cativantes da mesquita do Profeta é a do imã Al-Nasai, "Kitab al-masjid", em seu *Sunan*, com comentários, nas notas, de dois outros especialistas de *fiqh*: Al-Suyuti e Al-Sindi (AL-NASAI, 1930: V.II-31-59). Al-Nasai morreu no ano 303 da Hégira.

O marceneiro de Medina foi cortar uma árvore na floresta e construiu um púlpito com um assento e dois degraus para acessá-lo. Outras versões dizem que o Profeta foi aconselhado a ficar sobre um *minbar* durante a oração para ser visto por todos, pois, em alguns meses, o número de muçulmanos se multiplicara, o que parece ser uma razão mais plausível do que o cansaço físico. O Profeta tinha apenas cinquenta e quatro anos no primeiro ano da Hégira, e estava em plena forma, pois não vai parar de comandar, ele próprio, como chefe militar, as expedições mais importantes até o dia da conquista triunfal de Meca, sua cidade natal, oito anos depois. As expedições (*ghazwa*) comandadas pelo Profeta em pessoa foram vinte e seis (MAS'UDI, 1983: v.1-287). De qualquer modo, o contato direto entre o Profeta, enquanto imã que comanda a oração, e aqueles que vinham assisti-la parece ter sido um elemento importante da *khutba* da sexta-feira.

> O Profeta costumava, quando subia no púlpito, dizer primeiro o *salam* [A paz esteja convosco]. Quando se sentava, o muezim anunciava a oração [...] às sextas-feiras, ele fazia a *khutba* apoiado em um bastão [...] E as pessoas ficavam a sua frente, com o rosto voltado em sua direção, e ouviam tudo olhando para ele. E nesses dias usava um *burd* [casaco do Iêmen] [...] um xale com tecido de Omã [...] Só os usava nas orações de sexta-feira e nas festas; depois eram dobrados com cuidado. (IBN SA'D, 1980: v.1-250)

No entanto, essa mesquita, local de culto e da gestão comum dos assuntos, de contato dircto entre o Profeta chefe de Estado e o imã da comunidade, não terá vida longa.

Trinta anos depois da morte do Profeta, Mu'awiya (41/661 a 60/680), o primeiro califa omíada — que usou a força para chegar ao poder, quebrando a regra que diz que o califa deve ser designado —, manteve a tradição do Profeta em relação à função da mesquita, mas introduziu uma inovação de porte: a presença de guardas.

> Mu'awiya ia à mesquita e, depois das abluções, com as costas apoiadas na *maqsura*, sentado em seu assento e cercado pelos guardas, deixava se aproximar quem quisesse: pobres, beduínos, mulheres ou crianças, pessoas sem protetores. Um se queixava de uma injustiça, e ele ordenava a retificação; outro de uma agressão, e ele mandava homens para cuidar do assunto; um terceiro vinha reclamar de algumas injúrias, e ele pedia uma investigação. Quando não havia mais solicitantes, entrava, sentava-se em seu trono e recebia os cortesãos observando a hierarquia. (MAS'UDI, 1962: V.III-725; 1983: V.III-39)

Um século depois, o ritual da oração da sexta-feira, que estabelecia o contato direto entre califa e comunidade, estava definitivamente acabado. Harun al-Rachid foi o primeiro a confiar a outra pessoa o cuidado de fazer a *khutba* da sexta-feira em seu lugar (AL-TANUKHI apud METZ, 1968: V.II-98). A *khutba* virou assunto de especialistas, os *khatibs* faziam a oração em nome do soberano. Desde então, este se contentará em comandar a oração nas grandes festas, como o Eid al-Adha, que inclui o ritual do sacrifício (cordeiro).

Como acontece em toda mudança profunda das instituições, a renúncia do soberano ao encontro frente a frente com os fiéis oferecido pela regularidade da *khutba* deve ter tido várias razões. A tensão psicológica que uma confrontação como essa demanda do soberano é uma delas. Perguntaram ao califa 'Abd al-Malik Ibn Marwan por que tinha cabelos brancos se ainda era jovem. Ele disse que "a soberania seria um prazer paradisíaco se não fosse a dificuldade do *minbar*" (ibid.: 97). Era um dever extenuante, que exigia uma eloquência especial, a da concisão (*ijaz*) — como diria o ensaísta Al-Jahiz, o rei da eloquência.[59] Era preciso que o soberano resumisse rapidamente e de modo harmonioso os fatos mais importantes, e em especial que informasse a audiência, considerando suas divergências e seus conflitos.

---

[59] Para Al-Jahiz, a eloquência é a concisão, é "responder instantaneamente à pergunta feita e ser extremamente preciso no que disser" (AL-JAHIZ, 1968).

O costume do Profeta em matéria de *khutba* era ser especialmente conciso. Suas *khutbas* de sexta-feira eram muito curtas. É preciso dizer que seu carisma pessoal era fora de série:

> O Profeta recebeu a sabedoria e a eloquência, isto é, a pertinência, a sobriedade e a concisão de uma linguagem que exprimia ao mesmo tempo inúmeros pensamentos e diferentes ideias, cheios de sentido e de utilidade. De fato, sua linguagem era ao mesmo tempo a mais bela e a mais concisa entre as linguagens, pois continha em poucas palavras um grande número de pensamentos. (MAS'UDI, 1983: v.II-299 1968, v.III-584)

As longas *khutbas* dos ministros e de outros responsáveis, especialmente os intermináveis discursos televisionados que são comuns em vários países muçulmanos atualmente, constituem com certeza abomináveis *bid'as* (inovações heréticas), que não têm nada a ver com a tradição dos primeiros discípulos que, como o Profeta, eram homens de ação muito ocupados, acordavam muito cedo e conciliavam vida religiosa e disciplina militar, de modo que consideravam que os fiéis também não tinham tempo a perder. A preocupação de Abu Bakr, primeiro califa que assumiu o poder depois da morte do Profeta (11/632 a 13/634), era a de que um chefe muçulmano não devia afogar os fiéis em discursos. Ele aconselhou um dos generais que encarregou de conquistar a Síria a ser breve: "Em seus relatos para seus administrados, seja sóbrio nas palavras: uma parte de um discurso longo faz com que se esqueça a outra" (MAS'UDI, 1983: v.II-309).

A *khutba* da sexta-feira obrigava, portanto, o soberano a desenvolver sua capacidade de se comunicar diretamente com o grupo, de informar com rapidez, atendo-se ao essencial, e de assumir politicamente a responsabilidade pelo que dizia. A massacrante responsabilidade do chefe de Estado se reflete no fato de ele ficar amarrado tanto ao que diz como ao que escolhe não dizer. Dá para entender por que, de forma muito rápida, o soberano muçulmano vai tentar se desvencilhar dessa obrigação, fugindo assim da angústia do contato direto com o grupo. No entanto, ao fazer isso, esvaziará a mesquita de sua função política, de sua função de assembleia de fiéis que são informados e, por consequência, instados a dar sua opinião. Os califas vão logo se distanciar da comunidade, abandonar a mesquita-casa de Muhammad, em que o chefe vive e trabalha ao lado da mesquita, e erguer entre eles e aqueles a quem governam o *hijab*, literalmente, véu. A instituição do *hijab*, isto é, de uma cortina como uma barreira que separa o soberano das pessoas e impede que tenham acesso a ele — o que era considerado pelo Profeta e os quatro primeiros califas ortodoxos como um grande abandono do dever por parte do líder —, foi muito rapidamente adotada na prática política.[60] O nome do funcionário responsável por controlar o acesso ao soberano virá da mesma raiz de *hijab*: será chamado *al-hajib*, literalmente, aquele que encobre o califa. O *hajib* é uma barreira: recebe quem pede audiência no lugar do califa e decide em última instância quem deve ser recebido e quem será recusado. A instituição foi muito contestada no início, principalmente pelos *achraf*, a elite que foi ofuscada pela decisão do califa de pôr um *hajib*, um homem-véu, entre eles, quebrando assim a intimidade e a solidariedade que os unia anteriormente. A célebre epístola de Al-Jahiz sobre o *hajib* é uma tentativa de listar os incidentes que aconteceram quando os califas deixaram de ser visíveis e acessíveis. Uma vez adotada a instituição do *hajib*, o califa se viu frente a outro problema tão espinhoso quanto o contato direto: a escolha do *hajib* ideal. De acordo com o califa Al-Mahdi, marido de Khayzuran e pai de Harun al-Rachid, um *hajib* não devia ser nem ignorante, nem burro, nem distraído ou preocupado,

---

60 Sobre a questão do *hijab*, é preciso diferenciar dois véus:
- Aquele que o soberano instala entre si e os governados na vida pública; ver sobre isso: AL-JAHIZ, 1964: v.II-25. Al-Jahiz morreu em 255 da Hégira (século IX).
- Aquele que ele instala entre si e suas cortesãs na vida privada; ver a esse respeito outro texto emprestado de Al-Jahiz e que existe em tradução francesa. Trata-se do capítulo 3 dedicado à "Etiqueta a ser observada durante o divertimento do rei", do *Le Livre de la couronne*, p.49.

nem desdenhado ou desdenhoso, nem mal-humorado. Quantos soberanos encontraram essa pérola? Só Allah sabe.

O *hijab* do califa pode ser considerado o acontecimento-chave que precipitou o califado no despotismo, pois constituiu uma ruptura com a tradição profética da *khutba* da sexta-feira realizada pelo soberano em pessoa. Poderíamos imaginar um Islã político diferente, que conseguiria, pouco a pouco, ser elaborado a partir da mesquita; uma democracia "masjidica", verdadeira prática parlamentar de trocas e de resolução de conflitos de opiniões e de interesses. Poderíamos imaginar a transformação do *masjid*, da mesquita, em uma assembleia popular, com a expansão da *umma* e o crescimento do número de muçulmanos. Assistiríamos assim ao nascimento, no seio do Islã, de uma prática democrática baseada em uma mesquita-de-bairro/assembleia-local, pois a mesquita está em todo lugar em que há uma comunidade de muçulmanos e um líder para dirigi-la. O Profeta deixou tudo a postos para que avançássemos nessa direção. Teríamos criado o parlamento em vez de falar sobre ele como se fosse uma importação do Ocidente satânico. Teríamos dado ao mundo, bem antes das outras nações, esse ideal que animava o Profeta e toda sua estratégia: um grupo dirigido por um chefe *hakam*, um árbitro, o título que mais amava e de que mais se orgulhava. No entanto, as coisas tomaram um caminho diferente, e o Islã enquanto prática política embarca na via despótica desde o ano 41 da Hégira, com a tomada do poder de Mu'awiya, que vai fundar a primeira dinastia muçulmana, a dinastia omíada. Ao introduzir os guardas na mesquita, transformara sua natureza.

Nada expressa mais a traição ao Profeta nesse assunto do que a atitude em relação ao acesso das mulheres às mesquitas. Encontramos em "Kitab al-jum'a" (Livro da sexta-feira), do imã Al-Bukhari (AL-'ASQALANI, 1959: v.III-34), escrito dois séculos depois da morte do Profeta (no ano 256 da Hégira, no século IX), o célebre *hadith*: "Não proíbam os *masjids* de Allah para as mulheres de Allah". Meio século depois, o imã Al-Nasai, que compôs seu *Sunan* (Tradições), no século X, trezentos anos após a morte do Profeta, não esquece de dar suas diretrizes sobre como administrar a relação homem-mulher durante a oração. No capítulo "Al-Masjid", por exemplo, explica como organizar as fileiras de homens e de mulheres, sua densidade e sua distância uns dos outros. O problema que se colocava era, segundo ele, regulamentar a coabitação dos sexos na mesquita, e não a proibir, como aconteceu em seguida.

O imã Al-Nasai começa declarando que "o Profeta disse que orar na mesquita vale mais que mil orações feitas em outros lugares, com exceção da Caaba" (AL-NASAI, 1930: v.II-32). Afirma em seguida que o melhor modo de apagar os pecados é ir à mesquita. O Profeta disse: "Quando um homem deixa sua casa para ir à mesquita, o pé que avança marca uma boa ação e o outro apaga uma má" (ibidem). E conclui naturalmente que o homem não tem o direito de proibir sua mulher de ir à mesquita. O Profeta disse: "Quando a mulher pedir autorização a algum de vocês para ir ao *masjid*, deem a ela" (ibidem). Al-Nasai fecha a questão do acesso à mesquita se perguntando: "Quem, na verdade, é proibido de ir à mesquita?" (ibidem). E responde que, segundo o Profeta, apenas aqueles que comeram alho ou cebola estão excluídos. O Profeta tinha um olfato muito sensível: amava os perfumes, insistia a respeito da higiene e da limpeza e tinha horror à sujeira e ao desleixo. De acordo com ele, ir à mesquita depois de deixar-se tentar pelo alho era de uma grosseria insuportável:

> 'Umar Ibn al-Khattab disse: "Vejo vocês, ó pessoas, comerem dessas duas árvores que são muito nefastas, o alho e a cebola. Vi o Profeta, que a paz de Allah esteja com ele, exigir daqueles que se apresentassem cheirando a alho e a cebola que deixassem a mesquita. Que aqueles entre vocês que são tentados por essas duas coisas cozinhem-nas para atenuar o odor". (ibid.: 33)

Para Al-Nasai, o acesso à mesquita não tinha nada a ver com o sexo, e as mulheres assistirem à tão importante oração da sexta-feira era, segundo ele, óbvio. Três séculos depois, o imã hambalita Ibn al-Jawzi (morto em 597 da Hégira, no século XIII) escreveu um livro sobre as leis que regem as mulheres no Islã e dedicou o capítulo 24 à "Oração da mulher na sexta-feira". É obrigado a reconhecer que estas têm o direito de participar, pois os *hadiths* sobre esse assunto são incontornáveis. No entanto, toma quatro iniciativas que despertam dúvidas. Primeiro, quando aborda a questão das fileiras, diz que "a oração dos homens que ficam atrás das mulheres não vale nada" (IBN AL-JAWZI, 1981: 201). Ora, acontecia com frequência de os homens chegarem à mesquita atrasados e ficarem atrás das mulheres que tomaram o cuidado de chegar a tempo. Podemos muito bem imaginar o deslize fatal: proibir o acesso das mulheres à mesquita por essa razão, já que sua simples presença podia causar problemas. Em seguida, acrescenta outro capítulo em que faz uma pergunta que é, em si mesma, uma traição dos textos antigos: "Será que é permitido às mulheres ir ao *masjid*?". E sua resposta: "Se ela teme gerar desordem na mente dos homens, é melhor que reze em casa" (ibid.: 202). Depois de ter dito isso, criando assim uma angustiante responsabilidade para a mulher, ele cita o *hadith*-princípio de Al-Bukhari segundo o qual o Profeta teria insistido no fato de que as mesquitas de Allah não devem ser proibidas para as mulheres. Termina dizendo que "a oração de sexta-feira não é um dever para a mulher" (ibid.: 205). Finalmente, logo depois, escreve todo um capítulo intitulado "Por que as mulheres devem evitar sair", em que defende que o próprio ato de sair torna-se perigoso e ímpio para a mulher. O capítulo abre assim: "É preciso que a mulher tente evitar sair tanto quanto possível" (ibid.: 209).

É óbvio que o acesso à mesquita, nesse caso, não era garantido. O costume de excluir as mulheres da mesquita devia ser bastante difundido, pois Ibn Battuta, que é praticamente contemporâneo de Marco Polo e viajou pelo Irã no início do século XIV, ficou surpreso com a quantidade de mulheres que iam à mesquita de Xiraz:

> Os habitantes de Xiraz são pessoas de bem, piedosos e castos, e as mulheres em particular destacam-se a esse respeito. Usam botinas e saem cobertas com casacos e véus [...] O que é surpreendente nelas

é que se reúnem na grande mesquita para ouvir o pregador, todas as segundas, quintas e sextas. Muitas vezes há mil ou duas mil reunidas. Nas mãos levam leques para se refrescar, por causa do calor. Não vi em nenhuma outra cidade reuniões com tantas mulheres. (IBN BATTUTA, 1982: v.I-404)

É lendo autores modernos como Muhammad Siddiq al-Qinnawji, o sábio hindu contemporâneo (morto em 1308 da Hégira, no século xx), que nos damos conta da institucionalização da exclusão das mulheres do espaço tão crucial da mesquita. No capítulo intitulado "O que foi dito sobre a oração de sexta-feira não ser um dever para as mulheres", ele apresenta um *hadith* duvidoso que diz: "A oração da sexta-feira é um dever para todos os muçulmanos, com exceção de quatro: o escravo, a mulher, a criança e o doente" (AL-BUKHARI, s.d.a: 345).

Estamos bem longe da mesquita do Profeta, aberta a todos, que recebia todos os interessados pelo Islã, mulheres incluídas. Já fragmentada pelo *hijab* político que esconde o califa e o distancia dos fiéis, a mesquita assistirá a outra traição do ideal comunitário de Muhammad: as mulheres serão declaradas estranhas ao local de culto. A mulher que teve o privilégio de acessar a mesquita como *sahabiya*, discípula do Profeta, rapidamente voltará a ser poluente e maléfica como era na *jahiliya*, a época pré-islâmica. Renascerá das cinzas uma misoginia que tem raízes nos medos arcaicos do feminino e ignora as tentativas do Profeta de conjurá-las, insistindo na necessidade de o muçulmano dividir tudo com sua mulher. A *sira* do Profeta, sua biografia, sempre o apresenta realizando com suas mulheres os dois atos mais importantes do início do Islã: orar e guerrear. Além de se fabricar falsos *hadiths* que excluem as mulheres do culto, será construída uma memória sob medida em que a aparição do feminino na mesquita coincidirá com a desordem e a torpeza. E Nawar, uma *jarya* forçada por um déspota a aparecer travestida de imã para comandar a oração, estará na primeira página dos tratados de história, que nunca se esquecerão de mencioná-la e que reproduzem sua história fielmente até hoje.

A aparição de Nawar, uma escrava cantora, no *mihrab* (o púlpito da mesquita) traumatizou as pessoas, e com razão: ela foi enviada por um califa completamente bêbado, Al-Walid, que a mandou em seu lugar para conduzir os fiéis.⁶¹ Al-Walid Ibn al-Yazid Ibn ʿAbd al-Malik, décimo primeiro califa omíada que reinou no início do século II da Hégira (125/743 a 126/744), é descrito por todos os historiadores como o mais perverso e devasso da história muçulmana. Até Ibn Hazm, o refinado, o andalusino que nos legou o maravilhoso ensaio sobre o amor intitulado *Tawq al-hamama* (O colar da pomba), não esconde sua aversão pelo personagem e o cobre de epítetos insultantes como *fasiq* (libertino). Pior: o põe na lista de "califas que tiveram fama de beber vinho" e na daqueles "que foram célebres por terem chafurdado publicamente nos pecados" (IBN HAZM, 1981: V.II).⁶²

Vamos deixar a tarefa de descrever essa cena blasfema de uma *jarya* travestida de imã comandando a *khutba* para um dos maiores historiadores que o Islã conheceu, Ibn ʿAsakir, o autor de *Tarikh Dimachq* (História de Damasco), que dedicou a Nawar uma das 196 biografias do volume que fala sobre mulheres:

> Nawar é a *jarya* de Al-Walid [...] Foi iniciada no canto pelos grandes mestres que viveram em sua época, como Maʿbad e Ibn Aicha. Era a favorita de Al-Walid. Foi para ela que ele deu a ordem de dirigir a oração

---

61 Al-Wadi Ibn al-Yazid Ibn ʿAbd al-Malik, conhecido como Al-Walid (II) é o décimo primeiro califa omíada. Chegou ao poder em 125/743. Não confundir com Al-Walid Ibn ʿAbd al-Malik (I), sexto califa da mesma dinastia.

62 Ver respectivamente as páginas: 134, para o epíteto de *fasiq*; 72, para os califas que amavam as bebidas; 75, para os pecadores. Recomendo esse ensaio para todas as pessoas apressadas que desejam informação em estilo telegráfico sobre as dinastias omíada e abássida. Ibn Hazm alcança o auge da concisão e da pertinência de detalhes que são importantes de conhecer para compreender a psicologia de um príncipe, como as deficiências físicas, as falhas de caráter etc. Ver também sobre as "monstruosidades": AL-TABARI, 1979: V.IV-288SS e V.V-5SS; MASʿUDI, 1962: V.III-223.

na mesquita, quando estava bêbado e o muezim veio buscá-lo para que viesse cumprir sua tarefa [de comandar a oração]. Decidiu então que ela faria isso. Ela se apresentou ao público coberta por um véu e vestida com as roupas do califa. Comandou a oração e voltou para junto dele [...] Não temos, fora esse fato, nenhuma outra informação relativa a ela (IBN 'ASAKIR, 1982: 411ss).[63]

Esse acontecimento chocante, em que o imamato de uma mulher em uma mesquita está ligado a um califa que é a encarnação da desordem e do mal, foi repetido em todo lugar na literatura histórica. Cada vez que Yazid é invocado, Nawar aparece a seu lado, travestida de califa e comandando os fiéis espantados. No século XIII, Abu al--Hasan al-Maliqi vai descrever novamente a cena citando Nawar entre "suas biografias de mulheres célebres durante o apogeu do Islã" (AL-MALIQI, 1978).[64] Nawar está sempre presente, até no século XX, no "quem é quem" das celebridades, entre as mulheres no Ocidente e no Oriente, de 'Umar Rida Kahhala (1982), que, claro, não tem informações diferentes a acrescentar além da cena da mesquita. Desnecessário dizer que Al-Walid anuncia o fim de sua dinastia. Ele próprio será varrido em 126/744, um ano e dois meses depois de sua chegada ao poder. Nesse mesmo ano, três califas se sucederão, e as coisas irão de mal a pior até a tomada do poder pelos abássidas alguns anos depois, em 750.

O surgimento da mulher no púlpito com — para ilustrar de forma apocalíptica e grotesca — a aparição de uma *jarya* travestida de califa é uma sentença de morte para a primeira dinastia muçulmana, mas revela também as reticências e os amálgamas da memória coletiva e confirma que a *khutba* da sexta-feira como critério de soberania para as mulheres é mais que significativa. Apesar das

---

63 O autor morreu em 571 da Hégira (século XII).
64 O livro foi publicado pela primeira vez em 1978 na Líbia e na Tunísia. O dr. Al--Tayibi o encontrou numa biblioteca de Dublin, Chester Beatty Library, editou-o e apresentou-o.

resistências de todo tipo que foram se acumulando ao longo dos séculos e que tendem a considerar o feminino estranho à mesquita ou totalmente contrário a sua ordem, amplificando cenas incríveis e escandalosas, reduzir o Islã às resistências e deixar de lado as contrarresistências seria mutilar o Islã de sua dinâmica histórica. Nesse caso específico, o Islã ficaria reduzido às suas tendências misóginas. Não é porque os senhores dizem aos pobres, aos escravos ou às mulheres, que são inferiores, que esses acreditam e se conformam. Compreender a dinâmica de determinada civilização é tentar apreender ao mesmo tempo os desejos dos senhores (as leis, os ideais etc.) e as resistências de seus súditos supostamente fracos e sem defesa. É preciso livrar o Islã dos clichês, ir além das imagens idealizadas dos grupos no poder, perscrutar as contrarresistências, estudar os casos marginais e as exceções. Principalmente para compreender "a história" das mulheres no Islã, uma "história" condenada como a dos camponeses ou a dos pobres, que nunca aparecem no discurso oficial. É tempo de começar a fazer a história dos muçulmanos, de ir além do Islã do imã-califa-presidente da República, aquele do palácio e de seus ulemás, de ultrapassar o Islã dos senhores. Para fazer isso, devemos entrar nas zonas pantanosas e obscuras do que é marginal e excepcional, ou seja, a história das tensões dinâmicas, a história da ordem frustrada, a história da recusa, da resistência. É a única leitura histórica capaz de devolver ao muçulmano sua gloriosa humanidade, mostrando-o não como um autômato obediente, mas como um ser responsável, capaz de se recusar a obedecer quando lhe ordenam para se mutilar e se privar de sua capacidade de pensar sobre sua vida.

Eis as questões que podem levar a "uma outra história aquele que, em sua busca de explicação, aventura-se no outro lado do espelho" (LE GOFF, 1974: 125). O Islã, civilização de quinze séculos, que abraça a vida de milhões de indivíduos de sexo, classe e etnia diferentes, só pode ser a história das complexidades, das tensões e das recusas. Dizer hoje que "o Islã proíbe o acesso das mulheres ao campo político" é uma verdade, com certeza. No entanto, avançaríamos um pouco mais na compreensão de nossa história admitindo que é uma verdade entre várias. Podemos, de acordo com os interesses em jogo, escolher outra verdade histórica, aquela que estudaria o caso de algumas mulheres que abriram à força o caminho que leva ao poder político. Admitindo que há muitas verdades históricas, segundo o ponto de vista de quem fala, já teremos dado um grande passo à frente. Pois seria admitir que o Islã e sua pretensa história são apenas armas políticas, as armas mais eficazes, as mais afiadas a que estão expostas as gargantas de milhões de seres humanos que vivem em teocracias, isto é, em sociedades regidas em nome de Deus, mas onde todos não têm o mesmo direito de falar nem de administrar em seu nome.

Nesse contexto, o desejo atual de cobrir as mulheres com véu significa encobrir as resistências. Aventurar-se do lado das mulheres é tropeçar em resistências. E, se as negligenciarmos, teremos negligenciado as tensões que são a dinâmica da vida. Para assumir o seu presente e ver um futuro se concretizar, é preciso se favorecer de um passado móvel, um passado de seres que sempre guardaram privilégios humanos, como, entre outros, o de frustrar os desígnios do senhor. É necessário descobrir esse passado. Estudar essas rainhas que a história não preservou é mergulhar na matéria viva, mas também turva, de nossa cultura. Resta-nos agora contar quantas mulheres atendem aos critérios da *khutba* ou da cunhagem da moeda e poderiam então ser classificadas como chefes de Estado. Essas questões podem nos dar acesso a uma história até agora dissimulada atrás do *hijab*, velada e cuidadosamente escondida no invisível. Aliás, será que já houve historiadores que se interessaram por essa questão e tentaram enfrentá-la?

A historiadora turca Bahriye Üçok, autora de *Al-Nisa al-hakimat fi al-tarikh*[65] (As mulheres que governaram no Islã), identificou e estudou, usando as fontes mais respeitadas do patrimônio muçul-

---

65 Traduzido para o árabe por Ibrahim Daquqi a partir do original turco *İslam devletlerinde kadın hükümdarlar*.

mano, a existência de dezesseis mulheres que governaram Estados. Segundo ela, a primeira foi Sultana Radiya da dinastia turca dos mamelucos, que assumiu o poder em Délhi em 634/1236. Zayn al--Din Kamalat Chah, que reinou em Sumatra entre 1688 e 1699, teria sido a última. Benazir Bhutto seria então a décima sétima e o fato de ser asiática parece combinar com a teoria de Üçok: essas dezesseis mulheres chefes de Estado eram todas asiáticas — turcas, mongóis, iranianas, indonésias ou pertencentes ao Islã das ilhas Maldivas ou outras ilhas indianas. Nenhuma era árabe. Historiadora metódica, Bahriye Üçok escolheu como critérios a *khutba* e a moeda cunhada. "Não listamos nenhuma mulher chefe de Estado se não teve moeda cunhada em seu nome ou a *khutba* da oração da sexta-feira dita em seu nome." (ÜÇOK, 1973: 25). O motivo de que nenhuma soberana listada seja árabe se explicaria pelo fato de os árabes se oporem a seu acesso ao trono e de elas portanto só terem essa possibilidade com o fim de sua supremacia, ou seja, a queda do califado abássida. Se é verdade que as rainhas mamelucas Radiya e Chajarat al-Durr devem sua posição à conquista do poder pelos escravizados, que formavam então uma casta militar, seria absurdo deduzir daí uma tendência dos mongóis para a democracia. Esses exterminavam as massas humanas com uma facilidade desconcertante; o estupro e a escravização de cidades inteiras faziam parte do espetáculo cotidiano que era a invasão das cidades pelos nômades. É preciso evitar a qualquer custo comparar o incomparável, projetar sobre os acontecimentos históricos dos séculos XIII e XIV a necessidade que nós, muçulmanos, temos de fazer avançar nossas reivindicações de uma relação democrática entre governados e governantes. É com esse espírito que é preciso ler os capítulos seguintes sobre as mulheres que chegaram ao trono, com um olhar crítico, vigilante, irônico se possível, nunca pontificado nem panegírico, menos ainda queixoso de sonhos de grandeza. Com o risco de decepcionar algumas feministas que querem nos embalar com sonhos a respeito dos matriarcados democráticos da aurora das civilizações e com modelos de mulheres superpoderosas que viveram em reinos passados, proponho o humor e um pouco de irreverência em relação às sultanas.

O que nos dá força não são ancestrais extraordinárias, mas aquelas muito humanas, que conseguiram, em condições difíceis, desmontar a regra dos senhores e introduzir um pouco de responsabilidade e de liberdade na vida. Por outro lado, essas mulheres tiveram acesso ao trono em contextos diferentes, de forma que não se pode aglutiná-las num modelo único de superpoder como nas séries americanas. Ao contrário, é preciso evitar a generalização, recuperar as nuances e enriquecer nossa reflexão não desprezando o que chamamos de detalhes.

O objetivo deste livro sobre as rainhas muçulmanas não é descrever soberbas ancestrais sem defeitos, cheias de qualidades e principalmente imbatíveis nos jogos do poder, seja político ou amoroso. Por mais difícil que seja nossa situação atual, acredito que uma mulher não precisa, nem ontem nem hoje, ser perfeita, esplêndida e maravilhosa para gozar de todos os seus direitos. Foi essa ideia que levou as mulheres a crer que é preciso ser excepcional para ser igual aos homens e ter direito a seus privilégios. Que as rainhas que vamos estudar agora tivessem personalidades banais, ambiciosas ou ardilosas, que tenham feito asneiras, subestimado alguns fatores e lamentavelmente fracassado na maior parte do tempo não deve nos incomodar. É o fato de tentar fazer de sua banalidade ou de suas insuficiências um ativo, e de desafiar o destino e as hierarquias que o sustentam, que faz a grandeza dos seres humanos. É o banal e o humano que emocionam quando observamos a vida dessas rainhas, assim como ao contemplarmos a nossa. Combativas, essas rainhas sempre foram; triunfantes, raramente.

II.
QUINZE SULTANAS

Quem são essas mulheres reconhecidas pela história e que, portanto, tiveram direito aos signos incontestáveis da soberania: a *khutba* e a cunhagem na moeda? Em que condições tomaram o poder? Tinham qualidades extraordinárias, uma beleza estonteante, um charme fulminante, uma inteligência fora do comum? Eram princesas de sangue ou mulheres do povo que escalaram a hierarquia sagrada para chegar ao topo oficialmente reservado aos homens? Sonhavam com a democracia e com um poder igualmente dividido entre os diferentes membros da comunidade ou eram arrivistas que só pensavam em seus próprios interesses? Ouvimos agora em toda parte teorias feministas que se parecem com slogans publicitários e afirmam que, se fôssemos governados por mulheres, a violência desapareceria da cena política. Nossas quinze rainhas muçulmanas eram pacíficas ou sanguinárias? Hesitaram em recorrer ao assassinato quando encontraram um rival em seu caminho? Por último, mas não menos importante, elas eram românticas? Apaixonavam-se como você e eu, besta e pateticamente, ou tinham coração de ferro, frio e insensível?

O caminho mais seguro para chegar ao trono é certamente casar-se com o homem que o ocupa. Enquanto as mulheres muçulmanas "normais" devem, de acordo com a lei da poligamia, contentar-se com um quarto de marido, essas rainhas, com exceção de Sultana Radiya, que era solteira quando chegou ao trono, tinham todas em média pelo menos um marido a seus pés, às vezes um segundo depois da morte do primeiro, algumas chegando a ter três com uma facilidade surpreendente. Melhor que qualquer misteriosa receita de beleza, enfeites ou perfume, o poder político parece ser um meio de sedução dos mais eficazes para garantir o sucesso sentimental de uma mulher, a começar pelas sultanas mamelucas, Radiya e Chajarat al-Durr.

AS SULTANAS MAMELUCAS: RADIYA E CHAJARAT AL-DURR

Estranhas são as trajetórias paralelas dessas duas sultanas, ambas turcas, alçadas ao poder com entusiasmo por seus adeptos e corajosamente defendidas por eles contra seus inimigos, mas que terminaram do mesmo modo: abandonadas por seus exércitos, combatidas, traídas e, no fim, selvagemente assassinadas, em parte por conta de sua vida amorosa muito movimentada.

Suas carreiras começaram quase na mesma época. Radiya tomou o poder em Délhi em 634/1236 e Chajarat al-Durr foi içada ao trono do Egito catorze anos depois, em 648/1250. As duas chegaram ao poder graças ao poderio militar dos mamelucos, os antigos escravizados turcos que conseguiram, depois de servir durante séculos os palácios que os recrutavam, desalojar seus senhores e tomar seu lugar. Radiya herdou o trono de seu pai, o sultão Iltutmich, rei de Délhi; e Chajarat al-Durr conquistou o trono de seu marido, Al-Malik al-Salih, último soberano da dinastia aiúbida, fundada um século antes por Salah al-Din Ibn Ayyub, o célebre Saladino (564/1169 a 589/1193), herói das Cruzadas. O primeiro ato de Radiya como soberana foi cunhar a moeda em seu nome, com a seguinte frase bem em evidência e multiplicada em milhares de exemplares:

Pilar das Mulheres
Rainha do Tempo
Sultana Radiya Bint Chams al-Din Iltutmich (ÜÇOK, 1973: 33)

Escolheu dois títulos: Radiyatu al-Dunya wa al-Din, que, jogando com a palavra *radiya*, que vem da raiz *rada*, "bênção", significa literalmente a Abençoada do Mundo e da Religião; e Balqis Jihan, Balqis sendo o nome árabe da rainha de Sabá (ibidem) e Jihan um título de nobreza. Numa de suas moedas que chegou até nós, registrou a seguinte fórmula, em que lembra sua fidelidade à casa abássida:

> No tempo do imã Al-Mustansir,
> Comandante dos Fiéis, Grandioso Sultão
> A Majestade do Mundo e da Religião
> Malika Iltutmich, filha do sultão,
> aquela que traz a glória
> ao Comandante dos Fiéis. (WRIGHT apud ÜÇOK, 1973: 4)[66]

O imã Al-Mustansir, trigésimo sexto califa abássida (623/1226 a 640/1242), detinha o poder quase mágico de dispensar a legitimidade espiritual para os sultões que só podiam, pela força militar, tomar o poder terreno. Era o caso do pai de Radiya, Iltutmich, um dos escravizados turcos que, em 626/1229, como general do exército, fundou o Estado muçulmano da Índia.

Chajarat al-Durr, por sua vez, não tinha nenhum motivo para se limitar em relação a seus títulos. A fórmula da oração que os fiéis recitavam no Egito durante seu reinado relâmpago, que durou apenas alguns meses, era:

> Que Allah proteja a Instância Benéfica,
> A Rainha dos Muçulmanos,
> A Abençoada do Mundo terreno e da Religião,
> A Mãe de Khalil al-Musta'simiya,
> A companheira do sultão Al-Malik al-Salih.[67]

Para Chajarat al-Durr, introduzir entre seus títulos de honra "Al--Musta'simiya" era mais que um reconhecimento da fidelidade para com o califa Al-Musta'sim, trigésimo sétimo abássida, que se recusava a apoiá-la: consistia em uma patética confissão de sua fragilidade, um grito desesperado para ganhar seus favores. Muitos historiadores veem no surgimento das mulheres na cena política o

---

66 Ver fotocópia da moeda em WRIGHT, 1907: V.II-26.
67 Essa fórmula aparece em diversas fontes; particularmente em: 'ACHUR, 1972: 158; AL-'AMRI, 1987: 382; AL-MAQRIZI, 1987: V.II-237; AL-SUYUTI, 1976: 23.

prenúncio de convulsões apocalípticas no mundo muçulmano. E o reinado de Chajarat al-Durr anunciou o fim dos abássidas e a destruição de Bagdá pelos mongóis (1258), acontecimento que provocaria uma redistribuição fundamental das cartas do poder no império, varrendo as aristocracias do lugar — particularmente no caso do califa Al-Mustaʻsim, que seria o último de sua dinastia e dando assim uma chance aos exércitos de escravizados defensores de Allah, os mamelucos. Estes tomarão o poder em vários países e o manterão por mais de dois séculos no Egito e na Síria. Mereciam os tronos que haviam conquistado, pois formavam exércitos de elite, os únicos que resistirão a Gengis Khan e conseguirão repelir seus ataques. São os exércitos mamelucos que conduzirão as batalhas primeiramente contra os cruzados, depois contra os mongóis; são os únicos que conseguirão desafiar o filho e o neto de Gengis Khan, enquanto, por toda parte, ao norte e ao sul, a leste e a oeste, palácios e soberanos, tropas e fortalezas desmoronavam diante de seu avanço.

Os mamelucos, vendidos como escravizados ainda crianças, eram educados em verdadeiras escolas militares, de onde saíam treinados em artes marciais, invencíveis nos campos de batalha. No século XIII, em Délhi assim como no Cairo, a força do Islã e sua fama estavam associadas à casta militar turca (AL-HANBALI, s.d: v.v: 267ss; AL-MANSURI, 1987). Na Ásia, o pai de Radiya, Iltutmich, que começou sua carreira como escravizado militar a serviço dos generais que trabalhavam para os sultões de Ghaznah, conquistaria novos territórios para o Islã. Na África, foram os mamelucos *bahris* (mamelucos do mar), chefes militares que trabalhavam para os sultões da dinastia aiúbida, que seguraram os cruzados.[68] Só pensarão em tomar o poder depois da morte do sultão Al-Salih Ayyub, o marido de Chajarat al-Durr. Esta era turca como eles, e o exercício do poder não lhe era estranho. Quando o marido ainda era vivo, já se interessava de perto pelo que se passava nas altas esferas, parti-

---

68 Sobre os mamelucos, ver: *Encyclopédie de l'Islam*, "Mameluk"; POOLE, 1982: 79, 274; e SULEIMAN, 1969: 161.

cularmente no seio do exército. Impressionou pelas primeiras decisões tomadas nas horas que se seguiram à morte do sultão, decisões que garantiriam aos exércitos mamelucos mais uma vitória.

Chajarat al-Durr negociou primeiramente com os comandantes do exército para manter em segredo a morte do marido, condição necessária, segundo ela, para evitar o risco de desordem. Depois, planejou com eles operações para enfrentar o imperativo mais urgente: derrotar os franceses que sitiaram o Egito com seu rei São Luís, cerco que durou de 647/1259 a 649/1260. Quando conseguiu a vitória sobre os cruzados, e com o rei deles preso, Chajarat al-Durr começou a se voltar para os problemas da sucessão. Seu marido tinha um filho, Turan Chah, que estava fora do Cairo quando o pai morreu. Enviou emissários para avisá-lo sobre os acontecimentos no palácio e no *front*, pedindo-lhe que voltasse ao Cairo. Quando ele voltou, confiou-lhe o poder. Turan Chah, no entanto, revelou-se incapaz de comandar as tropas. Alienou os oficiais e nem mesmo conseguiu, como foi o caso do pai, ganhar o respeito deles. O conflito entre Turan Chah, príncipe aiúbida, e os oficiais turcos se acirrou, e estes planejaram seu assassinato (648/1250). Foi depois desse acontecimento que os mamelucos decidiram levar Chajarat al-Durr ao trono.

Uma vez entronizada no Cairo, no entanto, começou a sofrer a oposição do califa abássida, que se recusou a reconhecê-la — recusa que obrigou o exército a reconsiderar sua decisão e a retirar sua confiança na rainha. Os mamelucos *bahris* do Egito que tinham enfim decidido tomar o poder e criar uma dinastia em vez de continuar a servir aos outros precisavam mais do que ninguém do aval do califa de Bagdá, e, apesar de sua admiração por Chajarat al-Durr, acabaram depondo-a em alguns meses. No entanto, desconheciam a tenacidade da ex-escravizada que conseguira escalar os degraus do harém e impor-se como favorita no palácio dos aiúbidas. Assim que soube o nome do general escolhido pelo exército para se apresentar diante do califa como candidato ao sultanato do Egito, Chajarat al-Durr pensou em se casar com ele. Chamava-se Al-Mu'izz

Aybak al-Turkomani. Era o mais poderoso entre os generais mamelucos, tinha a confiança do exército e foi aprovado pelo califa. Chajarat al-Durr casou-se com ele e conseguiu, mais uma vez, penetrar na cena política, que, apesar de seus talentos, resistia a ela.[69] O que mais a preocupava era ter que voltar para a sombra fria do harém. Para não cair no anonimato do espaço feminino, fez com que em todas as mesquitas do Cairo a *khutba* fosse dita em seu nome e em nome de seu marido. Cuidou para que a moeda fosse cunhada com o nome dos dois soberanos, o seu e o de Al-Mu'izz, e para que nenhum documento oficial saísse do palácio sem as duas assinaturas conjuntas (AL-MANSURI, 1987: 28).

O termo *mamluk* vem do árabe *malaka*, "possuir", e significa "escravo, a coisa possuída". Os mamelucos são escravizados brancos, em oposição a '*abd*, outra palavra árabe que significa "escravo" e se aplica normalmente aos negros. Os mamelucos, turcos originários das estepes da Ásia, eram levados por mercadores de escravos e vendidos aos sultões. Depois de uma formação militar aprofundada, eram em princípio libertados e integrados às castas militares dos palácios. O Cairo ficou célebre por suas escolas militares situadas em doze casernas da cidadela, e os oficiais acrescentavam a seus nomes o da caserna onde haviam feito sua formação e obtido seus diplomas. Recebiam, paralelamente à instrução militar, uma educação religiosa muito avançada, destinada a desenvolver a identificação entre sucesso na carreira e defesa do Islã. Os eunucos desempenhavam um papel importante na educação dos novatos e uma de suas funções era "impedir a pederastia, colocando-se entre os jovens e os adultos".[70] Libertados no fim do período de estudos, os mamelucos eram nomeados para postos importantes da hierarquia militar e apresentados ao sultão durante uma cerimônia que celebrava sua

---

[69] Chajarat al-Durr é uma das sultanas mais conhecidas, os historiadores nunca a esquecem. Ver, além das referências acima, sua biografia em: 'INAN, 1947: 61; AL-'AMRI, 1987; AL-AMILI, 1985; AL-ZIRIKLI, 1983: V.IV-142; HASAN, 1970: 115; KAHHALA, 1982: V.II--267; ÜÇOK, 1973: 46.

[70] Em *Encyclopédie de l'Islam*, ver "Mameluk". Cf. também AL-MAQRIZI, 1987: V.II.

entrada em uma das aristocracias mais poderosas do mundo muçulmano, a aristocracia militar.[71] Poder sonhar com uma carreira de mameluco, para um jovem turco das estepes onde a vida era dura e a pobreza o destino da maioria, era considerado um maná dos céus, e apenas aqueles que atendiam a certos critérios tinham esse direito. Era necessário "ter a pele branca, ter vivido na região que se estendia ao norte e nordeste dos países islâmicos, ter nascido infiel, e ter sido capturado criança ou adolescente (de preferência na puberdade), comprado, educado e libertado".[72]

Ter nascido infiel era um critério que atrapalhava muitas crianças das estepes da Ásia cujos pais foram islamizados. Os pais muitas vezes recorriam a subterfúgios fraudulentos para esconder esse fato, pois em princípio um muçulmano não pode ser escravizado.[73] O Islã, que valorizava a igualdade de todos diante de Deus, seria levado ao pé da letra pelos escravizados turcos, que o aplicariam rigorosamente; eles o defenderiam contra todos os seus inimigos, inclusive os cruzados e os mongóis, mas instalando-se confortavelmente nos tronos e se outorgando todos os títulos reservados para os grandes e poderosos. O caso do general Al-Mu'izz al-Din Aybak, segundo marido de Chajarat al-Durr, oficial mameluco declarado sultão pelo exército do Egito, ilustra bem essa revolução política que chacoalhou em toda parte os palácios e o império. No rastro do exército mameluco da Índia, Radiya tomara o poder em Délhi algumas décadas antes.

Radiya subiu os degraus do poder em circunstâncias diferentes, pois, ao contrário de Chajarat al-Durr, não era escravizada, mas filha de sultão. Seu pai chegara na Índia como escravo e sua ascensão ao status de sultão seria a melhor propaganda para o Islã numa Índia que vivia sob um rígido regime de castas. O Islã surgiu como uma religião democrática, uma religião que derrubava as hie-

---

71 Em *Encyclopédie de l'Islam*, ver "Mameluk".
72 Ibidem.
73 Ibidem.

rarquias, desestabilizava os senhores e permitia aos escravizados, caso fossem capazes, tomar o lugar daqueles que os governavam. Enviado para Délhi como escravizado de um general dos sultões de Ghaznah, Qutb al-Din Aybak, Iltutmich vai dedicar-se com todo o ardor a fincar a bandeira dos muçulmanos no território indiano. Terá sucesso muito rápido, pois o sultão Qutb al-Din Aybak, impressionado com sua bravura, casa-o com sua filha. Com a morte de Aybak em 607/1211, Iltutmich toma o poder e se declara independente dos senhores de Ghaznah, ficando para a história como um dos maiores reis escravizados, fundadores da soberania muçulmana na Índia (AL-NAJRAMI, 1979: 122ss).[74] Uma vez conquistado o poder terreno, restava o problema da legitimidade. A democracia muçulmana tinha seus limites: para que um escravizado pudesse se tornar sultão, ele devia se libertar pela vontade de seu senhor.[75] Foi o que os ulemás de Délhi exigiram de Iltutmich. Ibn Battuta descreve a cena em que Iltutmich apresenta, depois da morte de seu senhor, o documento que o libertava, sem o qual não poderia legalmente assumir o poder:

> Os jurisconsultos vieram encontrá-lo tendo à frente o grande cádi então na função, Wajih al-Din al-Sasani. Entraram no cômodo em que estava e se sentaram diante dele. Quanto ao cádi, sentou-se a seu lado, de acordo com o costume. O sultão entendeu sobre o que queriam conversar; levantou o canto do tapete sobre o qual estava agachado e apresentou-lhes um ato que atestava sua libertação. O cádi e os jurisconsultos leram e prestaram a Iltutmich o juramento de obediência, então ele se tornou soberano absoluto e seu reinado durou vinte anos.
> (IBN BATTUTA, 1982: V.II-368)

---

[74] Ver também a biografia de Iltutmich em *Encyclopédie de l'Islam*.
[75] Vimos que entre os mamelucos *bahris* do Egito, que estavam organizados em uma casta militar com suas escolas, seus rituais e seus símbolos, a libertação ocorria automaticamente quando terminavam a formação. Aparentemente, a libertação seguia outros costumes entre os mamelucos de outros países.

Pode-se imaginar o efeito de uma cena como essa entre os intocáveis de Délhi e todas as pessoas das castas inferiores. Faltava a confirmação do califa abássida, pois os mamelucos eram da vertente sunita. Em 626/1229, Iltutmich enviou um pedido oficial ao califa de Bagdá, Al-Mustansir, solicitando que o reconhecesse. Este respondeu, enviando uma comitiva que foi recebida com grande pompa em Délhi e que o consagrou oficialmente sultão da Índia. Iltutmich cunhou a moeda em que sua fidelidade ao califa sunita de Bagdá era reconhecida e celebrada com a seguinte frase: *Nasir Amir al-Muminin* (Aquele que traz glórias ao Comandante dos Fiéis). Essa fidelidade lhe valeu uma tentativa de assassinato por parte de uma seita xiita então muito ativa na Índia e famosa pelos conflitos que semeava, a seita dos ismaelitas. Tentaram matar Iltutmich quando comandava a oração na mesquita, mas erraram o tiro e Iltutmich, mais sunita do que nunca, conquistou ainda mais territórios, cercou-se de especialistas em ciências religiosas e de ulemás, e morreu em plena glória em Délhi, de uma doença banal, em 633/1236, depois de um reinado de vinte e seis anos. Ele designara Radiya como sua princesa herdeira, mesmo tendo três filhos. O fato de os filhos de Iltutmich não serem da mesma mãe complicaria a sucessão devido à animosidade entre os dois meios-irmãos e a meia-irmã, duplamente alimentada e reforçada pelas intrigas das mães a partir do harém. Um dos meios-irmãos, que não estava nada contente com a iniciativa de Iltutmich de designar Radiya como princesa herdeira, era Rukn al-Din, o mais ávido pelo poder. Alimentava por Radiya e seu meio-irmão uma raiva que explodirá de forma evidente depois da morte do pai e o levará a combater a primeira e a matar o segundo.

Iltutmich, escravizado promovido graças a suas capacidades pessoais, não tinha nenhum complexo quando se tratava de reconhecer o valor de uma mulher. Para ele, mérito e justiça caminhavam juntos — era assim que entendia o Islã, e, como era muito devoto, todo o resto, inclusive a diferença entre os sexos, era supérfluo. Comparados à fraqueza de caráter de Rukn al-Din, os talentos de Radiya a apontavam como sucessora evidente, e Iltutmich, pressionado pelos emires em seu entorno a explicar uma escolha que acharam surpreendente, deu uma resposta incrivelmente simples: "Meus filhos são incapazes de governar, por isso decidi que minha filha deve reinar depois de mim" (PRACHAD apud AL-NAJRAMI, 1979: 125).

Depois da morte de Iltutmich, no entanto, príncipes e vizires vão tentar afastar Radiya em favor de seu meio-irmão Rukn al-Din. O primeiro gesto de soberania deste foi liquidar o outro meio-irmão de Radiya, achando que assim a intimidaria e a mandaria de volta para o esquecimento do harém. Teve, porém, uma grande surpresa: Radiya não se escondeu entre os véus, mas recuperou o poder apelando diretamente ao povo de Délhi, aproveitando uma prática criada por seu pai para lutar contra a injustiça:

> Iltutmich ordenou que qualquer pessoa que sofresse uma injustiça se vestisse com uma roupa colorida, sendo que na Índia todos os habitantes usam roupas brancas. Toda vez que concedia audiência a seus súditos ou passeava a cavalo, se visse alguém vestido com roupas coloridas, examinava sua queixa e tratava de lhe fazer justiça contra seu opressor. (IBN BATTUTA, 1982: v.II-368)

E, para acelerar o processo de justiça e permitir ao oprimido que lhe pedisse ajuda, decidiu instalar um sino:

> Ergueu na porta de seu palácio dois leões de mármore, dispostos sobre duas torres que existiam ali. Esses leões tinham no pescoço uma corrente de ferro de onde pendia um grande sino. O homem oprimido vinha à noite agitar o sino, o sultão ouvia o barulho, examinava o caso imediatamente e dava satisfação ao queixoso. (idem, 1982: v.II-369; 1985: 322)

Radiya não encontrou nada melhor do que a técnica instaurada por seu pai e que o povo conhecia. Decidiu usar a roupa colorida das vítimas de injustiça, expor ao povo seus infortúnios e pedir sua ajuda para vingar a morte de seu meio-irmão e depor Rukn al-Din, que ameaçava liquidá-la em seguida. Esperou a sexta-feira e a reunião dos fiéis na mesquita para executar seu plano, pois precisava garantir publicidade para seu ato. Quando Rukn al-Din saiu do palácio para ir à mesquita ao lado, onde acontecia a *khutba*, Radiya subiu no terraço vestida com suas roupas coloridas de vítima e tomou a palavra.

> Com essa roupa, apresentou-se ao povo e declarou no terraço: "Meu irmão matou seu irmão e quer também me matar". Depois lembrou o reinado de seu pai e os benefícios que trouxera para o povo. Então a audiência dirigiu-se tumultuada ao sultão Rukn al-Din, que estava na mesquita, pegaram-no e levaram-no para Radiya. Esta disse: "O assassino será morto". E ele foi massacrado em represália ao assassinato do irmão. E o povo concordou em reconhecer Radiya como soberana.
> (IBN BATTUTA, 1982: V.II-370)

O primeiro gesto de Radiya, uma vez no poder, diz Ibn Battuta, uma das fontes mais antigas a seu respeito, foi tirar o véu: "Essa princesa reinou com autoridade absoluta durante quatro anos. Montava a cavalo como os homens, armada com um arco e uma aljava, cercada de cortesãos, e não cobria o rosto com véu" (ibidem). Outras fontes dizem que "cortou os cabelos e se vestiu como homem, e foi assim que subiu ao trono" (ÜÇOK, 1973: 36). Estes dizem que decidira se vestir como homem não só para comandar as campanhas militares, mas também para manter contato com o povo: "Passeava nos mercados vestida como homem e se sentava entre as pessoas para ouvir suas queixas" (AL--NAJRAMI, 1979: 125). De qualquer modo, Radiya cumpriu muito bem sua tarefa e foi considerada por todos os historiadores como ótima gestora. Só criticavam uma coisa nela: o fato de ter se apaixonado por alguém inferior. Essa história de amor precipitaria sua queda com um desenrolar inesperado digno dos melhores filmes indianos.

Radiya, rainha solteira, apreciava tanto as qualidades de um dos chefes dos estábulos, Jamal al-Din Yaqut, um escravizado etíope, que o promoveu rápido demais para o gosto dos outros generais; e foi assim que começaram a suspeitar que estava apaixonada. O título de Yaqut era "Comandante dos Cavalos" (Amir al-Khayl); Radiya nomeou-o rapidamente "o Maior dos Comandantes" (Amir al-Umara), e muitos emires não gostaram nada dessa mudança de comando, que passou de equinos para príncipes. Com raiva, "começaram a espioná-la para entender as razões dessa ascensão rápida demais, e se deram conta de que ela sentia muito prazer na companhia de Jamal al-Din, e o dispensava muitas vezes de tarefas que supostamente deveria realizar" (AL-NAJRAMI, 1979: 125; KAHHALA, 1982: v.1-448). Pior, puseram-se a vigiar todos os movimentos da sultana e de seu cavaleiro até que um dia notaram que, quando ela queria montar a cavalo, ele fazia um gesto bizarramente íntimo: "escorregava as mãos sob as axilas dela para levantá-la sobre a montaria" (KAHHALA, 1982: v.1-450). Espalhou-se na cidade o rumor de que "o Pilar das Mulheres, a Rainha do Tempo" violava a ética e deixava seu escravizado tocá-la, e seus inimigos conseguiram seu objetivo: "Suspeita de manter relação com um de seus escravizados, abissínio de nascença, o povo decidiu depô-la e dar-lhe um marido" (IBN BATTUTA, 1982: v.II-370). Apesar do Islã, a Índia das castas se sobrepôs. Autoridades religiosas e príncipes se uniram contra ela, e um exército foi criado, com o governador Ikhtiyar al-Din Altunia no comando. Radiya, com medo de ser cercada, deixou Délhi com seus exércitos para combater Altunia, mas perdeu a batalha e tornou-se sua prisioneira. Mas, uma reviravolta inesperada aconteceu: o carcereiro Altunia se apaixonou por Radiya, sua prisioneira. Libertou-a, casou-se com ela e partiram juntos com um grande exército para reconquistar Délhi e retomar o trono de sua amada. Radiya, porém, já estava na mira do infortúnio. Ela e o marido perderam a batalha e seu exército foi derrotado. Radiya fugiu. Ibn Battuta descreve seu fim, um fim que encontramos em muitos contos de *As mil e uma noites*:

Fugiu, mas foi surpreendida pela fome e pelo cansaço; por isso, dirigiu-se para um lavrador que viu cultivando a terra e pediu-lhe algo para comer. Ele lhe deu um pedaço de pão que ela devorou e depois o sono a dominou. Radiya estava vestida como um homem. Quando adormeceu, o lavrador olhou bem para ela, e viu, sob suas roupas, uma túnica bordada de ouro e pérolas; percebeu que era uma mulher, matou-a, tirou suas roupas, afugentou seu cavalo e enterrou-a nos campos que lhe pertenciam. Depois, pegou uma parte das roupas da princesa e foi ao mercado para vendê-las. Os comerciantes suspeitaram dele e o levaram ao *chihneh* [delegado de polícia], que mandou que lhe dessem uma surra. O miserável confessou que matara Radiya e indicou aos guardas o lugar onde a enterrara. Desenterraram seu corpo, lavaram-no e enrolaram-no em uma mortalha. Depois, puseram-no na terra, no mesmo lugar, e construíram ali uma edícula funerária. (IBN BATTUTA, 1982: 373; 1985: 423)

Ibn Battuta conclui dizendo que, quando passou por ali no século XIV, o povo fizera dela uma santa: "Seu túmulo atualmente é visitado por peregrinos e visto como um local sagrado. Está situado à beira de um grande rio chamado Djun, a uma parasanga da cidade de Délhi" (ibidem). O fim trágico de Radiya anunciava o da rainha mameluca que seguiria seus passos uma década depois.

Chajarat al-Durr teve um fim trágico, mas bem mais inocente. A paixão tornou-a tão ciumenta que a transformou numa assassina. Para ela, amor e monogamia caminhavam juntos, o que não era evidente para seu segundo marido, 'Izz al-Din Aybak, homem forte do exército. Casando-se com ele, ela praticamente lhe dera um reino. 'Izz al-Din divorciou-se então de sua antiga mulher Umm 'Ali, mas seu casamento com Chajarat al-Durr não era apenas um contrato político: havia outra coisa. E essa outra coisa chamava-se amor. Para Chajarat al-Durr, o amor impunha a fidelidade. Fidelidade que também exigira de seu primeiro marido, Al-Malik al-Salah Najim al-Din Ayyub, quando se tornou sua favorita. Chajarat al-Durr possuía uma beleza extraordinária e uma grande inteligência, "tinha um cérebro que utilizava a fundo para conhecer os assuntos do reino" (AL-ZIRIKLI, 1983: V.IV-142).[76] Lia muito e amava escrever também. Qual não foi sua surpresa quando soube que seu novo marido, de origem mameluca, um escravizado turco como ela, tinha a intenção de se casar novamente com a filha de um rei, o *atabeg* de Mossul, Badr al-Din Lulu. Louca de ciúmes, humilhada, planejou então o assassinato do marido e concebeu uma encenação rebuscada. Escolheu um momento de prazer, o do *hammam*. Era 12 de abril de 1257 (23 Rabil de 655). "Quando 'Izz al-Din Aybak entrou no *hammam*, Chajarat al-Durr havia preparado tudo e dado instruções a suas *jaryas* e empregados. Eles o cercaram e o mataram em pleno banho." (AL-'AMRI, 1987: 387). O assassinato de Aybak agitou o exército e, mesmo que uma parte tenha ficado do lado de Chajarat al-Durr, ela foi transferida para Burj al-Ahmar (Torre Vermelha) e assassinada no mesmo ano; seu corpo foi jogado, seminu, sobre uma falésia. Ficou exposto "durante dias antes que o enterrassem" (AL-MAQRIZI apud 'INAN, 1947: 92). Pode-se ainda visitar seu túmulo no Cairo: ela foi enterrada no pátio de uma escola que criara e que é conhecida hoje como Jami Chajarat al-Durr, Mesquita de Chajarat al-Durr. O visitante que dispõe de um pouco de tempo pode decifrar sobre o domo da mesquita uma longa inscrição lembrando seu reinado e sua grandeza, e o epíteto que lhe foi tão caro: 'Ismat al-Dunya wa al-Din (Protetora deste Mundo e da Religião).

Assim acabou a carreira política de Chajarat al-Durr, uma mulher que conseguiu compartilhar o poder com o primeiro marido aristocrata, reinar oficialmente oitenta dias sem a autorização do califa e sem marido, depois enfim conciliar amor e poder com um homem de sua classe e de sua raça, que dividiu com ela a oração da sexta-feira e o comando do reino, antes de sucumbir ao demônio do ciúme. A felicidade e o reinado compartilhado de Chajarat al-Durr e

---

76 Todas as biografias citadas discorrem sobre seus dotes físicos e intelectuais.

'Izz al-Din Aybak duraram sete anos e, não fosse a decisão dele de se casar novamente, poderia ter durado ainda mais (AL-MAQRIZI, 1987: 238). Isso nos lembra, entre outras coisas, o elo entre despotismo e poligamia. Quando uma mulher, ainda por cima uma escravizada, ascende ao trono, o véu é rasgado e o mistério se revela; parece que o compartilhamento igualitário do poder entre um homem e uma mulher impõe necessariamente a ele a monogamia como regra do jogo amoroso. Mesmo tentando separá-los, o comportamento amoroso e o comportamento político parecem extrair seus princípios das mesmas fontes.

AS *KHATUNS* MONGÓIS

Como indica a historiadora turco-mongol Bahriye Üçok, assistimos depois da invasão mongol a um movimento impressionante de mulheres no trono de Estados muçulmanos com os privilégios da *khutba* e da moeda cunhada. Na maioria dos casos, isso aconteceu com a bênção dos novos senhores, os príncipes mongóis. Parece que tinham menos dificuldade do que os califas abássidas em confiar às mulheres o comando do Estado. Primeiro vieram duas rainhas da dinastia dos Kutlugh-Khanid, Kutlugh Khatun, chamada também nos documentos de Terken Khatun, e sua filha Padichah Khatun, que encontramos às vezes com o nome de Safwat al-Din Khatun.[77] A dinastia dos Kutlugh-Khanid reinou entre os séculos XIII e XIV em Kirman, província da Pérsia situada no sudoeste do grande deserto central, o Lute.[78] Quando os mongóis invadiram Kirman e puseram fim à dinastia seljúcida, Barak Hajib foi reconduzido ao poder por Hulagu, o so-

---

77 Como encontramos nessa época muitas mulheres na cena política com o nome de Terken Khatun, para evitar confusão vamos nos referir a esta como Kutlugh Khatun.
78 Em *Encyclopédie de l'Islam*, ver "Kirman".

berano mongol, descendente e herdeiro do império de Gengis Khan que recebera como sua parte pela vitória a Pérsia, a Mesopotâmia e, em teoria, a Síria e o Egito. Pois, se foi fácil conquistar Bagdá, esses dois últimos países foram bravamente defendidos pelos mamelucos e a derrota infligida aos exércitos de Hulagu em Ain Djallut, em 658/1260, acabou com o avanço dos mongóis no território sírio e fixaram definitivamente as fronteiras entre as duas potências.

O antigo califado de Bagdá passou para as mãos da dinastia criada por Hulagu, que ganhará o nome de Ilkhan. Muitos chefes militares locais aproveitariam a invasão mongol para assentar seu poder; Barak Hajib foi um deles. Tornou-se assim o chefe inconteste de Kirman. Em troca de sua ajuda militar, Barak Hajib exigiu um título, então os mongóis o chamaram de Kutlugh Khan e ele começou a pagar-lhes um tributo anual. Uma vez que estabeleceu seu poder militarmente em 619/1222, providenciou outros títulos de que precisava. O califa de Bagdá deu-lhe o de sultão, mesmo que sua conversão ao Islã tenha sido tardia e que tenha passado boa parte da vida como pagão.[79] Nas vésperas de sua morte, Barak Hajib transmitiu um número impressionante de títulos a seus herdeiros, mistura significativa de árabe e de mongol: Nasr al-Dunya wa al-Din (Triunfo do Mundo e da Religião), Kutlugh Sultan etc. As relações entre Kutlugh Khan e os mongóis seriam reforçadas por repetidas visitas dos príncipes de Kirman e por casamentos. Barak Hajib tinha um filho, Rukn al-Din, e quatro filhas, uma delas Kutlugh Turkan, casada com seu primo Qutb al-Din. Depois da morte de Barak em 632/1234, primeiro foi seu filho quem assumiu o poder, em seguida seu primo Qutb al-Din, marido de Turkan, que ascendeu ao trono em 650/1252. Quando Qutb al-Din morreu, em 655/1257, seu filho Khadjaj era ainda criança, então os notáveis de Kirman pediram à corte mongol para confiar o governo a sua viúva Kutlugh Khatun, que reinará durante vinte e seis anos, até 681/1282.[80] Ela soube con-

---

79 Ibidem, "Kutlugh-Khanides".
80 Ibidem.

quistar as boas graças da corte mongol, enviando seu filho Khadjaj para combater no exército de Hulagu e casando sua filha Padichah Khatun com Abaka Khan, filho de Hulagu. O casamento foi duplamente surpreendente, primeiro porque ela era muçulmana e ele budista; segundo, porque Padichah Khatun fora educada como um menino, entre os meninos, exatamente para enganar os mongóis, que submetiam ao casamento obrigatório as princesas de suas "colônias".[81] Os Kutlugh Khan não tinham até então aparentemente nenhum desejo de se ligar por casamento com a corte de Hulagu, mas o oportunismo político se impôs. Oficialmente confirmada com seu título por Hulagu sete anos depois, em 662/1264, Kutlugh Turkan ostentava o título de 'Ismat al-Dunya wa al-Din, e teve direito à *khutba* nas mesquitas (ÜÇOK, 1973: 83).

O poder de Turkan estava em seu apogeu quando, como sempre, um pretendente ao trono apareceu no horizonte e impediu-a de saborear seu triunfo. Tratava-se de um de seus enteados, Suyurghtamich, filho de seu ex-marido, que não conseguia se acostumar com a ideia de que a madrasta herdara o trono. Suyurghtamich provocou distúrbios no reino até que, para reestabelecer a ordem, ela foi obrigada a inserir o nome dele na *khutba*, ao lado do seu. Turkan, porém, usou sua relação com a corte mongol, "queixou-se para sua filha Padichah Khatun e conseguiu um *yarligh* proibindo seu enteado de se imiscuir nos assuntos de Kirman".[82] Só o fim do reinado de Turkan, que "trouxe prosperidade a Kirman", foi obscurecido pelo esfriamento das relações com a corte Ilkhan por causa da morte de Abaka, seu genro, alguns meses antes de sua própria morte em 681/1282. O irmão de Abaka e seu sucessor se converteu ao Islã e adotou o nome de Ahmad Teguder, o que criou uma confusão entre os mongóis, que eram até então budistas, cristãos nestorianos ou xamanistas, mas não muçulmanos. Ainda que os conquistadores mongóis da Pérsia tivessem se rendido logo ao encanto da civilização conquistada e

---

81 Ibidem, "Ilkhan".
82 Ibidem, "Kirman".

adotado as tradições persas rapidamente, a decisão de um soberano Ilkhan de se converter ao Islã foi recebida como um choque pela corte e pelos príncipes. Ahmad Teguder, a propósito, não durará muito tempo: será destronado dois anos depois, em 683/1284, por Arghun, filho de Abaka, cuja devoção budista estava acima de qualquer suspeita. Durante seu curto reinado, Ahmad Teguder foi responsável pelas maiores preocupações de Turkan, instalando no trono do Kirman seu enteado e rival Suyurghtamich. Turkan tentou defender seu caso e foi até a corte mongol sediada em Tabriz, mas Ahmad foi intransigente. Turkan morreu um ano depois sem ter recuperado o trono.[83] No entanto, será vingada, pois, alguns anos depois, sua filha Padichah Khatun, por meio de um segundo casamento, retomará seu lugar na corte mongol e o trono do Kirman que a mãe perdera.

Padichah Khatun não se contentava em ser bonita, atordoando os príncipes da dinastia Ilkhan com seus dons de poeta, e ninguém ficou surpreso quando, depois de ficar viúva, conseguiu se casar com Gaykhatu, o quinto soberano da dinastia Ilkhan, que assumiu o poder em 690/1291. Ele era ninguém menos que o filho de seu antigo marido. Esse casamento, chocante segundo a charia muçulmana, não o era de acordo com os costumes mongóis. Padichah Khatun não perdeu tempo e pediu a seu novo marido, Gaykhatu, como prova de seus sentimentos por ela, que lhe desse o trono de Kirman. Gaykhatu aceitou seu pedido e Padichah Khatun chegou como chefe de Estado a Kirman. Uma de suas primeiras decisões foi capturar, em 691/1292, seu meio-irmão Suyurghtamich e jogá-lo na prisão. Depois, quando ele tentou fugir, mandou estrangulá-lo. Após esse gesto bem fraternal, Padichah Khatun ganhou o título de Safwat al-Dunya wa al-Din (Pureza do Mundo e da Religião) e tornou-se assim a sexta soberana não apenas oficial, mas incontestada dinastia Kutlugh-Khanid. Mandou cunhar moedas de ouro e de prata em seu nome. Ainda há algumas peças no museu de Berlim com a seguinte inscrição: *Kikhanu Badchah Jihan Khadawand 'Alam*

---

[83] Ibidem. Sobre a dinastia mongol, ver também POOLE, 1982: 186ss.

Badchah Khatun (DANNENBERG et al. apud ÜÇOK, 1973: 98). Khadawand 'Alam quer dizer "Soberana do Mundo", é um *laqab* (título) composto de uma palavra turca e de uma palavra árabe, respectivamente. É interessante notar que ela só reivindicará, pelo menos na frase da moeda, o mundo aqui de baixo, sem fazer referência à religião (*al-din*) e, portanto, ao além, o que é raro entre soberanos muçulmanos, sejam homens ou mulheres. Ela reinou no Kirman até a morte de seu marido em 694/1295 e a chegada ao poder de seu sucessor Baydu, que estava mais disposto a ouvir seus inimigos e apoiar o clã que sempre pedia a vingança de Suyurghtamich. O clã era liderado por uma mulher, Khurdudjin, viúva de Suyurghtamich, que não era uma qualquer pois descendia de Hulagu, uma princesa mongol com sangue real. Khurdudjin, viúva chorosa e vingativa, pediria a Baydu, o novo chefe, a morte de Padichah Khatun.[84]

Várias rainhas se sucederam assim, com o apoio dos mongóis, no trono do Kirman. Ibn Battuta, como bom marroquino conservador, ficou muito surpreso com o grande respeito pelas mulheres quando atravessou o Império Mongol, na primeira metade do século XIV, sob o reinado de Abu Sa'id Behadur Khan, o nono soberano da dinastia Ilkhan que reinou em Bagdá de 716/1316 a 736/1335. E, de acordo com as notas que dedicou ao assunto, pode-se concluir que as mulheres eram tratadas de forma diferente do que em Tanger, sua cidade natal. Ibn Battuta, que era cádi, ou seja, uma autoridade religiosa habilitada a decidir sobre o papel das mulheres, anotou escrupulosamente o que observava:

> As mulheres gozam entre os turcos e os tártaros de um destino muito feliz. Sempre que estes escrevem uma ordem, inserem as palavras: "Por ordem do sultão e das *khatuns*". Cada *khatun* possui algumas ci-

---

[84] Quase todas as fontes relativas a essas duas rainhas em particular e aos Kutlugh-Khanid em geral, seja Üçok ou a *Encyclopédie de l'Islam*, referem-se ao mesmo livro, *Samt al-'ala*, escrito em 716/1316, por Nasir al-Din, filho de Khawadja Muntadjab al-Din Yazdi, homem de confiança de Qutb al-Din I (manuscrito de Paris, B.N. Persan 1377, fol. 125).

dades, algumas províncias e uma renda considerável. (IBN BATTUTA, 1982: v.I-451; 1985: 230)

Porém foi a deferência, a atenção especial que o soberano dedicava em público às mulheres durante os rituais protocolares, que fascinou Ibn Battuta, que nunca vira nada parecido em Tanger. Ele teve a oportunidade de observar com seus próprios olhos quando acompanhou Abu Sa'id Behadur Khan, seu anfitrião mongol, em uma excursão: "Meu objetivo, nessa excursão, era observar a ordem seguida pelo rei do Iraque em suas marchas e em seus acampamentos, e sua maneira de viajar" (idem, 1982: v.I-454; 1985: 232). E o que constatou? As mulheres não vinham atrás, eram bem visíveis no início do cortejo: "Cada uma das *khatuns* ou esposas do sultão tem acomodações separadas, com seu imã e seus muezins, seus leitores de Alcorão, e um mercado especial para prover esse espaço" (ibidem). Até entre os músicos que acompanhavam as tropas as *khatuns* se faziam ouvir alto: "Quando começa a partida, bate-se o grande tímpano, em seguida o da *khatun* principal, que ocupa a posição de rainha, depois os tímpanos das outras *khatuns*, então o do vizir e por fim os tímpanos dos emires todos juntos" (ibidem). Ibn Battuta, muito versado na charia e na tradição, também ficou impressionado com o ritual protocolar de outra corte, a do sultão Muhammad Uzbec Khan, soberano mongol da Horda Dourada (1312 a 1341). Primeiramente, para permitir que seu eventual leitor se localize, ele descreve a grandeza desse soberano: "Possui um grande reino, é muito poderoso, ilustre, educado com dignidade, vencedor dos inimigos de Deus. Seus estados são vastos e suas cidades consideráveis [...] é um dos sete maiores e mais poderosos reis do mundo [...]".[85] Em seguida, passa à cerimônia:

---

85 Inimigos de Deus diz respeito aos cristãos, aos bizantinos, inimigos eternos do Império Muçulmano. No que se refere à Horda Dourada, uma das grandes tribos mongóis, é apenas a partir deste soberano que os chefes serão muçulmanos.

> Observa em suas audiências, em suas viagens e em seus negócios um ritual surpreendente e maravilhoso. Tem o costume de, às sextas-feiras, depois da oração, sentar-se num pavilhão chamado Pavilhão de Ouro, que é ricamente enfeitado e magnífico. É feito de ripas de madeira revestidas com folhas de ouro. No centro, há um trono de madeira recoberto com lâminas de prata dourada, pés de prata maciça e a parte superior incrustada de pedrarias. O sultão senta-se no trono, tendo à sua direita a princesa Thaithoghly, depois a *khatun* Kebec e, à sua esquerda, a *khatun* Beialun, seguida da *khatun* Ordodjy. O filho do sultão, Tina Bec, fica em pé na parte de baixo do trono, à direita, e seu segundo filho, Djani Bec, mantém-se em pé do outro lado. A filha de Uzbec, Cudjudjuc, senta-se à sua frente. (IBN BATTUTA, 1982: V.II-219; 1985: 332)

Sentar as princesas em posição tão eminente durante a cerimônia de sexta-feira já era muito surpreendente para um sunita, mas esse rei, um dos mais poderosos do mundo, se levantava quando cada uma delas chegava. Estupefato, Ibn Battuta anotou cuidadosamente todos os detalhes:

> Quando uma das princesas chega, ele se levanta diante dela e a leva pela mão até que suba no trono. Quanto a Thaithoghly, que é a rainha mais considerada entre as *khatuns* aos olhos de Uzbec, ele vai ao encontro dela na porta da tenda, cumprimenta-a, pega-a pela mão e, somente quando ela sobe no trono e se senta, ele se senta. Tudo isso acontece diante dos olhos de todos os presentes, e sem nenhum véu. (ibidem)[86]

---

[86] É preciso dizer que, para uma mulher árabe como eu, receber um beijo na mão de um homem ocidental é um momento perturbador que me mergulha em emoções e frêmitos de prazer. Por quê? Porque sempre fui treinada para beijar a mão de homens, a começar pela de meu pai e de meus tios. Até hoje, meus primos amados, brincando, nunca deixam de me apresentar as costas da mão para me trazer de volta à tradição.

Ibn Battuta ficou tão surpreso com essa demonstração de respeito, essa consideração em relação às mulheres — que os mongóis expunham sem véu a seu lado durante as cerimônias religiosas — que lhes dedicou vários capítulos em seus escritos: "A educação das *khatuns*", "O lugar da grande *khatun*", "O lugar da *khatun* que vem depois da rainha" e, enfim, "A terceira *khatun*" e "A quarta *khatun*". Ibn Battuta tinha razão em insistir na diferença da relação homem-mulher entre os mongóis e no sunismo tradicional — que ele, árabe, conhecia muito bem —, pois, apesar de sua islamização, os mongóis não fariam concessões no que diz respeito às mulheres. Pouco a pouco, a ideia inaceitável da conversão ao Islã do soberano mongol, que custou o trono ao infeliz Ahmad, tornou-se uma banalidade a partir do quarto sucessor, Ghazan, sétimo da linhagem (694/1295 a 703/1304).[87] Este, abraçando o Islã sunita, resistiu às pressões e sua conversão "não resultou na supressão de antigas tradições mongóis, como o respeito à posição pública da mulher".[88] Ao que parece, muitas rainhas e princesas souberam aproveitar essa boa disposição, até então desconhecida nas práticas políticas do Islã dominado pelos árabes.

A terceira rainha que chegou ao trono segundo o modelo de Padichah Khatun, isto é, pelo casamento com um príncipe Ilkhan, foi Abich Khatun, que dirigiu o reino da Pérsia durante um quarto de século, entre 662/1263 e 686/1287. Era a nona soberana da dinastia dos Atabeg da Pérsia, conhecida também pelo nome de dinastia salgúrida — de Salghur, seu fundador, chefe de uma tribo turcomana que imigrara para o Irã. Os salgúridas ficaram no poder durante quase um século, de 543/1148 a 686/1287, sua capital era Xiraz e Abich Khatun foi a última soberana da dinastia. Como no

---

87 Depois de Ahmad, veio Arghun (683/1284 a 690/1291), Gaykhatu (690/1291 a 694/1285) e Baydu (694-695/1295); por fim Ghazan, o sétimo Ilkhan, que assumiu o poder em 694/1295 e se declarou muçulmano.
88 Em *Encyclopédie de l'Islam*, ver "Ilkhan".

caso de Padichah Khatun, que aliás era sua tia, ela se casou bem jovem com Manku Timur, um dos filhos de Hulagu.[89] Este, descontente com o modo como os negócios eram administrados no reino da Pérsia, que estava sob seu domínio, mandou um exército contra Seljuk Chah, que foi vencido e morto, e sua nora Abich Khatun foi enviada de Urdu, a capital Ilkhan onde vivia com o marido, para Xiraz, capital de seu país natal, onde foi recebida com grande pompa, por ordem e com as instruções de Hulagu (ÜÇOK, 1973: 101ss). Como no caso de Padichah Khatun, a *khutba* da sexta-feira foi dita e a moeda cunhada em seu nome (ibid.: 107). Os mongóis faziam alianças, em especial com belas jovens vindas de Estados suseranos, como forma de reforçar sua dominação. A existência de mulheres chefes de Estado que eram noras dos Ilkhan é, portanto, uma tradição que aparece em todas as árvores dinásticas desses Estados, algo inconcebível sob as abássidas, onde nunca há nomes de mulheres.

A quarta mulher que ascendeu ao poder nas mesmas condições foi Dawlat Khatun, décima quarta soberana da dinastia dos Bani Khurchid, que governou o Luristão durante cerca de quatro séculos a partir de 591/1195. O Luristão situa-se no noroeste da Pérsia e à época estava sob domínio mongol como o restante da região. Depois da morte de seu marido 'Izz al-Din Muhammad, Dawlat Khatun subiu ao trono em 716/1316 (ibid.: 115).[90] Governante particularmente medíocre "que não conseguiu administrar os assuntos de Estado", abdicou por vontade própria e passou o trono para seu irmão 'Izz al-Din Hasan (ibid.: 117). Esse não foi o caso de Sati Beg, rainha mongol que tinha tamanho apetite pelo poder que se serviu de três maridos sucessivos para mantê-lo.

---

89 Segundo Bahriye Üçok, Abich Khatun é filha de Bibi Khatun, uma das filhas de Terken Khatun, a soberana do Kirman, que seria então sua avó. Padichah Khatun seria sua tia.
90 Sobre o Luristão, ver *Encyclopédie de l'Islam*.

Quando Sati Beg chegou ao poder em 739/1339, a cena política era diferente da que havia na época da criação da dinastia por Hulagu: príncipes e princesa Ilkhan matavam-se entre si e a grandeza passada fora substituída por uma sequência incrível de intrigas palacianas e assassinatos interfamiliares. Os três casamentos de Sati Beg foram extremamente interesseiros. Seu primeiro marido, o emir Tchoban, neto de um general de Hulagu, era comandante em chefe das forças armadas. Depois de sua morte, ela escolheu, como segundo marido, Arpa, um soberano Ilkhan que assumiu por um breve período o trono em 736/1335. Finalmente ela subiu ao trono como chefe de Estado oficial durante o ano de 1339. Nesse período, teve direito à *khutba* e apressou-se em cunhar a moeda com a seguinte menção: "Sultana Justa Sati Beg Khan, que Allah eternize seu reinado" (ÜÇOK, 1973).[91] Allah não atendeu seu pedido: seu reinado não durou nem nove meses e ela teve que entregar o poder a Suleiman Amin Yussef Chah. No entanto, o desejo de poder ainda ardia forte dentro dela, e como satisfazê-lo senão tentando seduzir Suleiman Amin, o herói da hora? Este não resistiu e tornou-se seu terceiro marido.

Uma outra rainha mongol recebeu as honras supremas e reinou em Bagdá: chamava-se Tindu e pertencia à dinastia dos jalairidas, um ramo Ilkhan que governou o Iraque durante os séculos XIV e XV, entre 714/1336 e 814/1411. Muito bonita, Tindu era filha do rei Awis, um dos maiores soberanos mongóis. Com o tempo, porém, as forças e as relações na região haviam mudado. Os mongóis não eram mais os invasores imbatíveis, mas regimes bem estabelecidos que haviam perdido o ardor dos campos de batalha. Awis, que governava o Iraque, só podia defendê-lo buscando alianças na região, agora ameaçada por um novo poder militar: o de Timur Lang, que vinha das estepes como antes viera Gengis Khan. Os aliados de Awis contra Timur Lang eram os mamelucos do Egito, os inimigos de ontem dos mongóis. Foi junto a eles que buscou ajuda e apoio,

---

91 Para detalhes sobre a dinastia, cf. POOLE, 1982: 203.

e o primeiro casamento de Tindu foi mais uma aliança política do que qualquer outra coisa. Seu primeiro marido foi Al-Zahir Barquq, o penúltimo rei mameluco do Egito (784/1382 a 791/1389). Foi atraído por sua beleza durante uma viagem que ela fez com o tio, e seu pedido de casamento foi aceito apressadamente, pois o Iraque tinha dificuldades em resistir aos repetidos ataques dos exércitos de Timur. Bagdá recebeu, em troca de Tindu, que ficou no Cairo, o suporte dos exércitos do Egito. Muito nacionalista, no entanto, a sultana Tindu não gostava da vida no Cairo, e Barquq, que a amava muito, acabou deixando-a voltar para o Iraque. Ela se casou em segundas núpcias com seu primo Chah Walad e, depois da morte deste, assumiu o trono em 814/1411. Ficou no poder durante oito anos, até sua morte (AL-HANBALI, s.d.: V.VII-155; SWAYD, 1985: 188). Segundo 'Abd al-Hayy Ibn al-'Imad al-Hanbali: "A *khutba* foi dita em seu nome do alto dos púlpitos, e a moeda cunhada em seu nome também, até sua morte em 822. Seu filho assumiu o poder depois dela" (AL-HANBALI, s.d.: V.VII-155).

De acordo com Bahriye Üçok, teria havido uma última rainha mongol, a sultana Fatima Begum, que os russos conheceram com o nome de Sultana Sayyidovna e que teria governado o reino Ilkhan Qacem da Ásia Central entre 1679 e 1681 (ÜÇOK, 1973: 146ss). Sabe-se que um dos netos de Gengis Khan, Batu, "conseguiu subjugar grandes áreas da Rússia nos anos 1236-1241. Apenas o noroeste (com Novgorod como capital) foi poupado [...] O novo Estado foi chamado de 'Horda Dourada' pelos russos e, em seguida, por toda a Europa".[92] A dominação tártara durou dois séculos e meio e teve, entre outras consequências, a islamização de regiões inteiras da Rússia.[93] A sultana Fatima Begum teria sido a última soberana da dinastia Qacem. Entretanto, além da biografia que Bahriye Üçok dedica a ela, não encontrei referência a essa rainha em nenhuma das obras consultadas em árabe onde poderia haver uma menção sobre seu direito

---

92 Em *Encyclopédie de l'Islam*, ver "Les Batuides".
93 Ibidem.

à oração ou à cunhagem da moeda. Vou me contentar em citá-la, sem contá-la entre as mulheres chefes de Estado, o que reduz a seis o número de rainhas mongóis.

Se a ascensão de mulheres no Império Mongol é tão notável como a ausência quase total de rainhas na cena política antes da captura de Bagdá em 1258, é preciso sempre lembrar que os privilégios, entre os mongóis, diziam respeito apenas às mulheres da classe aristocrática e que as populações locais eram tratadas com pouca consideração. Como explicar que um povo pudesse ser tão violento e ao mesmo tempo destinar um lugar proeminente para as mulheres na cena política? Para responder a essa questão seria preciso um outro livro, que nos levasse às zonas sombrias das ligações fascinantes entre as leis, tão complexas dependendo das sociedades, que presidem o triângulo vital: poder, violência e sexo. Por enquanto, podemos nos voltar rapidamente para um terceiro grupo de mulheres chefes de Estado, o das ilhas. Uma outra cultura muçulmana, com outras possibilidades e outros modelos de comportamento.

AS RAINHAS DAS ILHAS

Sete sultanas reinaram nas ilhas, três nas Maldivas e quatro na Indonésia. Para nossa alegria, Ibn Battuta passou pelas ilhas Maldivas na época em que reinava a primeira, Sultana Khadija, filha do sultão Salah al-Din Salih Albendjaly, que reinou de 1347 a 1379. O viajante ficou encantado:

> Uma das maravilhas das ilhas Maldivas é que têm como soberana uma mulher. O poder primeiramente pertenceu a seu avô, depois a seu pai e, quando este último morreu, seu irmão Chihab al-Din tornou-se rei. Era criança e o vizir 'Abdallah, filho de Muhammad al-Hadrami, casou-se com sua mãe e ganhou autoridade sobre ele. Foi o mesmo personagem que se casou com Sultana Khadija depois

da morte de seu primeiro marido, Jamal al-Din. (IBN BATTUTA, 1982: v.III-235; 1985: 580)

Depois das lutas pelo poder, em que as alianças desempenharam um papel importante como sempre, Ibn Battuta chega às circunstâncias da entronização de Khadija.

> Só restavam da família real as irmãs do falecido: Khadija, a mais velha, Myriam e Fatima. Os indígenas içaram à soberania Khadija, que era casada com seu *khatib* [pregador], Jamal al-Din. Ele se tornou vizir e chefe da autoridade e nomeou seu filho Muhammad para ser pregador em seu lugar, mas as ordens são promulgadas apenas em nome de Khadija. Escrevem-nas em folhas de palmeira, usando um ferro curvado que parece uma faca. Só escrevem no papel o Alcorão e os tratados científicos. (Ibidem)

A *khutba* era dita em nome de Sultana Khadija? Podemos contar com Ibn Battuta, que anotou minuciosamente a frase:

> O pregador faz menção à sultana às sextas-feiras e nos outros dias. Eis os termos em que se exprime: "Meu Deus, ajudai Vossa serva, que preferistes, em Vossa ciência, aos outros mortais, e de quem fizestes instrumento de Vossa misericórdia para com todos os muçulmanos, isto é, Sultana Khadija, filha do sultão Jalal al-Din, filho do sultão Salah al-Din". (Ibidem)

Depois da morte de Sultana Khadija, que reinou durante trinta e três anos, sua irmã Myriam assumiu o trono e o manteve até 785/1383, com seu marido também na função de vizir. Depois de Sultana Myriam, foi a vez de sua filha, Sultana Fatima, que ficou no trono até sua morte em 790/1388. Durante quarenta anos, os muçulmanos das ilhas Maldivas foram governados por mulheres, e Ibn Battuta, a quem foi confiada a função de cádi, não resistiu por muito tempo aos encantos das mulheres da ilha:

> No segundo dia de Chawal [16 de fevereiro de 1344] tratei com o vizir Jamal al-Din para que o contrato de casamento fosse realizado em sua presença no palácio [...] A profissão de fé muçulmana foi recitada e o vizir pagou o dote nupcial. Depois de alguns dias, minha esposa me foi trazida. Era uma das melhores mulheres que existiam. Seus modos eram tão gentis que, quando me tornei seu marido, me ungia com bons odores e perfumava minhas roupas; durante essa operação, ria e não demonstrava nenhum incômodo. (IBN BATTUTA, 1982: v.III-246; 1985: 588)

Ibn Battuta ficou tão encantado com o tratamento real que lhe reservava sua esposa que não hesitou em ter quatro. Casou-se muitas vezes durante suas viagens pelo mundo muçulmano, que realizou praticamente por toda a vida, mas a lembrança da felicidade doméstica com suas mulheres maldívias era de uma doçura especial, e tem-se a impressão de que lamentou um pouco não poder levar uma delas para Tanger:

> As mulheres maldívias não saem nunca de seu país. Não vi no universo mulheres de trato mais agradável. Entre os insulares, a esposa não confia a ninguém o cuidado de servir seu marido; é ela que traz os alimentos, que retira o serviço depois que comeu, que lava suas mãos, que oferece água para suas abluções, e que cobre seus pés quando quer dormir. (Ibidem)

Uma coisa que o intrigava, entretanto, era a esposa nunca compartilhar uma refeição com ele:

> Um de seus costumes é a mulher não comer com seu marido e o homem não saber o que come sua esposa. Casei-me nesse país com várias mulheres; algumas comeram comigo, a meu pedido, outras não o fizeram; não consegui vê-las comendo, e nenhum ardil me foi útil para isso. (Ibidem)

A única coisa que reprovava nas mulheres maldívias, principalmente enquanto cádi, é que passeavam meio desnudas:

> As mulheres dessas ilhas não cobrem a cabeça; a própria soberana não faz isso. Penteiam os cabelos e os reúnem de um só lado. A maior parte delas veste apenas uma saia, que as cobre do quadril até o pé; o resto do corpo fica descoberto. É dessa forma que passeiam nos mercados e em toda parte. Quando fui investido da dignidade de cádi nessas ilhas, fiz esforços para pôr fim a esse costume e para ordenar que as mulheres se vestissem, mas não obtive sucesso. (IBN BATTUTA, 1982: v.III-231; 1985: 577)

Ibn Battuta era inteligente o bastante para não estabelecer um elo entre a sensualidade das *muminat* (fiéis) e o fato de passearem seminuas. Ainda assim, enquanto cádi insistiu num compromisso: as fiéis continuariam passeando seminuas, mas, na sala de audiências do tribunal onde administrava a charia, respeitariam um mínimo de formalidade: "Nenhuma mulher era admitida perto de mim para uma queixa se não tivesse o corpo todo coberto; fora isso, não tive nenhum poder sobre esse hábito". Malicioso como só um tangerino pode ser, Ibn Battuta escreveu depois que, de fato, as mulheres maldívias ficavam muito melhor seminuas. "Havia jovens escravas que se vestiam da mesma maneira que os habitantes de Dihly. Cobriam a cabeça, mas isso as desfigurava mais do que as embelezava, pois não estavam habituadas" (ibidem). Decididamente, o cádi estava pronto para fazer concessões quanto à pertinência da charia no que diz respeito ao véu para as mulheres quando este interferia em questões sérias como a estética, principalmente no ambiente tão sensual das ilhas. No entanto, as ilhas não são iguais, e as mulheres também não; durante sua temporada na Indonésia, as damas não o inspiraram tanto. As mulheres ali também assumiram o poder, embora isso tenha acontecido vários séculos depois de sua passagem pelo Extremo Oriente.

Quatro princesas se sucederam na Indonésia, em Atjeh, na segunda metade do século XVII (de 1641 a 1699). A província de Atjeh, que fica na parte mais setentrional da ilha de Sumatra, foi a primeira região da Indonésia em que foi fundado um reino muçulmano. Marco Polo, que o atravessou em 1292, já mencionara a existência de um soberano muçulmano.[94] A dinastia a que pertenciam essas quatro rainhas era a dos Djajadiningrat, cuja árvore dinástica tem trinta e quatro soberanos que reinaram em Atjeh do século XVI ao início do século XX. A sultana Tadj al-'Alam Safiyat al-Din Chah (1641-1675) foi a décima quarta soberana da dinastia; Nur al-'Alam Nakiyaat al-Din Chah (1675-1678), a décima quinta; 'Inayat Chah Zakkiyat al-Din Chah (1678-1688), a décima sexta; e Kamalat Chah, que reinou de 1688 a 1699, foi a décima sétima. Elas governaram apesar de seus inimigos terem importado de Meca uma *fatwa* que declarava ser "proibido por lei uma muçulmana governar".[95]

Apesar das *fatwas*, da resistência dos califas e do oportunismo dos homens políticos, quinze soberanas muçulmanas subiram ao trono de Estados muçulmanos entre os séculos XIII e XVII, com todas as insígnias oficiais de soberania. As duas primeiras, Radiya e Chajarat al-Durr, eram turcas pertencentes à dinastia mameluca, outras seis sultanas chegaram ao trono quando os príncipes mongóis substituíram os califas árabes abássidas no comando do Império Muçulmano, e mais sete pertenciam ao Islã das ilhas Maldivas e da Indonésia. No entanto, para a historiadora Üçok, nunca houve uma sultana verdadeiramente árabe: as mulheres só alcançaram o poder quando os árabes o perderam. "Apenas com o fim do Estado abássida, que era um obstáculo maior à chegada das mulheres ao governo dos Estados, as mulheres puderam se sentar no trono [...]" (ibid.: 166). O desaparecimento do Estado abássida "abriu a estrada diante delas e permitiu que chegassem enfim ao poder" (ÜÇOK, 1973: 167).

94 Em *Encyclopédie de l'Islam*, ver "Atjeh".
95 Ibidem. Ver também o parágrafo que lhes dedica a historiadora Bahriye Üçok (1973: 152ss).

A explicação de Üçok, que constrói toda uma visão de mundo coerente e convincente, e com uma simplicidade que à primeira vista parece irrefutável, baseia-se em um fator no mínimo perturbador por se tratar de raça. Os árabes têm um comportamento misógino declarado, enquanto turcos, mongóis, indonésios e asiáticos em geral apresentam um perfil quase feminista... O fato de todas as mulheres que conseguiram chegar ao trono serem "fora as das ilhas indonésias, turcas ou mongóis, é uma prova clara da importância que essas culturas davam às mulheres nos assuntos públicos" (ÜÇOK, 1983: 167). O problema das teorias baseadas em raça é que basta encontrar uma exceção para que elas desapareçam como bolhas de sabão. E se descobríssemos uma chefe de Estado árabe? Se encontrássemos uma ou duas rainhas árabes, nos confrontaríamos com outra questão: por que o esquecimento? Por que ninguém quer se lembrar de que houve mulheres árabes chefes de Estado?

Pode-se entender que uma não árabe como a historiadora Üçok, que escrevia nos anos 1940, quando o mundo árabe apenas começava a se recuperar de uma longa dominação otomana, desenvolvesse uma teoria colonizadora que dedicava o melhor papel aos otomanos. No entanto, houve rainhas árabes — e o que parece quase inacreditável é o esquecimento a que foram submetidas. O que representam de tão perigoso, de tão profundamente perturbador, para que se tenha decidido escondê-las nas profundezas do inconsciente?

TERCEIRA PARTE
AS RAINHAS ÁRABES

I.
A DINASTIA XIITA DO IÊMEN

O Iêmen é excepcional no mundo árabe, não por muitas mulheres terem exercido ali o poder político, mas porque duas delas, Malika Asma e Malika Arwa, gozaram do privilégio e critério incontestável do chefe de Estado: a *khutba* dita nas mesquitas em seu nome. Nenhuma outra mulher árabe teve essa honra, em nenhum outro país árabe, depois do advento do Islã. Asma Bint Chihab al-Sulayhiya, que morreu em 480/1087, governou o Iêmen com seu marido 'Ali Ibn Muhammad al-Sulayhi, fundador da dinastia que leva seu nome. Asma chamou a atenção dos historiadores não apenas porque tinha o poder, o que, como logo veremos, não é tão raro quanto pensamos, mas sobretudo porque "assistia aos conselhos com o 'rosto descoberto'", isto é, sem véu, e porque depois "a *khutba* era dita do alto dos púlpitos das mesquitas do Iêmen em nome de seu marido e no seu" (AL-ZIRIKLI, 1983: v.I-299). A segunda rainha é Arwa Bint Ahmad al-Sulayhiya, que também teve direito ao privilégio da *khutba*. Era nora de Asma, esposa de seu filho Al--Mukarram, que retomou a tradição do pai e compartilhou o poder com sua mulher, que o exerceu posteriormente durante quase meio século (de 485/1091 até sua morte em 532/1138) (AL-'AMRI, 1987: 358; AL-ZIRIKLI, 1983: v.I-279; KAMIL, 1968: 171). As duas rainhas tinham o mesmo título real: Al-Sayida al-Hurra, etimologicamente, a nobre dama que é livre, independente, a mulher soberana que não obedece a nenhuma autoridade superior. Temos a frase exata da *khutba* declamada pelos fiéis em todo o território do Iêmen em nome de Arwa: "Que Allah prolongue os dias de Al-Hurra, a perfeita, a soberana, a que administra com cuidado os assuntos dos fiéis" (AL-ZIRIKLI, 1983: v.I-279).[96]

---

[96] Ao fim dessa biografia, o leitor encontra uma lista das principais referências a respeito da rainha Arwa. E em AL-DAHABI, 1958: v.II, que reúne as biografias de mulheres, o leitor encontra especialmente a biografia dessa rainha.

Que as mulheres se apropriem do poder político dos homens com quem dividem a vida, como já vimos, acontece frequentemente. Mas que a *khutba*, a oração da sexta-feira na mesquita, seja dita em seu nome, é excepcional na parte árabe do Império Muçulmano. Qual é então o enigma que se esconde atrás do privilégio das rainhas do Iêmen?[97]

O fato histórico mais fascinante no que diz respeito a Asma e Arwa, que praticamente passaram o poder uma para a outra ao longo de todo o reinado de um século da dinastia Sulayhi, é a amnésia total que atacou os historiadores contemporâneos. Ninguém se lembra delas! Ninguém ouviu falar delas! Um colega historiador especialista em Idade Média, a quem pedi, no início de minhas pesquisas, esclarecimentos sobre esse assunto, mostrou-se muito cético. Mulheres árabes chefes de Estado? Será que eu não estaria confundindo os territórios? Quando recitei para ele a frase da *khutba* em nome de Arwa, ele me disse com uma certeza desconcertante: "Você não leu essa história em *As mil e uma noites*?". Mais surpreendente ainda, essa amnésia ataca até historiadores ocidentais que, supostamente, não deveriam se sentir nem um pouco ameaçados pela conjunção mulher árabe-poder. Bernard Lewis (1988) afirma, com uma segurança que lembra a dos aiatolás, que:

---

[97] De fato, no século XI, quase na mesma época de Asma, reinou no Marrocos uma rainha berbere que compartilhava o poder com seu marido, mas não teve direito à *khutba*. Tratava-se da bela rainha berbere Zaynab al-Nafzawiya, esposa de Yusuf Ibn Tachfin (453/1061-500/1108), o célebre soberano almorávida que criou um império que compreendia a África do Norte e englobava a Espanha, e fundou a cidade de Marraquexe. Que Zaynab compartilhava o poder não era segredo para ninguém: "Ele [Yusuf] subjugou assim todo o Magreb, depois partiu para Aghmat, que invadiu. Quando se instalou, casou-se com Zaynab Bint Ishaq al-Nafzawiya [...] Ela foi o coroamento de sua fortuna, pois foi ela quem cuidou de seu império e lhe deu conselhos que permitiram assentar seu poder; foi ela também que, pela sua habilidade política, conquistou para ele a maior parte dos países do Magreb." [N. E.: A autora não especifica a fonte da citação.]

> Não há rainhas na história islâmica e a palavra "rainha", quando se apresenta, está reservada para soberanas estrangeiras de Bizâncio ou da Europa. Há alguns exemplos em que tronos muçulmanos foram brevemente ocupados por mulheres, mas essa eventualidade era percebida como uma aberração e condenada como um escândalo. (LEWIS, 1988: 103)

Esse tipo de afirmação categórica por parte de brilhantes eruditos do Islã da estatura de Bernard Lewis confirma uma única coisa: as mulheres muçulmanas em geral, e árabes em particular, não podem contar com ninguém, erudito ou não, "envolvido" ou "neutro", para ler a *sua* história. Essa leitura é de sua inteira responsabilidade e dever. Nossa reivindicação ao pleno gozo de nossos direitos universais, aqui e agora, passa necessariamente por uma nova apropriação da memória, uma releitura — a reconstrução de um passado muçulmano amplo e aberto. Alguns deveres não precisam necessariamente ser tarefas austeras e constrangedoras, mas deliciosas viagens às margens do prazer. Fazer incursões a nosso passado pode não apenas nos divertir e nos instruir, mas também inspirar ideias preciosas sobre os modos de viver com alegria quando se é mulher, muçulmana e árabe — três características que tentam nos apresentar como um triângulo maléfico, um abismo de submissão e de abnegação em que nossas vontades devem inevitavelmente se dissolver. A viagem pelo passado em busca dessas rainhas esquecidas nos convida a adotar um outro olhar sobre o que nos foi inculcado na adolescência, como a ideia de que, para agradar aos homens, é preciso se desmanchar em piruetas de submissão e mostrar o tempo todo que somos fracas e indefesas. Qualquer manifestação de força e poder seria imediatamente punida com a retirada incondicional de seu amor por nós. Um absurdo, como nos revela a história de nossas rainhas iemenitas. O prazer amoroso passa também pela conquista do poder. Asma e Arwa, enquanto mulheres, estavam ativamente envolvidas na transformação de sua própria vida, de sua comunidade e do mundo a seu redor.

Os historiadores iemenitas, tanto modernos como antigos, não citam os reinados dessas *malikas* como "escândalos", mas, ao contrário, como momentos de prestígio e prosperidade. Um iemenita contemporâneo, 'Abdallah al-Thawr, afirma que o reinado de Malika Arwa foi um período particularmente benéfico e pacífico da história do Iêmen: "Basta a um historiador honesto comparar o reinado dos imãs [...] ao período relativamente curto do reinado de uma mulher iemenita fiel a seus princípios e que amava seu povo e era fiel a ele, a saber, Al-Sayida Arwa Bint Ahmad al-Sulayhiya", confessa ele, refletindo sobre a história recente de Sanaa, que foi governada pelos imãs de 1000/1591 a 1343/1925, e só perderam completamente o poder com a Revolução e o advento da República em 1969. Al-Thawr constata que Arwa "deixou monumentos, construções, estradas, mesquitas. Tantas coisas que um longo período de poder dos imãs foi incapaz de acumular [...]" (AL-THAWR, 1979: 331).[98] A amnésia é aparentemente determinada pelo pertencimento geocultural: todos os árabes não esquecem as mesmas coisas. O que esquecem depende do contexto nacional, da memória regional. Os historiadores iemenitas parecem ter menos falhas de memória quando se trata das mulheres e do poder do que os outros; ao contrário, reivindicam o fato de ter havido mulheres em seu passado. Esse pequeno detalhe já nos dá uma pista que será apaixonante explorar: as submemórias regionais no mundo muçulmano em geral, e as submemórias árabes nas diferentes regiões. A memória muçulmana indonésia certamente é diferente da memória muçulmana marroquina ou senegalesa. E, entre árabes, seria interessante explorar que acontecimentos e que personagens históricos constituem referências da identidade cultural regional. Se os historiadores iemenitas modernos não têm nenhum complexo quando se trata de reivindicar com orgulho uma soberana como grande chefe de Estado e afirmar, depois de analisar os fa-

---

98 Sobre o reinado dos imãs de Sanaa, ver também: SULEIMAN, 1969: 216; e POOLE, 1982: 103ss.

tos, que foi politicamente bem mais competente que vários imãs, por que outros historiadores árabes têm tanta dificuldade de fazer a mesma coisa? O que há de específico na relação dos iemenitas com as mulheres enquanto elemento constitutivo da história do grupo? Seria a proeminência do feminino nos cultos e religiões antigas? Seria a lembrança da rainha de Sabá, tão perdurável quanto os envolventes perfumes da região? Seria o fato de que, em tempos imemoriais, os sabeus praticavam a poliandria? Tentar responder a essas perguntas nos conduziria, sem dúvida, por caminhos cheios de surpresas, mas distantes demais de nosso assunto, e este consiste, por enquanto, em esclarecer as razões da amnésia. Por que um *hijab* encobre, nas profundezas da memória, a lembrança das *malikas* Asma e Arwa? Que espectros, que fantasmas, que pensamentos, que angústias sua lembrança desperta?

Sou levada a crer que o espectro angustiante que a lembrança de Asma e Arwa mobiliza é o do xiismo, contestação política associada a uma violência muito particular, a violência em nome de Allah. Uma contestação que desestabiliza o poder político no que tem de mais fundamental, sua legitimidade, que é de natureza sagrada, e isso em nome da religião. O xiismo abalou durante séculos os fundamentos do Islã sunita enquanto ortodoxia totalitária, sonho de um império poderoso em que unidade e prosperidade andam juntas e são inconcebíveis de outra forma. Desde a meteórica irrupção do Islã xiita na cena internacional com a chegada ao poder do imã Khomeini durante os anos 1970 e a subsequente guerra Irã-Iraque — que matava muçulmanos com mísseis modernos, sim, mas com sentimentos tão velhos quanto o próprio Islã —, o momento já não é tão bom para despertar certas memórias. A amnésia é mais que desejável por todos aqueles que não querem se aprofundar no problema, e este é simplesmente o futuro da democracia no Islã; o conflito sunismo-xiismo não é nada mais que um longo e doloroso diálogo abortado sobre a questão da representatividade do poder. Todo diálogo abortado conduz os parceiros frustrados a um banho de violência sanguinária; assim é possível entender a tentativa de se refugiar num apaziguador esquecimento voluntário que evita refletir sobre a história do diálogo fracassado entre sunitas e xiitas, pois não honra ninguém. Lembrar-se, porém, enquanto muçulmano ou muçulmana, do preço em sangue dos diálogos fracassados de nossos antepassados só pode ser benéfico para nós. Hoje, quando o fanatismo reina mais do que nunca e o espectro da violência destrutiva obstrui o horizonte, quando o problema da tolerância, da diferença de opinião, está posto de uma maneira vital para todas as nações, esquecer Asma e Arwa é querer esquecer a loucura assassina que foi, durante quinze séculos, o conflito sunismo-xiismo, conflito que esmagou milhares, talvez milhões, de muçulmanos, sem distinção de raça ou classe, já que príncipes e soldados foram suas vítimas, já que homens e mulheres, adultos e crianças morreram por ele.

Asma e Arwa eram xiitas. E esse detalhe vai explicar os buracos na memória, às vezes verdadeiros abismos. Partindo inocentemente a sua procura em bibliotecas de Rabat que cheiram a mofo no outono, entrei num reino que todos aqueles que não são afetados pela memória libertária do Islã têm interesse de esquecer. Um reino em que a população, em busca de justiça, repudiou a legitimidade dos abássidas de Bagdá e, portanto, do sunismo, para se lançar de corpo e alma na aventura do que, naquele momento, representava uma alternativa revolucionária: o xiismo ismaelita, dando poder à família dos Sulayhi.

Os Sulayhi apareceram no Iêmen, província do Império Omíada e depois Abássida, tiranicamente administrada, como herdeiros da promessa revolucionária e do ideal de independência nacional. 'Ali al-Sulayhi conseguiu se impor sem dificuldade, pois era ao mesmo tempo imã xiita e descendente dos prestigiosos soberanos pré-islâmicos do reino de Sabá. Sua genealogia remontava ao clã Yam da tribo Hamadan, cujo nome figura entre as inscrições dos sabeus (AL-THAWR, 1979: 275). A islamização fora vivida, em muitos países árabes de cultura diferente da das tribos de Meca e de Medina — respectivamente a cidade natal e a cidade de adoção do Profeta —, como a intervenção de um poder estrangeiro. O fato de que os governantes fossem nomeados e enviados pelo poder central, sem que as populações conquistadas pudessem opinar, criava um fosso de não comunicação e de frustração entre os emissários da capital muçulmana e as elites locais.

A história muçulmana é, entre outras coisas, a crônica dos excessos dos governantes e das revoltas de populações locais que ganhavam sempre e sistematicamente uma aparência de contestação religiosa. No tempo do Profeta, as populações do Iêmen resistiram opondo a ele contraprofetas, entre os quais o mais célebre é Musaylima al-Kaddab (Musaylima, o Mentiroso). Depois da morte do profeta Muhammad, o Iêmen foi um dos centros da *ridda*, o movimento de apostasia, e o primeiro califa ortodoxo Abu Bakr mobilizou exércitos inteiros para trazer o país de volta à fé muçulmana. Na sequência e muito rápido, a contestação do despotismo central vestiu em muitas regiões o hábito sulfuroso do xiismo, e o Iêmen foi, nesse sentido, um pioneiro no assunto. Teve o privilégio de presentear a cena política muçulmana com o "cérebro" da subversão xiita, o profissional da revolta e da desordem, perto de quem o diabo parece um medíocre amador: 'Abdallah Ibn Saba.

Saba tinha uma capacidade de persuasão em matéria de subversão que é lendária. Credita-se a ele o crime de ter lançado muitas ideias heréticas no Islã, e principalmente de ter sido o primeiro a conceber a resistência ao poder oficial, primeiramente pela propaganda e em seguida pelas armas. Era, diz Al-Tabari, "um judeu da cidade de Sanaa cuja mãe era negra e se convertera ao Islã no reinado de 'Uthman". Estamos, portanto, no século VII, sob o reinado do terceiro califa ortodoxo 'Uthman, que suscitou a ira das pessoas no Iêmen, no Egito e no Iraque pelos excessos e falta de habilidade de seus governantes. Para Al-Tabari, esse fato decerto não seria suficiente para gerar ideias de revolta. 'Abdallah Ibn Saba teria buscado suas ideias não nas frustrações e injustiças cotidianas, mas nos livros dos inimigos do Islã: "Havia lido livros antigos e era muito erudito" (ABU-ZAHRA, 1924: 63-64; AL-TABARI, 1979: V.V-98; 1981: 307ss).

Uma das ideias estranhas ao Islã que revelou a seus adeptos foi a do retorno do Profeta.

> Os cristãos dizem que Jesus voltará para esse mundo. Mas os muçulmanos têm mais direito de reivindicar que Muhammad volte, pois está dito no Alcorão: "Certamente, aquele que te deu o Alcorão te levará ao ponto de tua partida" [sura 28, versículo 85]. (AL-TABARI, 1979: v.v-98)

Saba foi o primeiro a sistematizar a ideia de uma revolta contra o poder oficial em nome de 'Ali, o primo do Profeta, e o primeiro a pôr o mundo em chamas e sangue, criando um modelo de propaganda que se tornará clássico e ainda hoje é utilizado: a iniciação teórica de pequenos grupos que são condicionados a se opor ao regime no poder, com a iniciação na total clandestinidade e então a passagem aos atos, com violência se for preciso.

Ibn Saba seria o primeiro a ter a ideia de depor o califa 'Uthman e de pôr 'Ali em seu lugar. "'Uthman, disse-lhes, assumiu o poder, mas não tinha esse direito, pois o Profeta designara 'Ali como sucessor. Então comecem a propagar essa ideia, mexam-se, ataquem imediatamente os príncipes no poder [...]" (ibidem). Foi assim, segundo Al-Tabari e muitos outros historiadores sunitas, que começou a ideia xiita (dissensão, cisão, ruptura), na cabeça de um ex-judeu do Iêmen "que se tornou muçulmano e viajou pelos países muçulmanos com o objetivo de pervertê-los. Esteve primeiro em Hejaz, depois em Basra, depois em Kufa e no Cham [Síria]. Não conseguiu o que queria no Cham. Os sírios puseram-no para fora. Então veio para o Egito [...]" (ibidem). E foi no Egito que constituiu um enxame de partidários totalmente afinados com suas ideias. A ideia de Saba levará diretamente ao assassinato de 'Uthman e à primeira guerra civil, em 36/656, que quebrará a unidade do Islã dividindo os fiéis em sunitas e xiitas: "Tendo sido seduzidos pela doutrina do segundo advento do Profeta e do direito de 'Ali à autoridade [...] declararam 'Uthman infiel. Essa crença, porém, era mantida secreta enquanto publicamente pregava-se o dever de fazer o bem" (AL-TABARI, 1979: v.v-98; AMIN, 1975: 268). Foi assim que teve início o ciclo de violência.

Compreender o fenômeno xiita foi, e ainda é, como se pode imaginar, uma questão vital para os sunitas. Os textos a esse respeito são muitos e, com o passar dos séculos, os cérebros mais brilhantes tentaram apreender essa forma tão poderosa e tão persistente de oposição política, em que violência e religião estão intimamente ligadas. Contrariamente ao que contam alguns orientalistas, que se limitam a descrever os árabes como fanáticos e a condenar estupidamente o xiismo, nossos historiadores tentaram analisar esse movimento enquanto sunitas e suas tentativas não são tão limitadas quanto se imagina. É verdade que 'Abdallah Ibn Saba mantém sempre seu turbante diabólico nos textos dos historiadores modernos, mas a abordagem deles do xiismo tem muitas nuances e nenhuma relação com as condenações bastante grosseiras dos cronistas antigos (ABU ZAHRA, 1924: 63; AMIN, 1961: v.III-237, 278). Ahmad Amin ou Abu Zahra, historiadores contemporâneos, que dispõem de muito mais recuo e informações do que Al-Tabari, trazem explicações extremamente elaboradas sobre o xiismo, revelando várias razões para sua implantação, em especial os componentes étnico e regional, os interesses de classe e por fim as motivações individuais, lançando assim uma luz na dimensão sociológica e psicológica do xiismo. Embora exercesse uma atração certeira em indivíduos e grupos diferentes em diversos países, as motivações não eram sempre as mesmas. O partido (*hizb*) xiita reunia em cada caso, como qualquer partido político, militantes autênticos e oportunistas. Havia entre os xiitas e seus chefes aqueles que odiavam o poder central — omíada primeiro, abássida depois — porque foram alvo de injustiças. Havia quem, entre os árabes, se opunha aos omíadas por razões puramente tribais: uma vez que os omíadas estavam no poder, a lei tribal impunha que fossem contra eles. Havia também muitos *muwali* (não árabes convertidos ao Islã) que se declaravam xiitas porque a supremacia da aristocracia reduzia suas chances de avanço. Outra razão evocada por Ahmad Amin é simplesmente o desejo dos não muçulmanos de destruir um Islã que os ameaçava e com o qual competiam — desejo que compreendemos muito bem hoje em dia quando vemos como são dadas as notícias sobre o mundo muçulmano nas tevês ocidentais. Enfim, há o componente persa do xiismo, que põe em questão um princípio fundamental do Islã árabe: o princípio da igualdade entre todos.

Muitos persas se tornaram xiitas, conta Ahmad Amin, pois estavam habituados com o culto da realeza em sua cultura. A realeza é sagrada, pois o sangue dos reis é diferente daquele que corre nas veias do povo, ideia absolutamente estranha à civilização árabe que, embora não negue as hierarquias sociais, associa-as ao poder dos mais fortes e não a uma superioridade de sangue (AMIN, 1961: 209-210). Quando se tornaram muçulmanos, os persas passaram a ter uma concepção cesarista do Profeta: para eles, os descendentes do Profeta eram como os descendentes dos antigos reis da Pérsia, seres sagrados. Se o Profeta morre, apenas seus descendentes, as pessoas de sua "casa" (*ahl al-bayt*) podem substituí-lo. Apenas os descendentes de Fatima, a filha do Profeta, e de 'Ali poderiam governar uma comunidade de muçulmanos; todos os outros seriam considerados impostores. Daí a incrível fixação na descendência por parte dos xiitas pretendentes ao poder, uma fixação que se choca com a mensagem igualitária do Islã. Este insiste no fato de que apenas a qualidade da fé de um indivíduo pode ser legitimamente reivindicada para estabelecer sua superioridade em relação a outro. Quem é seu pai ou sua mãe torna-se questão menor no Islã sunita, pelo menos no plano dos princípios. Pôr fim à arrogância da aristocracia tribal da Arábia pré-islâmica e reduzir suas pretensões hegemônicas era, aos olhos do Profeta, uma dimensão fundamental da religião que professava. Ao colocar escravizados em funções de liderança de altíssimo nível em seu exército, constituído inicialmente de valorosos membros aristocráticos de Coraixe, apesar das resistências e pressões, o Profeta testemunhava a importância que tinha para ele a questão da meritocracia como alternativa à aristocracia.[99] Temos aqui uma diferença fundamental entre a concepção meritocrática sunita do chefe político e a concepção aristocrática do xiismo.

Precisamos parar um momento aqui para explorar com Ibn Manzur (nascido no Cairo em 630/1232 e morto em 711/1311), autor do dicionário *Lisan al-'arab*, a etimologia da palavra *chi'a*. Folhear um dicionário do século XIII nos faz mergulhar nas camadas profundas da língua, que continuam ditando mais ou menos inconscientemente nossa concepção atual do direito à diferença e do diálogo na arena política com um oponente que não tem as mesmas ideias que nós. O conflito sunismo-xiismo trata, antes de qualquer coisa, do problema da democracia, isto é, da capacidade de uma sociedade muçulmana de administrar ou não o direito à expressão e os interesses de grupos que têm opiniões diferentes e visões dissonantes sobre os seres e o poder.

A palavra *chi'a* quer dizer primeiramente *firaq*, isto é, "grupos que se ligam a uma ideia comum". "Qualquer grupo de pessoas que se unem em torno de uma ideia se chama *chi'a*." Encontramos também o conceito de acompanhar e encorajar. E todo grupo que se une

---

99 Aqui impõe-se uma questão de ordem prática: o que ler em algumas horas a fim de tentar compreender o fenômeno xiita? Vai depender das línguas que dominamos. Para os que dominam o francês, ver primeiramente o verbete "Chi'a" e "Isma'iliya" em *Encyclopédie de l'Islam*. Você se sente de imediato superinteligente. Se sua curiosidade despertar, o que sempre acontece, então ler o capítulo "Chiisme et philosophie prophétique", de Henry Corbin, em *Histoire de la philosophie islamique*, da página 49 à 154. É muito difícil ficar perdido numa conversa sobre esse assunto depois dessas leituras. Você vai brilhar nos salões e será convidado a falar na tevê. Para os que têm a vantagem de dominar o árabe, além do francês, há três textos extremamente didáticos, evidentemente meus preferidos: AMIN, 1975: 266-278; 1961: 208-315; e ABU ZAHRA, 1924: 51-104. O texto de Abu Zahra é um concentrado de precisão inaudita em cerca de 50 páginas. O de Amin, capítulo II ("Al-Chi'a") de *Duha al-Islam*, retraça, em cerca de cem páginas, não apenas sua origem, mas os pontos discordantes do sunismo em matéria de dogma e de jurisprudência; além disso, traz uma breve visão histórica política, relatando os fatos marcantes da luta com os abássidas — o período que nos diz respeito aqui.

em torno de um chefe e de uma ideia se chama *chi'a* porque "a raiz da palavra *chi'a* quer dizer ao mesmo tempo 'seguir' e 'fazer obedecer'. Assim, uma das palavras para esposa é *chi'atu al-rajul*, a *chi'a* de um homem, porque 'o segue e lhe dá apoio'". Ibn Manzur desenvolve toda uma teoria sobre a associação da palavra *chi'a* com a ideia de rebanho (*chiya' al-ghanam*). "*Chi'a* é o som emitido pela flauta do pastor pois é com este instrumento que ele reúne o rebanho."

A segunda ideia principal, também fundamental, é a da diferença: "*Chi'a* se refere a grupos que não estão de acordo. Os *chi'a* são aqueles que veem as coisas de modo diferente". Essa noção de diferença aplicava-se então a uma categoria muito específica, pois se referia às seitas judaico-cristãs.

> Allah disse no Alcorão: "Aqueles que dividiram sua religião e se tornaram seitas". Allah aqui refere-se aos judeus e aos cristãos. Porque os judeus assim como os cristãos são compostos de grupos que acusam uns aos outros de ser infiéis. Melhor, os judeus dizem que os cristãos são infiéis e vice-versa, sendo que no início receberam a mesma mensagem.

No árabe moderno, existe uma outra palavra além de *chi'a* para se referir a um grupo político que tem uma visão diferente das coisas: trata-se da palavra *hizb*. Esse termo não tem mais nenhuma relação com a democracia parlamentar. Carrega sentimentos muito ambíguos no que se refere ao direito e à diferença. Como *chi'a*, *hizb* quer dizer "grupo unido em torno de uma ideia", com aquela conotação de uma diferença necessariamente negativa e destrutiva, o que deve nos fazer pensar sobre a terminologia política que usamos em nosso cotidiano. A palavra *hizb*, que é adotada em todo o mundo árabe para designar um partido político em seu sentido moderno, isto é, ocidental, refere-se a "todo grupo cujos corações estão unidos e que empreende uma ação conjunta", mas referia-se também, no início, a *al-ahzab*, "aqueles que deram o título a uma sura do Alcorão e que são inimigos do Profeta", *junud al-kuffar* (os exércitos dos infiéis), "aqueles que se uniram e conspiraram contra o Profeta".[100] A terceira ideia principal da palavra *chi'a* é o sentido de "pôr fogo", o que grava em nossa mente as noções de conflito e de destruição; é a própria definição do fanático que nega o direito à diferença. "Usamos a palavra *chaya'a*", lembra Ibn Manzur, "para dizer *chaya'a al-nar* [atiçar o fogo] isto é, dar-lhe força jogando ali pequenos pedaços de madeira [...]." Na verdade, explica, "dizemos *chuyu* e *chiya* para os pequenos pedaços de madeira com os quais atiçamos o fogo". Enfim, por associação de ideias, conclui naturalmente que *chaya'a al-rajul* quer dizer "queimar um homem".

Falta a última e quarta ideia principal: a *chi'a* como propagação de um segredo. Essa dimensão vai jogar luz sobre o lugar da doutrinação clandestina e da iniciação teórica dos adeptos como técnicas necessárias de sobrevida da oposição. A oposição xiita singulariza-se pelo culto do segredo e a necessidade da clandestinidade para o novo adepto, única estratégia capaz de garantir o sucesso. O soberano iemenita, marido da rainha Asma e fundador da dinastia Sulayhi, é exemplo perfeito disso. Realizou durante quinze anos um trabalho de iniciação nas sombras antes de se declarar como oponente armado, força militar, frente ao califado sunita de Bagdá.

Para entender melhor as noções de segredo e de clandestinidade, isto é, de uma gestão especialmente vigiada da informação e sua circulação, tão característica da oposição no Islã, voltemos às páginas preciosas de Ibn Manzur. *Chi'a*, "propagar-se, emprega-se para uma notícia que circula na multidão". Daí ele explica *icha'a*: "a informação que todo mundo conhece".[101] A mesma raiz se encontra no árabe moderno para designar a propagação da luz, os raios (*achi'a*) e a propagação de falsos rumores (*icha'at*). Para

---

100 Em *Lisan al-'arab*, ver "Hizb".
101 Quase todas as antigas edições dos livros do patrimônio muçulmano estão impressas em um papel amarelado de má qualidade, é verdade, mas barato, o que não é um detalhe desprezível. Isso explica, aliás, a incrível circulação dessa literatura, e o porquê de em todas as feiras de livros árabes essas edições superarem de longe, em número e em preço acessível, tudo o que se produz de "moderno" em papel de boa qualidade.

dizer "divulgar um segredo", Ibn Manzur lembra que existe um verbo formado a partir da raiz da palavra *chi'a*: "Se digo *acha'tu al-sirr*, significa que contei a alguém". No século xi, na época de 'Ali al-Sulayhi, o xiismo não era mais uma oposição política marginalizada e reduzida à clandestinidade, seu lugar clássico até então. Assumira o status de um verdadeiro califado xiita oficial, instalado no Cairo com uma pompa e rituais de um fausto jamais visto entre os sunitas: o do califado fatímida, inimigo implacável do califado sunita de Bagdá. 'Ali, o soberano iemenita era um vassalo dos fatímidas do Cairo e, como tal, determinado a desestabilizar o sunismo. A dimensão do segredo entre os xiitas, porém, não se reduz a seu estatuto histórico de oposição marginal e tem a ver sobretudo com sua visão de mundo, sua filosofia profunda. Isso lhe dá hoje uma incrível facilidade na utilização das mídias e tamanha eficácia na orquestração de estratégias, que os grandes gurus da publicidade americana e europeia ficam parecendo principiantes na matéria.

Pode-se, no entanto, dizer que o fenômeno xiita é um fenômeno iraniano? Esta é uma ideia obviamente muito cara a muitas pessoas, principalmente para aqueles entre os árabes que querem que as ideias subversivas sejam ideias estrangeiras, não árabes, e que simplificam a situação dizendo que o xiismo é um fenômeno iraniano. Há também alguns jornalistas ocidentais que ignoram a história e descobriram o xiismo com a revolução iraniana, levando assim milhões de ocidentais a confundir xiismo com Irã. Ora, o xiismo é antes de tudo um fenômeno intrinsicamente árabe, mesmo que a contribuição dos não árabes, iranianos ou outros, sobretudo do ponto de vista intelectual, seja muito importante. No século iv da Hégira (século x), Khawarizmi chamava a atenção para o fato de que o *watan* (terra natal) do xiismo era o Iraque (METZ, 1968: v.1-120). Apenas as regiões da Pérsia vizinhas ao Iraque e que estavam em contato com os árabes que professavam essa doutrina eram xiitas (ibidem). O primeiro Estado xiita oficialmente de oposição ao califado sunita de Bagdá surgirá primeiro na África do Norte e em seguida no Egito, com a criação do califado fatímida no século x. O xiismo desse primeiro Estado é conhecido mais exatamente com o nome de *isma'iliya*, em referência a Ismael, um dos descendentes do califa 'Ali a quem alegam estarem ligados.[102]

O ismaelismo, maior ramo do xiismo que sobreviveu até hoje, é o culto oficial de vários grupos de muçulmanos espalhados pelo mundo, em especial os drusos do Líbano e vários grupos na Ásia, como as comunidades implantadas em Mumbai, Boroda e Hyderabad na Índia. Uma de suas comunidades tornou-se célebre quando seus chefes, os Agha Khan, chegaram às manchetes nos anos 1940 ao se vincularem a estrelas da moda e do cinema ocidental. O casamento do príncipe Ali Khan, filho de um imã ismaelita, com a atriz Rita Hayworth em 1949 se tornou uma lenda que até hoje aquece as vendas de jornais e revistas. "Em nome de 70 milhões de fiéis do Agha Khan, pai de 'Ali, a Índia e a África oferecem a Rita dezesseis quilos de diamantes e pedras preciosas" (FRAIN, 1989).[103]

Os ismaelitas desferiram um golpe fatal no califado abássida sunita de Bagdá ao criar, no fim do século x, um contracalifado xiita no Cairo, o dos fatímidas.[104] Estes escolheram esse nome fa-

---

[102] A origem dos fatímidas é, pode-se suspeitar, extremamente contestada. Ibn al-Athir, historiador do século III da Hégira, nos dá, abordando esse assunto, uma lição sobre a tentativa de uma escrita objetiva da história. Ele apresenta um a um os argumentos que dizem que os fatímidas eram impostores, que não tinham nada a ver com 'Ali e Fatima, e os destrói logicamente, usando as informações de que dispunha naquele momento (IBN AL-ATHIR, 1987: V.VI-446).

[103] Karim Khan, o atual Agha Khan, sucedeu seu avô, o sultão Muhammad Chah, em 1957. A sede permanente do imamato é em Mumbai. Esse braço do ismaelismo se chama *al-nizariya* e é muito ligado aos "senhores de Alamut", a fortaleza do xiismo extremista que aterrorizou a região lançando ondas de grupos armados contra o califa abássida de Bagdá. A fortaleza de Alamut foi rendida apenas com a chegada dos mongóis — foi Hulagu, o filho de Gengis Khan, que a tomou em 654/1256. Durante séculos, os imãs desse ramo do ismaelismo viveram na clandestinidade. Depois de tentar estabelecer um Estado independente no Kirman, o ramo de Agha Khan acabou se instalando definitivamente na Índia em 1259/1843. Mumbai tornou-se desde então sua sede permanente. Ver o verbete "Isma'iliya" em *Enciclopédie de l'islam*.

[104] Ver a árvore genealógica, localizando ao mesmo tempo a descendência de 'Ali e os imãs xiitas, inclusive a dinastia fatímida, em SULEIMAN, 1969: 133.

zendo referência a Fatima, mulher-chave por quem, paradoxalmente, passa a descendência em um sistema de parentesco em teoria exclusivamente masculino. Fatima é a filha do profeta Muhammad, que não deixou descendência masculina, pois todos os filhos homens morreram crianças. Fatima, além disso, era casada com um primo do lado paterno, 'Ali Ibn Abu Talib, a quem deu dois filhos, Hasan e Husayn, que são os únicos considerados, por causa da mãe, perpetuadores da descendência do Profeta e com legitimidade para governar os muçulmanos. Alguns dizem que Fatima lhe deu um terceiro filho, que recebeu o nome de Al-Muhassin e morreu criança (AL-TABARI, 1979: V.VI-88). Reivindicar uma descendência do Profeta é necessariamente voltar aos filhos do casal formado por Fatima e 'Ali, Hasan e Husayn. Depois da morte de Fatima, 'Ali se casou com oito mulheres, mas apenas um de seus filhos, Ibn al-Hanafiya, literalmente " filho de Hanafiya", desempenhará um papel na política. Para entender a importância de 'Ali no xiismo, é preciso evocar, mais do que sua descendência, sua morte: morreu como um mártir, em um assassinato politicamente pensado e minuciosamente preparado, depois de ter sido expulso do poder pelo califa Mu'awiya. Depois dele, seus filhos e os descendentes deles serão perseguidos. O nome de 'Ali será associado à injustiça, ao assassinato político de inocentes, à violação da mensagem de fraternidade e igualdade entre os muçulmanos. Ele se tornará o símbolo em torno do qual se reunirão todos aqueles que sentem que seus direitos são negados ou que são tratados de forma injusta.[105]

---

[105] O culto de 'Ali como o único capaz de instaurar a justiça começou sob o terceiro califa 'Uthman, que é do ramo omíada e que demonstrou uma injustiça flagrante nomeando muitas pessoas de sua família para cargos de responsabilidade. Esse nepotismo foi considerado intolerável e os contestatários se voltaram para 'Ali como o salvador, aquele capaz de pôr a máquina política no caminho certo, isto é, o da justiça (ABU ZAHRA, 1924; AMIN, 1961: 209-210).

Quando 'Ali Ibn Abu Talib tornou-se o símbolo dos oprimidos, o líder capaz de fazer reinar a justiça? Os historiadores identificam o reinado bem confuso do terceiro califa 'Uthman como aquele em que a derrapagem no que diz respeito à justiça entre os muçulmanos começou, e com ele a identificação de 'Ali, parente do Profeta,

A contestação política contra os regimes instalados se expressou no Islã, durante séculos, em termos de reivindicação do *nasab*, filiação, descendência — reivindicação de descendência que seria sempre devidamente contestada pelos opositores políticos. A ideia de base entre os xiitas é que apenas 'Ali, próximo do Profeta, e seus descendentes podiam ser tão justos como era o Profeta. Pois ainda que todos os califas, desde a morte de Muhammad, tivessem reivindicado um mesmo e único ancestral coraixita, seu grau de intimidade com o ramo do Profeta variou consideravelmente. Os omíadas só compartilhavam com ele dois ancestrais coraixitas; os abássidas, mais próximos pois descendiam de seu tio 'Abbas, compartilhavam com ele quatro ancestrais (Coraixe, 'Abd Manaf, Hachim, 'Abd al--Muttalib). Apenas 'Ali era duplamente próximo do Profeta, como primo — o pai do Profeta, 'Abdallah, era irmão de Abu Talib, pai de 'Ali — e como genro, marido de Fatima e pai de seus filhos. Essa estreita ascendência era o fundamento da legitimidade dos fatímidas e o que os autorizava a estabelecer um contracalifado que pudesse materializar enfim sobre a terra a esperança de um regime político justo, o xiita. Sua estratégia foi única e sistemática: formar primeiro um exército de adeptos dando-lhes conhecimentos e saberes essenciais; a transformação em soldados viria naturalmente depois. A tomada do poder pelos fatímidas ilustra esse processo com perfeição. Os primeiros generais dos fatímidas que saíam em campo não eram militares limitados que só ensinavam os novatos a manejar armas, mas antes de tudo grandes sábios do pensamento xiita que encantavam os recém-chegados mostrando-lhes a extraordinária visão de um mundo em que a vida humana estava secretamente ligada à luz dos astros e à trajetória das estrelas.

O advento do califado fatímida na África do Norte (297/909) e, meio século depois (358/969), no Egito, representa um marco

---

como uma alternativa. Estes insistem principalmente em dois fatos: o nepotismo de 'Uthman e as enormes fortunas que se constituíram naquele momento, sobretudo a dele (AL-TABARI, 1958: 407; 1979: V.V: 43ss; MAS'UDI, 1962: V.III-617ss; 1983: V.II-341ss).

importante na história do Islã e constitui o acontecimento político mais marcante do século IV da Hégira. O fundador da dinastia, Al-Mahdi al-Fatimi, cujo nome completo é 'Ubaid Allah Ibn Muhammad Ibn Ja'far al-Sadiq (259/873-322/934), tomou o poder na África depois que seu *da'i*, aquele que é encarregado da *da'wa*, sua propaganda, Abu 'Abdallah al-Husayn, aconselhou-o a se render. Abu 'Abdallah al-Husayn, gênio em matéria de conversão, sabia fazer bem o seu trabalho: um território estaria pronto para ser conquistado militarmente quando sua população estivesse impregnada de mensagens xiitas sabiamente destiladas e preciosamente dosadas. Abu 'Abdallah al-Husayn era tão forte como *da'i*, que ganhou o epíteto de "o Xiita". Começou seu trabalho de campo em Meca durante a peregrinação, procurando as delegações berberes, interessadas em independência desde sempre, e particularmente as tribos ketamas, guerreiros que se tornarão a ponta de lança dos exércitos fatímidas. "Onde estão os peregrinos dos ketamas?", perguntou na multidão que vinha em princípio para orar e invocar Allah (IBN AL-ATHIR, 1987: V.VI-450). Quando os localizou, apresentou-se e discutiu com seus chefes. Então chegou o momento em que perguntou o essencial: "Vocês carregam armas?", e os chefes ketamas replicaram com surpresa: "Mas é nosso trabalho!" (ibidem). Esse encontro se revelaria fatídico: o xiismo revolucionário do Oriente Médio havia encontrado suas tropas no extremo Ocidente (*al-maghreb al-aqsa*). Uma vez feitos os contatos em Meca, o iemenita chegou ao Magreb em 280/893 e começou a preparar as tribos berberes para a ideia do *Mahdi al-muntazar* (o Mahdi Esperado). Tratava-se de criar uma espera, a necessidade de um imã que seria capaz de resolver tudo. Uma vez alcançado o objetivo, o *da'i* missionário enviou emissários para dizer a Al-Mahdi al-Fatimi, que vivia na clandestinidade, que fosse para a África do Norte pois lá seria acolhido com emoção, o que se revelou absolutamente verdadeiro, espiritual e militarmente. No ano de 296 da Hégira, o fatímida apareceu em Sijilmassa e declarou que era aquele que era aguardado, aquele que salvaria o mundo e implantaria a justiça muçulmana que os outros califas não haviam conseguido executar (IBN AL-ATHIR, 1987: v.VI-452). Todos os elementos da profecia revolucionária estavam reunidos — a transformação do mundo era questão de meses. Em 297, foi feita a *bay'a* para ele em Kairwan, a cerimônia de reconhecimento oficial reservada ao soberano. Em 303, ele construiu a cidade de Mehdia nos arredores da atual Tunis, e foi ali que fixou sua capital (Ibid.: 455). Em 358/969, o Egito estava conquistado — ali, a dinastia fatímida iria prosperar. A África do Norte era muito distante, muito isolada, muito ocidental; o Cairo, ao contrário, oferecia à nova dinastia uma possibilidade de presença e irradiação sem igual. Desde então, o mundo muçulmano teve dois califas, um sunita em Bagdá e um xiita no Cairo. Muitas elites locais que queriam estabelecer Estados independentes e não mais pagar impostos a Bagdá se ligariam aos ismaelitas. A dinastia fatímida ficará dois séculos no poder, do século X até quase o fim do século XII (567/1171), desafiando o sunismo, conquistando seus territórios e permitindo a outros opositores, como foi o caso da dinastia Sulayhi do Iêmen, constituírem Estados contestadores independentes; tudo isso reivindicando a família do Profeta e sua descendência por meio de 'Ali e Fatima.

Essa descendência, pode-se imaginar com facilidade, foi violentamente contestada pelas autoridades religiosas de Bagdá. Alguns chegaram até a dizer que Al-Mahdi, o Fatímida era um impostor de descendência judia, conta Ibn al-Athir (1987), que, depois de um raciocínio apoiado em fatos históricos, chega à conclusão de que o primeiro fatímida era de fato um descendente de 'Ali (ibid.: 447). As lutas entre os califas sunitas de Bagdá e os califas xiitas do Cairo não se desenvolveram apenas nos campos de batalha, mobilizando militares. Como tudo o que diz respeito ao poder no Islã, as lutas temporais devem necessariamente ser acompanhadas por lutas espirituais que se estendem ao âmbito religioso e mobilizam exércitos de intelectuais e autoridades religiosas, ulemás aqui, *da'i* ali.[106] Se esse século da Hégira permitiu aos xiitas, os eternos excluídos, criar seu próprio califado, realizar o sonho de um Estado governado pelo imã ideal, o imã aguardado, como em muitas profecias revolucionárias, o sonho logo virou pesadelo. As populações da África do Norte que foram as primeiras a ter a honra e o privilégio de realizar o sonho revolucionário de um Estado xiita se desencantaram rapidamente, e massacres de xiitas, simbolicamente chamados *al-machariqa* (os orientais), aconteceram em Mehdia e Kairwan em 408, isto é, menos de meio século depois do advento de 'Ubaid Allah al-Mahdi, o primeiro imã tão esperado. Os xiitas foram massacrados pela *'amma* até o último, diz Ibn al-Athir. "Muitos xiitas foram mortos, e uma grande parte deles completamente queimada e suas casas saqueadas. Era a caçada de morte aos xiitas em toda a *Ifriqiya* [África]." (IBN AL-ATHIR, 1987: V. VIII-114). O sunismo se reinstalará pela força e para sempre na costa da África do Norte. É no Egito, porém, que o sonho do imã infalível desembocará nas atrocidades de Al-Hakim bi-'Amri Allah (aquele que reina por ordem de Allah), obrigando sua irmã Sitt al-Mulk a libertar os muçulmanos e tomar o poder em seu lugar.

Estamos bem longe do estereótipo segundo o qual o fenômeno xiita seria um fenômeno especificamente iraniano. É apenas no século XVI, com a dinastia safávida, que o xiismo foi decretado religião de Estado na Pérsia. É verdade que houve, nos séculos X e XII, uma dinastia persa xiita no poder, os buídas (320/932-447/1055), mas estes nunca foram inimigos dos califas sunitas de Bagdá. Ao contrário, dedicavam a eles muito respeito.[107] O Iraque foi indiscuti-

---

106 É relevante lembrar aos "adeptos" dos transistores que as informações sobre o que se passava no *front* durante a guerra Irã-Iraque, dadas pelas rádios nacionais, adotavam o tom de verdadeiras "cruzadas" religiosas sunitas-xiitas, em que cada parte desacreditava a legitimidade da outra. Um verdadeiro *remake* da batalha entre Bagdá e Cairo no século XI, com a diferença de que, nessa época, as duas partes eram árabes; mas, no século XX, uma era árabe e a outra, iraniana.
107 O que ler resumida e rapidamente a respeito desse assunto? O argumento de Ahmad Amin (1975: 276-279) a respeito da origem das ideias e o importante capítulo

velmente o centro do xiismo, pelo menos por causa de Kufa. É nesta cidade que se encontra o túmulo de 'Ali Ibn Abu Talib, o marido de Fatima, pai de Hasan e de Husayn e o quarto califa ortodoxo, que foi assassinado pelo primeiro terrorista da história política do Islã, pertencente à seita dos carijitas, literalmente "os saídos", que hoje chamaríamos de niilistas. 'Ali Ibn Abu Talib será a primeira vítima da violência política organizada e clandestina, que se abateu sobre Kufa, um grande centro do xiismo até o século IV.[108] Outra cidade que vai se tornar um centro do xiismo é Basra (IBN AL-ATHIR, 1987: V.VI-449; IBN AL-NADIM, 1978: 264; METZ, 1968). Quanto à Península Arábica: "era no século IV quase toda xiita, exceto as grandes cidades como Meca, Tehama e Sanaa" (METZ, 1968). E o papel do Iêmen e dos iemenitas como Abu 'Abdallah al-Husayn, o cérebro por trás da tomada do poder dos xiitas no Magreb, e outros ainda, como seu contemporâneo Ibn Hawchab, é central na dinâmica xiita.[109] É de

---

"Al furs wa atharuhum" (Os persas e sua influência) que o autor dedica à analise do aporte persa à civilização muçulmana, em especial no domínio das ideias religiosas (ibid.: 98ss); e o capítulo "La signification de l'Hérésie dans l'histoire de l'Islam", em LEWIS, 1986: 14ss.

108 Sobre esse primeiro grupo de terroristas, que eram carijitas, e o que decidiram, exasperados com a direção que tomava a guerra civil entre o califa 'Ali, de quem eram apoiadores no início, e Mu'awiya, seu oponente, que se tornará o primeiro califa da dinastia omíada, é preciso reler Mas'udi: "No ano 40/660, uma tropa de carijitas reunidos em Meca se encarregavam das guerras e das discórdias que os assolavam, quando três entre eles decidiram matar 'Ali, Mu'awiya e 'Amr Ibn al-'As. Fizeram um acordo de não abandonar a vítima escolhida por cada um deles antes de imolá-la, ou de morrer na empreitada. O primeiro entre os conjurados era 'Abd al-Rahman Ibn Muljam [...] O segundo se chamava Hajaz e tinha como apelido Al-Buraq [...] e o terceiro era Zadawayh [...] Ibn Muljam declarou que queria matar 'Ali; Al-Buraq se ocupou de Mu'awiya; e Zadawayh de 'Amr Ibn al-'As. A noite de 17 ou, de acordo com outros, de 21 do mês do Ramadã [28 de janeiro de 661] foi escolhida para a execução do crime" (MAS'UDI, 1962: V.II-683). Ver também a descrição de Al-Tabari na tradução francesa do *Tarikh* (1981: 402ss).

109 Para Abu 'Abdallah, o Xiita, ver biografia em IBN KHALLIKAN, s.d: V.II-192. Para a conexão de Ibn al-Fadl com Ibn Hawchab, ver IBN AL-ATHIR, 1987: V.VI-449; e IBN AL-NADIM, 1978: 264ss. A importância do iemenita Ibn al-Fadl, que era muito rico e muito poderoso, e o modo como foi "recrutado", na ocasião de uma peregrinação, pelos "cérebros" que operavam a partir do Iraque, aparece muito claramente na excelente explicação de Ibn al-Athir (ibidem).

Ibn Hawchab que virá, muitas gerações depois, o *da'i* Al-Rawahi, o instrutor de 'Ali al-Sulayhi, que vai iniciá-lo no xiismo ainda bem jovem, sem o conhecimento de seus pais, como veremos. E, com 'Ali al-Sulayhi, que se tornará depois o marido da rainha Asma, as três cidades que ainda escapavam aos xiitas, Meca, Tehama e Sanaa, vão cair em suas mãos.

O xiismo da época das rainhas iemenitas Asma e Arwa não era uma simples agitação pontual de seitas espalhadas, reunindo pequenos grupos de descontentes e desfavorecidos. Era na verdade um Estado poderoso, mobilizando, a partir do Cairo, potências inteiras, e orquestrando, em nome da família do Profeta, e em escala internacional, a destruição do sunismo e de seu califado. Foi no rastro dos fatímidas que 'Ali al-Sulayhi, marido de Asma e padrasto de Arwa, tomou o poder e criou uma dinastia que reinaria no Iêmen durante um século (429/1037 a 532/1138). Recebeu dos senhores do Cairo, de acordo com o código quase militarista dos ismaelitas, instruções precisas sobre como conduzir sua carreira política, especialmente sobre o grau de clandestinidade e de publicidade a ser adotado, o número de pessoas para informar em cada etapa e o momento exato de se afirmar como força militar.[110]

Durante quinze anos, 'Ali al-Sulayhi se passou por um homem extremamente culto que tinha como função acompanhar, dirigir e se encarregar dos grupos de peregrinos que partiam anualmente do Iêmen para Meca. Raros eram aqueles que sabiam que era herdeiro pelo Iêmen da *da'wa* xiita, de acordo com os desejos revela-

---

[110] A biografia de 'Ali encontra-se no volume III, p. 411 e seguintes, do *Wafayat al-a'yan* de Ibn Khallikan. Trata-se de um repertório de celebridades, que não esperou pelos anglo-saxônicos para descrever as figuras de destaque no cenário histórico. A biografia dos *a'lam* (celebridades, pessoas extraordinárias) é um gênero literário na história clássica árabe e repertoria homens e mulheres. Ibn Khallikan é um de seus representantes mais brilhantes. Suas biografias curtas e recheadas de informações pertinentes e concisas garantiram o sucesso de seu autor. Ibn Khallikan é a fonte retomada constantemente por todos os outros. O autor morreu em 681 da Hégira, século XIII.

dos por seu xeique, instrutor e professor, o *da'i* Ibn 'Abdallah al--Rawahi, um dos "propagadores da causa fatímida", em seu leito de morte.¹¹¹ 'Abdallah al-Rawahi tinha ele próprio recebido sua *da'wa* de seu xeique Yussif Ibn Ahmad al-'Ach, que a havia recebido de Harun Ibn Rahim, que a recebera de Ja'far, filho e herdeiro de Ibn Hawchab.¹¹² Etimologicamente, *da'a* quer dizer "invocar, chamar, pedir ajuda; chamado muitas vezes dirigido ao divino". O chamado ao divino é tão forte que a palavra *du'a* significa simplesmente "culto".¹¹³ Há também, porém, a ideia de chamar, de conduzir, de convencer, de persuadir, especialmente no sentido do chamado à heresia. E um *da'i*, conclui Ibn Manzur, é "um homem que chama os outros para que o sigam numa *bid'a* [inovação] ou *din* [religião], de onde vem outra conotação: *idda'a al-chay* (reivindicar algo que não é verdade)".¹¹⁴

De qualquer forma, para o ramo ismaelita do xiismo, o *da'i* é um dos graus da hierarquia centrada na ideia do segredo (*al--kitman*), que tem sete níveis segundo Ibn al-Nadim (nove, de acordo com outros). Sempre segundo este último, que parece ser uma das autoridades em matéria de literatura ismaelita, assunto a que dedica um capítulo em seu precioso *Al-Fihrist*, repertório enciclopédico de todos os livros escritos por muçulmanos considerados importantes até sua época (século IV da Hégira), o processo de propaganda se fazia por intermédio de sete *balaghs*, mensagens

---

111 Segundo Ibn Khallikan (s.d.), o *da'i* de 'Ali se chamaria Al-Zawahi, mas seu nome está escrito "Al-Rawahi" em todos os outros biógrafos e historiadores, sem exceção. Conclui então que havia um erro de ortografia na edição de Ibn Khallikan.
112 Ver também as outras biografias de 'Ali al-Sulayhi em: AL-'ALAWI, s.d.: 340ss; AL-HANBALI, s.d.: V.III 346, AL-ZIRIKLI, 1983: V.IV-328; KAMIL, 1968: 167.
A trajetória de Ibn Hawchab, que é originário de Kufa, nos leva diretamente à fonte da propaganda xiita, 'Abdallah al-Qaddah. Pois Ibn Hawchab era o companheiro, amigo e discípulo do filho de Al-Qaddah, o mestre do pensamento xiita do fim do século III da Hégira. Ibn al-Athir cita Hawchab entre as figuras centrais da propaganda xiita naquele momento (1987: V.VI-449).
113 Em *Lisan al-'arab*, ver "Da'i".
114 Ibidem.

registradas cada uma em um *kitab*, manual de instrução entregue ao iniciado na medida em que este progride. O primeiro *kitab* é para a *'amma* (pessoas comuns), diz Ibn al-Nadim, o segundo é para o nível seguinte, o terceiro livro só é dado àqueles que já se juntaram à seita há um ano. O quarto *balagh* é entregue aos que estão na seita há dois anos, o quinto aos que já completaram três anos, o sexto aos que entraram há quatro anos. Enfim, acessa-se o livro do sétimo *balagh*, o que contém a síntese e a grande revelação (*al-kachf al-akbar*) (IBN AL-NADIM, 1978: 268).[115] O *kachf* é a revelação do segredo, a capacidade de ver o que é *batin*, o sentido que está dentro, o sentido escondido além das aparências.[116] Nada resume melhor essa ideia de segredo do que a declaração do grande imã xiita Ja'far al-Sadiq (que ocupa o número seis na cadeia dos imãs), que se tornou quase um adágio: "Nossa causa é um segredo (*sirr*) dentro de um segredo, o segredo de algo que permanece encoberto, um segredo que só outro segredo pode ensinar; é um segredo sobre um segredo encoberto por um segredo" (CORBIN, 1986: 67-68). A iniciação mais ou menos clandestina de 'Ali al-Sulayhi, feita por um preceptor xiita a quem sua família o havia confiado para que lhe ensinasse as bases da fé muçulmana quando ainda era criança, é um exemplo bastante notável do fenômeno.

O pai de 'Ali, Muhammad Ibn 'Ali al-Sulayhi, era um cádi muito versado nas ciências religiosas. Praticava sua profissão nas montanhas de Massar, na província de Haraz, e era um de seus notáveis de maior evidência. Como tal, era visitado por figuras religiosas locais que vinham prestar-lhe homenagem. Um de seus visitantes,

---

115 Ibn al-Nadim morreu em 385 da Hégira; teria terminado a redação de seu livro em 388 da Hégira.
116 A confusão, a ambiguidade e as contradições reinam sobre tudo o que diz respeito aos detalhes do processo de iniciação e suas modalidades, mas todos concordam em um ponto: não se sabe grande coisa sobre a iniciação, e isso por causa do sigilo que a cercava e que é parte integral da doutrina. Ver METZ, 1968: v.II-76 sobre as etapas; em *Encyclopédie de l'Islam*, ver "Isma'iliya". Sobre a noção de segredo, ver "L'ésotérisme", em CORBIN, 1986: 66ss.

o *da'i* xiita Amir Ibn 'Abdallah al-Rawahi, que o frequentava por "sua piedade e sua ciência", demonstrava um interesse particular por 'Ali, criança pequena ainda, em quem enxergava potencialidades. Sobre a filiação religiosa do pai de 'Ali, as fontes divergem: o cádi era sunita, segundo Ibn Khallikan (s.d: v.III-411);[117] mas segundo Ibn 'Imad, historiador hambalita (os hambalitas são conhecidos por sua rigidez) e antixiita convicto, ele mantinha "crenças pervertidas", o que pode ser traduzido por xiita, simplesmente (AL--HANBALI, s.d.: v.III-346). Em todo caso, em suas visitas, Al-Rawahi mostrava tamanho prazer em conversar com o filho do cádi que este confiou-lhe sua educação. Tornou-se o preceptor de 'Ali e, entre as mensagens-chave que inculcou na criança, incluía-se a de que o Iêmen só esperava por ele, 'Ali, herói predestinado, para viver uma epopeia maravilhosa. Al-Rawahi estava convencido de que 'Ali era um ser excepcional cuja figura estava descrita num livro antigo muito precioso, *Kitab al-suwar*, que permitia conhecer o futuro e prever os acontecimentos (ibidem). Esse livro-tesouro é apenas um entre aqueles que faziam parte da biblioteca de Al-Rawahi e que este, como depositário da missão xiita, devia transmitir àquele que continuaria sua tarefa secreta.[118] Estava convencido de que ninguém conseguiria propagar a fé xiita pelo Iêmen e defendê-la de forma mais

---

[117] E segundo Al-'Alawi (s.d.: 340) e Al-Zirikli (1983: v.IV-328).
[118] Os livros sobre o xiismo, esses tesouros dos antigos, ainda estão espalhados e muitos são inacessíveis até hoje. Quando pensamos em todas as bibliotecas científicas sobre o Islã que ainda precisam ser erguidas, em toda a arqueologia do saber muçulmano que mal existe, toda essa infraestrutura científica que ninguém se preocupa em estabelecer e fazer frutificar, entendemos em que grau a memória muçulmana é refém do oportunismo político. Todos os políticos falam em nome desse saber e tentam silenciar os intelectuais em seu nome, mas nenhum deles pensa em investir uma parte das fortunas do petróleo na sua codificação, sua salvaguarda científica para as gerações futuras, em confortáveis bibliotecas equipadas com os mais modernos meios tecnológicos, em museus-cidadelas nos quais cineastas, homens e mulheres do teatro, professores e escritores de livros infantis e para adultos pudessem vir para se inspirar e se documentar pagando entradas baratas e sem perder horas nas filas das raras bibliotecas, negligenciadas e abandonadas pelos especialistas, que dispomos no momento.

digna do que 'Ali, a criança de inteligência prodigiosa. Al-Rawahi não deixou suas ideias e projetos transparecerem para o pai do menino, que não desconfiava de nada. Um dia, porém, pressentindo sua morte e impaciente em resolver o destino de sua sucessão, tomou a decisão de confiar seu segredo a 'Ali. Revelou primeiramente sua verdadeira identidade, disse-lhe que era *da'i*, missionário depositário da *da'wa* xiita, falou de seu *madab* (escola, doutrina) e começou a "iniciá-lo quando ainda não alcançara a puberdade" (AL-HANBALI, s.d.: v.III-346; IBN KHALLIKAN, s.d.: v.III-411).

O garoto foi digno da confiança do mestre: guardou o segredo e não contou a ninguém, nem para o próprio pai. Pouco antes de sua morte, Al-Rawahi designou-o como *wasi* (herdeiro de sua missão) e herdeiro de sua biblioteca. 'Ali começou a estudar os livros, e "por conta de sua grande inteligência, tornou-se muito versado nas ciências da *Isma'iliya*" (AL-HANBALI, s.d.: v.III-347).[119] Como tal, seu superior hierárquico era o califa xiita do Cairo. Era a ele que devia prestar contas sobre seus projetos políticos. Logo, a fama de 'Ali como intelectual brilhante, versado nas ciências do xiismo, ganhou o país. O Iêmen dividido pelos conflitos religiosos esperava seu imã, o salvador que os livros antigos prometiam. 'Ali, porém, não cederia às vaidades da fama. A educação que recebera ordenava-lhe começar sua carreira na clandestinidade. Ele mesmo saberia, depois de alguns acontecimentos, quando seria preciso sair da sombra e ditar ao mundo seus sonhos e suas vontades.

O que fazer enquanto esperava a glória? Que profissão exercer quando se é filho de um cádi e extremamente culto, versado em ciências religiosas e encarregado de uma missão que pede o contato com o maior número de pessoas? Havia uma muito indicada, a de guia dos comboios de peregrinos que iam a Meca. Esse trabalho exigia um perfil duplo, alguém que fosse ao mesmo tempo um intelectual e um guerreiro versado em técnicas marciais, pois tratava-se de levar

---

119 Enquanto Al-Hanbali fala em *Isma'iliya*, Ibn Khallikan fala de *Imamiya*, que é outra forma de se referir à doutrina xiita centrada em torno da ideia do imã.

as caravanas do Iêmen sãs e salvas até Meca, e as estradas eram muito incertas. Dessa forma, 'Ali tornou-se responsável pelas delegações de peregrinos que iam anualmente a Meca. Era uma função feita sob medida: um trabalho de prestígio, um ganha-pão mais que decente e sobretudo uma ocasião única de conhecer pessoas e conversar com elas durante as longas noites estreladas que guiam as caravanas para os lugares sagrados (AL-'ALAWI, s.d.: 340; AL-HANBALI, s.d.: v.III-347; AL-ZIRIKLI, 1983: v.IV-328). Na verdade, durante esses quinze anos, 'Ali fez escondido "propaganda para o califa Al-Mustansir, o fatímida ismaelita que era dono do Egito" (AL-HANBALI, s.d.: v.III-347). A peregrinação é a situação ideal para todo propagandista, envolvendo uma reunião enorme de autoridades vindas de todos os países e propiciando uma ocasião única para trocar informações, fazer contratos e formar alianças, tudo isso na escala do mundo muçulmano.

Não se pode esquecer que foi assim que o Islã começou quatro séculos antes: Muhammad, um mecano da aristocracia de Coraixe, na flor da idade (mal tinha quarenta anos), procurava na multidão de peregrinos que celebravam cultos pagãos em torno da Caaba ouvintes para sua nova mensagem, uma audiência para sua nova religião. Onde encontrar fiéis para uma mensagem destinada a revolucionar o mundo senão na imensa multidão de peregrinos vindos de toda parte para se encontrar no recinto da Caaba, o coração de Meca, espaço sagrado em que o divino se manifesta desde tempos imemoriais? Era assim no tempo do Profeta, era assim no tempo de 'Ali al-Sulayhi, séculos depois, e ainda é assim, como testemunham os acontecimentos televisionados ao vivo (peregrinos iranianos contra policiais sauditas), que de tempos em tempos vêm nos lembrar que, em Meca, nada é mais político do que o sagrado. E essa intimidade entre o político e o sagrado no mundo árabe remonta a uma época anterior ao Islã. Al-Baghdadi (morto em 245 da Hégira, século XI), um dos raros historiadores árabes que escreveram sobre as religiões pré-islâmicas e que nos legou o precioso *Kitab al-muhabbar*, lembra que a peregrinação a Meca fazia parte das tradições que existiam na *jahiliya* e que o Islã manteve: "Eles [os árabes anteriores ao Islã] faziam a peregrinação, faziam a procissão em volta do *Bayt* [o santuário da Caaba] durante uma semana, tocavam a pedra preta e continuavam sua procissão entre Safa e Marwa" (AL-BAGHDADI, s.d.: 307). A única diferença é que, antes do Islã, durante a era pagã pré-islâmica, cada grupo de árabes que circundava a Caaba invocava, de acordo com sua filiação tribal, um deus ou deusa específico. O ideal do profeta muçulmano era que todos os peregrinos fizessem a procissão nomeando um único Deus: Allah. Seu sonho de unidade e força árabes passava necessariamente pela unificação religiosa: celebrar um mesmo deus, e então ter um mesmo chefe. Ideia revolucionária e ameaçadora que o levou a ser perseguido e considerado nefasto para a Meca politeísta. E onde encontrar aliados senão ali, onde o culto era celebrado, onde as pessoas se reuniam aos milhares? O profeta Muhammad passou a esperar a peregrinação anual para propor sua nova religião aos peregrinos que eram, na maior parte do tempo, os notáveis de tribos que vinham de toda a Arábia. Foi apenas depois de muitas tentativas fracassadas que a delegação de Medina aceitou apadrinhar a causa do Profeta e convidou-o a pregar sua nova religião entre eles. A decisão da partida chama-se *al-hijra* (a imigração), e foi escolhida simbolicamente como o começo do calendário muçulmano, que se inicia no ano de 622, ano em que as pessoas de Medina receberam o profeta mecano expulso pelos poderosos de sua cidade natal.[120] O sucesso incrível do profeta do Islã é uma lição de estratégia política em que tudo gira em torno do lugar mais eminentemente sagrado, o santuário da Caaba. 'Ali al-Sulayhi não era, portanto, um inovador. Se o *da'i* iemenita fez quinze anos de propaganda discreta, mascarada por sua função de responsável pelos peregrinos, é porque preparava um golpe magistral: a conquista de Meca depois da do Iêmen, em nome do xiismo ismaelita, encarnado pelo soberano fatímida do

---

[120] Ver o capítulo "Dikr da'wa rasul Allah qabail al-'arab fi al-mawasim", em SA'D, 1980: v.I-216ss. Ver também AL-TABARI, 1958: 101ss; 1979: v.II-230ss.

Egito. Claro que sua personalidade impressionava por "sua determinação, sua inteligência, sua coragem e sua eloquência". 'Ali, o homem que encantará a rainha Asma, já resplandecia como líder espiritual. "Diziam que este homem conquistaria o Iêmen, mas ele 'detestava esses rumores'" (AL-HANBALI, s.d.: v.III-347).

Só no ano 429 da Hégira, quando considerou que chegara o momento, "revelou sua missão, depois de pedir a autorização ao califa Al-Mustansir e este tê-la dado" (ibidem). Vimos que a hierarquia dos xiitas ismaelitas é extremamente precisa; cada nível deve se referir a seu superior. Como *da'i*, 'Ali al-Sulayhi recebia ordens da autoridade suprema, que era o imã em pessoa, e este era ninguém menos do que o soberano fatímida do Egito, segundo a hierarquia xiita. Além disso, entre os Sulayhi, a *khutba* nas mesquitas do Iêmen era dita primeiramente em nome do califa egípcio Al-Mustansir (428/1036 a 487/1087), depois em nome dos soberanos iemenitas e de suas esposas. Uma vez autorizado a revelar sua missão e seus objetivos militares, 'Ali "lançou-se à conquista do país e derrubou as fortalezas, uma depois da outra, com uma rapidez incrível" (ibidem). Fez de Sanaa sua capital, mas foi a ocupação de Meca em 455/1064 que o tornou célebre internacionalmente. Ibn al-Athir menciona entre os fatos marcantes de 455/1064 a conquista de Meca por 'Ali al-Sulayhi: "o soberano do Iêmen que a conquistou, reestabeleceu a ordem e administrou-a bem. Pôs fim às injustiças, reorganizou o reabastecimento e multiplicou os atos benéficos" (IBN AL-ATHIR, 1987: v.VIII-363). No espaço de alguns meses, suas qualidades como estadista e militar ficaram evidentes, para a felicidade de seus compatriotas. O Iêmen, estraçalhado pelas dissensões e rivalidades entre os clãs, precisava de um herói nacional com quem se identificar e em quem se reconhecer com orgulho. 'Ali al-Sulayhi, era o herói árabe perfeito: vigor físico e resistência, confiança em si e intrepidez, aliados à agilidade intelectual tão característica das pessoas que sabem muito, são amadas e, por isso, não sentem necessidade de brilhar e dominar. 'Ali, cujos mestres xiitas educaram dentro da ideia de que a felicidade dos seres dependia do sucesso de sua empreitada, devia ter a presença-ausência ao mesmo tempo intensa e silenciosa do verdadeiro chefe político árabe que nos encanta e em quem nos reconhecemos. Um chefe que está lá para receber e não declamar, ouvir e não dar ordens, sintetizar e não desvalorizar. Um chefe cujo carisma se intensifica com o resplandecer daqueles que o cercam e não com seu apagamento. O castelo de Sanaa logo se tornou um local de reunião, aonde convergiam todos os chefes de clãs rivais, convidados a se sentar e se expressar. De fato, de acordo com um antigo costume do Iêmen que sobreviveria até a declaração da República do Iêmen em 1969, 'Ali manteria perto de si todos os príncipes vencidos (KAMIL, 1968: 168). Construiu palácios para eles em Sanaa, perto do seu, e fazia com que participassem da administração do país — um modo pacífico de neutralizar os oponentes políticos que não se vê mais na cena árabe contemporânea (AL-HANBALI, s.d.: v.III-347-348; IBN KHALLIKAN, s.d.: v.III-412-413). Em menos de três anos, o Iêmen deixou de ser uma região de problemas e distúrbios internos para se transformar num país próspero em que a segurança das estradas afirmava e refletia a prosperidade.

Em 458/1066, 'Ali decidiu empreender uma viagem que lhe era muito cara, uma viagem que seria a coroação de sua carreira: uma peregrinação a Meca com toda a pompa e o fausto, que lembraria aos muçulmanos a grandeza de seus ancestrais — como no tempo do Profeta, quando este e seus companheiros viram avançar em sua direção, nas ruas poeirentas de Medina, as delegações de Sanaa, vindas como todas as outras para jurar fidelidade. Os soberanos do Iêmen se destacavam entre todos os outros grupos, com suas cabeças coroadas, seus cavalos com arreios de ouro e suas túnicas tecidas com perfeição. Que cenário poderia ser melhor para um chefe de Estado muçulmano que quer demonstrar sua força em escala internacional do que Meca e sua grande reunião? A peregrinação atraía pessoas do povo, é verdade, mas, naquele momento, as caravanas de peregrinos tinham com frequência o caráter de cortejos oficiais e eram, em alguns anos, lideradas pelos próprios chefes de Estado ou o príncipe herdeiro. Enormes grupos ficavam na estrada por semanas inteiras e consequentemente precisavam de uma organização laboriosa não somente para o reabastecimento, mas também para as relações diplomáticas e às vezes militares, a fim de assegurar a segurança durante a travessia de diferentes países nem sempre fraternos. Na verdade, a chegada dos cortejos de determinado país sãos e salvos a Meca era uma prova de seu poderio militar e de sua prosperidade. Os fatímidas prevaleciam sobre o califado de Bagdá, semeando distúrbios e guerras civis nas províncias que a procissão do Iraque atravessava, o que a impedia de alcançar a cidade santa no dia do Eid. Os peregrinos sabiam então que algo grave acontecera. Era em Meca que os subversivos declaravam sua revolta, e em Meca as reconciliações eram oficializadas. Coração e espelho de um mundo muçulmano em que a fraternidade devia reinar, Meca refletia seus mais leves frêmitos e reverberava seus sofrimentos, seus problemas e suas violências.

'Ali estava convencido de que o ano 458/1066 seria o de sua mais completa felicidade. O que não sabia era que os astros haviam decidido que também seria o ano de sua morte trágica. Imprevista, como é sempre o sabor do infortúnio nos momentos de euforia em que estamos atordoados com o sucesso. Esquecera o ódio e aqueles que fizeram uma carreira baseado nele. Esquecera os Banu Najah (*najahidas*), chefes de Zabid, o único principado que ainda resistia a ele, um dos raros contra o qual recorreu ao assassinato político. Os Banu Najah eram uma família de antigos escravizados etíopes, envolvidos numa vingança implacável contra os Sulayhi.[121] A história do Iêmen sempre foi marcada por invasões etíopes, e o vai e vem entre os dois países, seja o dos exércitos ou o dos comerciantes, se perde na noite dos tempos. Uma grande parte do exército Sulayhi era, aliás, constituída por guerreiros etíopes. Os Banu Najah nunca esqueceram o assassinato de seu pai encomendado de Sanaa por 'Ali. Um assassinato que se devia à doçura e ao sorri-

---

[121] Sobre a dinastia dos Banu Najah, ver POOLE, 1982: 89ss.

so de uma *jarya* encantadora no espírito e no charme, minuciosamente escolhida entre centenas de rivais, e que 'Ali enviou a Zabid com a ordem de seduzir e envenenar. A *jarya* chegou na cidade dos Banu Najah tendo na bagagem apenas um alaúde e um frasco de veneno escondido entre muitos poemas de seu repertório. Seu caminho até a cama do chefe era uma inevitabilidade (AL-HANBALI, s.d.: v.III-347; IBN KHALLIKAN, s.d.: v.III-423). Uma manhã, Zabid acordou enlutada pela morte que atingira o coração do palácio. Os filhos do soberano envenenado, especialmente Sa'id Ibn Najah, orientaram-se desde então para a vingança. Quanto mais a estrela do Sulayhi brilhava, mais fácil era a tarefa de vigiá-lo.

Quando 'Ali deixou Sanaa com a esposa Asma a seu lado, para se dirigir à cidade sagrada, Sa'id Ibn Najah já sabia qual seria seu trajeto. Desta vez, porém, o cortejo estava mais impressionante do que nunca. 'Ali não estava mais na liderança de uma delegação banal de simples peregrinos, mas dirigia um faustuoso cortejo cujo número de príncipes e a importância dos cavaleiros testemunhavam ao mesmo tempo sua fulgurante ascensão e os objetivos militares de sua viagem: reafirmar que Meca estava mais do que nunca na órbita xiita. O local sagrado, sede das lutas entre Bagdá e o Cairo, entre sunitas e xiitas, flutuava de acordo com as conjunturas e o desvio imprevisto dos astros entre o triunfo efêmero de uns e a derrota de curta duração de outros. O chefe iemenita queria tentar em Meca o que realizara três anos antes: mandar dizer novamente a *khutba* em nome dos fatímidas do Egito e ser admirado como o chefe militar e espiritual capaz de realizar esse milagre (KAMIL, 1968: 169).

Faziam parte da delegação mil cavaleiros, entre os quais cem da família dos Sulayhi, um corpo de cinco mil etíopes e todos os príncipes do Iêmen que 'Ali vencera em suas lutas pela unificação do país e que viviam desde então a seu lado nos palácios de Sanaa (ibidem). Como medida de segurança e para fazer com que participassem de seus projetos, 'Ali pediu que o acompanhassem a Meca. Asma, sua mulher, estava na viagem e, como ditava o protocolo, era acompanhada de sua própria corte, centenas de *jaryas* cobertas de adornos preciosos (AL-ZIRIKLI, 1983: v.I-305). Durante sua ausência, 'Ali designara para substituí-lo Al-Mukarram, seu filho casado com Arwa (AL-HANBALI, s.d.: v.III-347; IBN KHALLIKAN, s.d.: v.III-413). O cortejo partiu numa grande demonstração de luxo e poder, e a notícia se espalhou por todo Iêmen de que o Sulayhi estava a caminho de Meca.

Muitos sunitas deviam pensar nos carmatas ao ver passar o cortejo resplandecente de 'Ali e Asma. Os carmatas eram semeadores da morte e da destruição cujo nome virou sinônimo de blasfêmia, uma seita xiita extremista que atacava peregrinos um século antes em 317/930 — ataques que os muçulmanos nunca esquecerão, mesmo com o passar de muitos dias e noites. Os xiitas, com 'Ali no comando, sempre tiveram muita dificuldade de se dissociar da lembrança dos carmatas, oficialmente repudiados pelos fatímidas, e qualquer cortejo xiita exibindo sua força e potência reavivava a terrível lembrança dos carmatas entrando em Meca, profanando o santuário da Caaba, desnudando-o de sua *kaswa* (roupa, véus preciosos) e levando consigo fragmentos da prestigiosa Pedra Negra.[122] É verdade que tudo isso acontecera gerações antes de 'Ali e Asma, mas uma das características mais impressionantes dos traumas é que nunca se tornam antigos, a passagem do tempo não os apaga. "Naquele ano, ninguém terminou o ritual de peregrinação. Os mortos chegaram a trinta mil e um número equivalente de mulheres e crianças foram presas como *sabis* [prisioneiras de guerra escravizadas]." (AL-HANBALI, s.d.: v.II-274). Os carmatas manterão a Pedra Negra, tão carregada de simbologia, refém por mais de vinte anos, e só a colocarão de volta no lugar sob pressão dos fatímidas, que exigiram isso dos rebeldes desde o início. A diplomacia ismaelita terá uma grande preocupação de fazer com que esse incidente seja esquecido nas peregrinações, mas qualquer desenrolar incomum de cortejos xiitas para Meca o reavivará. Naquele dia, nos oásis en-

---

122 Sobre o ataque a Meca pelos carmatas, ver: AL-HANBALI, s.d.: v.II-274; e IBN AL-ATHIR, 1987: v.VII-53ss. Em *Encyclopédie de l'Islam*, ver "Qarmates".

tre Sanaa e Meca, o fausto dos cortejos de 'Ali refletia-se nos olhos maravilhados das crianças.

O cortejo real deslizava sem pressa sobre as areias silenciosas quando de repente deu-se a ordem de parar perto de uma fonte de água chamada poço de Umm Ma'bad. Sa'id Ibn Najah espiava de longe com aquela intimidade à distância que só acontece nos grandes desertos. A fonte de água não ficava longe, e 'Ali, o assassino de seu pai, parecia acreditar que poderia descansar ali. Estranho, foi o próprio 'Ali que insistira para que parassem no local, decidindo assim, sem saber, como sempre manda a fatalidade, o lugar em que o dia não amanheceria mais para ele. Ele, que conhecia melhor do que ninguém, por ter estudado com seus mestres xiitas, o histórico dos menores movimentos dos deslocamentos do profeta Muhammad na região, estava convencido — e em seguida verificou que era falso — de que este passara por Umm Ma'bad cinco séculos antes, e por isso havia parado ali. Uma absurda certeza que travestia a morte com a roupa sedutora de uma lembrança que só tinha de real a fascinação dos sonhos.

Quando as notícias da tragédia chegaram a Sanaa, a população enlutada procurou em vão aquela que 'Ali tanto amava, Al-Hurra Asma, de quem não foram encontrados nem os despojos, nem vestígios. Sanaa procurará por muito tempo sua rainha e seus exércitos partirão para encontrá-la e se vingar daqueles que a fizeram prisioneira. Quando Asma, libertada, voltar a Sanaa, é dela que o filho Al-Mukarram receberá as ordens, e, quando ele adoecer, será para sua mulher Arwa que o povo se voltará para buscar uma direção e construir um futuro.

II.
AS PEQUENAS RAINHAS DE SABÁ

Um povo árabe governado por rainhas, feliz com isso e que dedicava a elas uma verdadeira adoração não seria uma ideia surrealista no mundo árabe contemporâneo, em que os homens, um pouquinho ultrapassados depois da revolução eletrônica, nos aconselham nervosamente o uso do véu, como se esse gesto pudesse reequilibrar por milagre nossas economias devastadas pela dívida? Esconder as mulheres e sua força não parecia ser a maior preocupação dos iemenitas no século XI. As crônicas os descrevem como homens totalmente satisfeitos com mulheres eminentemente visíveis, muito presentes, ativas e dinâmicas, mulheres que pensavam, falavam e decidiam, e todo mundo parece ter se beneficiado disso, os indivíduos e a nação. Daí o prazer de lembrar essas histórias antigas para nos tranquilizar com a consciência de que construir um casal forte e unido pela troca democrática não seria uma traição dos ancestrais nem uma imitação mecânica do Ocidente, que já decidimos de uma vez por todas que é perverso.

Asma Bint Chihab al-Sulayhiya usará poder e pérolas com a mesma distinção. Dirigirá ao lado e junto de seu marido todos os assuntos importantes do reino até a morte dele em 458/1066. Jovem esposa deslumbrada com o brilho magnético de seu companheiro, soube aceitar no início a vida obscura e humilde que impunha a iniciação xiita àquele que trilhasse o difícil caminho da responsabilidade e do imamato. Asma compartilhou as restrições da clandestinidade que o segredo xiita exigia. Teve a paciência de apoiar o marido durante quinze anos de provações, acreditando nele, em seu gênio e em sua missão. Era paciente, sim, mas jamais apagada. Os cronistas reparavam que ela assistia aos conselhos "com o rosto descoberto". Nada de véu para uma mulher que ama seu marido e acredita nele, e nada de falsa humildade para uma mulher árabe que tem algo a dizer. Quando 'Ali foi oficialmente autorizado a se declarar soberano, deu a ela o presente mais real que se pode oferecer a uma mulher, associando-a publicamente à vida dele e considerando-a parceira e igual: a *khutba* seria dita em seu nome. As mesquitas do Iêmen o recitariam depois do nome do soberano fatímida e o de seu marido: "Que Allah prolongue os dias de Al-Hurra, a perfeita, a que dirige com cuidado os assuntos dos fiéis" (AL-ZIRIKLI, 1983: V.I-279).[123] Nunca esses momentos de nossa história foram selecionados como textos para as escolas primárias e secundárias. A história escolar é uma sequência de conquistas e de tomadas de cidades e territórios, uma série de campos de batalha cobertos por milhares de mortos, onde consequentemente ousar pensar na esposa seria, por parte do herói, uma indecência. A rainha Asma, no entanto, produzirá uma verdadeira tradição de casais no poder, criando seu filho Al-Mukarram com a ideia de que uma mulher é uma força que seria absurdo deixar estagnada na sombra do harém. Al-Mukarram fará de sua esposa Arwa Bint Ahmad al-Sulayhiya uma aliada e uma parceira. A única diferença notória entre as duas rainhas é a duração de seu reinado. Enquanto o de Asma foi muito curto, o de Arwa durará mais de meio século.

O título oficial que Asma e depois Arwa portaram foi Al-Hurra, mulher soberana que não obedece a nenhuma autoridade superior. Fora nossas duas rainhas, esse título só foi usado por Al-Malika al-Hurra 'Alam, que reinou no principado de Zabid, cidade vizinha a Sanaa e, como vimos, em luta eterna contra esta. Al-Hurra 'Alam dominava a crônica de seu tempo porque no início era uma simples *jarya*, uma escravizada cantora do rei de Zabid, Mansur Ibn Najah, antes de mostrar a ele que era uma política de alto nível. Mansur ficou tão "impressionado com sua inteligência e sabe-

---

123 No fim do livro de Al-Zirikli, o leitor encontra uma lista das principais referências a respeito da rainha Asma, especialmente sua biografia no célebre *Siyar a'lam al-nubala*, de Al-Dahabi, cujo volume II reúne as biografias das mulheres.

doria [...] que lhe confiou o governo do reino, e não decidia nada sem consultá-la. E ela se saiu muito bem em sua tarefa". Depois da morte do marido, Al-Hurra 'Alam continuou governando Zabid. Nunca, porém, de acordo com as fontes, teve o privilégio da *khutba*, diferentemente de Asma e Arwa. Por mais prestigioso que fosse, o título de Al-Hurra parece ter sido com frequência reservado a um bom número de mulheres ativas no domínio político no Iêmen e no Ocidente muçulmano, Magreb e Al-Andalus. Os iemenitas, no entanto, atribuíram um título a suas rainhas que apenas elas tiveram o privilégio de portar, o de Balqis al-Sughra, isto é, "Pequena Rainha de Sabá", ou mais exatamente "Jovem Rainha de Sabá".

Chamar uma rainha muçulmana de "Rainha de Sabá" é uma atitude bastante paradoxal, até porque essa rainha pertence à *jahiliya*, o tempo da ignorância, o tempo do reinado dos pagãos, o tempo das trevas em que se inscreve a história da humanidade antes da chegada do profeta Muhammad e da revelação do Alcorão.[124] O tempo islâmico se ordena de acordo com uma divisão dual que não apresenta nenhuma nuance: há o antes e há o depois. Não existem gradações que permitiriam suavizar e, portanto, relativizar a divisão binária. Não há nem Antiguidade, nem Idade Média, nem Renascimento, nem Era Moderna no tempo islâmico. Há somente dois momentos: a *jahiliya*, o momento de antes, intrínseca e fundamentalmente negativo, pois os seres humanos ignoravam a distinção entre o bem e o mal; e o depois, isto é, após o advento do profeta Muhammad, o tempo em que os seres humanos dispõem enfim do

---

[124] Sobre a visão islâmica do tempo, ver a fascinante introdução de Al-Tabari ao seu *Tarikh*, que começa com "Al-qawl fi al-zaman" (Reflexão sobre o tempo) (1979: v.1-5ss).
Sobre a palavra *juhliiyu*, em particular, ver como Al-Tabari (1983: v.XXII-4-5) a explica, no contexto do versículo 33 da sura 33, que trata das mulheres do Profeta. "Fiquem em casa, não se exibam com seus enfeites como faziam as mulheres no tempo da primeira *jahiliya*." A tradução do versículo é minha. Nesse versículo, uma mulher se enfeitar antes de sair na rua é definitivamente um comportamento da *jahiliya*. O comportamento distintivo da mulher muçulmana é a modéstia. E modesta, a rainha de Sabá não era nada. Ver a breve síntese de Ignaz Goldziher (1966: 208-219).

Alcorão, texto sagrado que expõe os critérios que permitem aos homens distinguir o bem do mal. Pertencente à *jahiliya*, o destino da rainha de Sabá está, por assim dizer, decidido antecipadamente, e apresentá-lo com orgulho é no mínimo um ato ambíguo. Entretanto, é assim que os iemenitas gostavam de chamar suas rainhas: "Alguns poetas, levados por sua admiração por Asma, chegavam a declamar que, se o trono da rainha de Sabá era magnífico, o de Asma era ainda mais" (AL-THAWR, 1979: 281). Era fácil para os poetas florear em torno do nome de Asma, sendo que vem da mesma raiz da palavra céu, *sama*. Asma figura entre os nomes de mulher mais antigos na Arábia. Tem uma conotação de levitação, elevação.[125] Comparar o trono da rainha Asma ao da rainha de Sabá era

---

125 O dicionário *Lisan al-'arab* de Ibn Manzur, que adoro porque ele busca a raiz da palavra e começa então uma verdadeira escavação arqueológica da memória islâmica e pré-islâmica, fazendo rebrotar com frequência sentidos esquecidos, reprimidos durante séculos, mostra-se particularmente amnésico quando se trata do nome de mulher "Asma". Ele o aborda no volume I com a primeira letra, o *alif* quando fala da palavra *ism*, "nome". Evoca nessa ocasião dois nomes de pessoas. Um nome masculino, Ussama, que diz ser um dos nomes que designam o leão, depois, aborda o segundo, Asma, muito brevemente e só para dizer o óbvio, que é um nome de mulher. Sem acrescentar mais nada. Sem acrescentar, por exemplo, o que era claro para os poetas iemenitas, que a palavra tem a conotação de elevação, e, portanto, vem da mesma raiz de *sama*. A palavra *sama* (céu), Ibn Manzur aborda no volume III dedicado em grande parte à letra s. Diz que esta designa o céu, mas também "tudo o que é elevado, o que é alto...", como Al-Sumu, que designa a Alteza Real. *Sama* designa também tudo o que é alto, como o teto, ou tudo o que tem uma relação com o céu, "como as nuvens e a chuva". *Sama* tem também a mesma raiz de *ism*, que quer dizer "signo", isto é, o signo designando uma coisa. Há "o sentido de superioridade no signo". "*Ism*", diz ele, "é um desenho, um traço que é posto sobre um objeto para lhe dar significado." E advinhe qual é um dos plurais de *ism*? Asma! Como é possível que Ibn Manzur, o arqueólogo de nossa memória árabe, não tenha visto a ligação entre o nome de mulher Asma e a palavra *ism* (nome, signo) que, ele afirma, vem da raiz *sama* (céu)? Seria porque uma sugestão como essa poderia fazer ressurgir o que estava reprimido, que a Arábia pré-islâmica adorava deusas e que a batalha do Profeta contra os "associacionistas" (*al-muchrikin*) era muitas vezes uma luta contra a influência dessas deusas? De qualquer modo, os poetas do Iêmen do século XI não tinham nenhuma dificuldade para ver a ligação linguística entre o nome de sua rainha e o céu.

fazer uma alusão direta ao Alcorão, em que esta última é uma das raras mulheres reconhecidas, na sura 27, "As formigas", dedicada a seu encontro com o profeta Salomão, como tendo um destino eminentemente político.

Ela aparece na descrição feita por um pássaro ao profeta Salomão (versículo 16), que tinha o distinto privilégio de conhecer a linguagem dos pássaros (*mantiq al-tayr*). Salomão, que passava em revista os pássaros, constatou que a poupa não estava entre eles. Disse que a puniria a não ser que justificasse sua ausência. Quando a poupa reapareceu e foi questionada pelo profeta, sua sabedoria teve o tamanho de sua insolência:

> Abraço (em meu conhecimento) o que
> não abraças (ô Salomão!)
> E trago-te, de Sabá, uma notícia segura.
> [versículo 22]

> Soube que uma mulher é tua rainha,
> que com todas as coisas foi provida
> e que tem um trono magnífico.
> [versículo 23]

É assim que a rainha de Sabá é apresentada no Alcorão, em pleno exercício do poder real. Mas ela e o povo que governava estavam na má direção, a do demônio. Disso, a poupa estava certa também:

> Encontrei-a, ela e seu povo,
> prostrando-se diante do sol
> e não de Allah.
> O demônio adornou para eles suas ações
> (com falsas aparências),
> desviou-os do caminho
> e não estão mais na boa direção.
> [versículo 24]

No fim da história, a rainha perderá seu trono. Um ifrite a serviço do profeta Salomão o roubará, mas Balqis, despojada de seus bens materiais, ganhará em espiritualidade. Parará de adorar o sol e se submeterá a Allah, primeiramente, e a seu profeta Salomão em seguida:

> Senhor, disse ela, enganei a mim mesma.
> Com Salomão eu me submeto a Allah, Senhor dos Mundos.
> [versículo 44]

O que há de mais fascinante na história de Balqis não é tanto o texto do Alcorão, este de uma beleza límpida que decorre precisamente de seu despojamento e da notável clareza de sua mensagem focada no essencial: o trono e sua transferência do feminino para o masculino. Os comentaristas se dedicarão a uma exegese longa, confusa e complicada para resolver problemas que parecem torturá-los pessoalmente e que o Alcorão ignora de forma solene. Um dos maiores problemas no qual os autores vão tropeçar é a natureza e a importância do trono da rainha. É preciso diminuí-lo, mesmo que a infeliz o tenha perdido no final. *Azim*, isto é, poderoso, é o adjetivo empregado para descrever o trono de Balqis. E é muito difícil matizá-lo. Al-Tabari, porém, encontra um meio de diminuí-lo: não era o tamanho do trono, nem sua "importância material" que a palavra *azim* descrevia, diz, "mas sim o perigo que representava". Mencionou, no entanto, que seu aspecto material não era desprezível: o trono era de ouro incrustado com pérolas e pedras preciosas (AL-TABARI, 1979: v.XIX-48). O outro problema que o Alcorão despreza totalmente, pois ao que parece o considera sem importância mesmo se perturbar os especialistas, é o da condição marital da rainha: era virgem quando encontrou o profeta Salomão ou já havia contraído matrimônio? Um historiador antigo, Tayfur, casa-a, como se deve, com seu primo, Ibn Zara (TAYFUR, 1972:129).[126] Kahhala, um biógrafo moderno fascinado pelas mulheres a ponto de dedicar a

---

126 O autor morreu em 280 da Hégira, século X.

elas um "quem é quem" com vários volumes, sentiu a necessidade de dar uma nota de boa conduta para a rainha: "Balqis era uma mulher de modos irrepreensíveis, manteve-se pura. E como não se interessava nem um pouco por homens, manteve-se virgem até encontrar Salomão e esposá-lo" (KAHHALA, 1982: v.I-144).

Realmente se casou com Salomão? Nada no texto do Alcorão nos permite chegar a essa conclusão. Não tem importância — os ulemás e os historiadores vão se encarregar do assunto. Muhammad al-Qinnawji promete o inferno a quem ousar pensar que Salomão se casou com Balqis: "Ibn al-Mundir afirmou que Salomão casou-se com Balqis em seguida [...] é uma afirmação extremamente condenável" (AL-BUKHARI, s.d.a: 179). Balqis e Salomão provavelmente tinham essências muito diferentes para ele. Além disso, uma mulher no topo do poder não se encaixa de modo algum no perfil da jovem casadoura de nossos tempos modernos. Balqis representa — e sempre representou — um problema para os historiadores. Alguns recorrerão ao irracional para resolver o destino dessa estranha mulher. Mas'udi (morto em 346, no século X) vai semear dúvidas sobre sua origem revelando que teria um pai humano e uma mãe da raça dos djins. Com um trono, e todo um povo a seus pés, Balqis não poderia mesmo ser humana.

> O nascimento dessa rainha está cercado de circunstâncias maravilhosas que os cronistas relataram. Contam especialmente que seu pai estava caçando e encontrou duas serpentes, uma preta e uma branca, que matou a preta e viu então aparecer dois gênios, um velho e outro jovem; que o velho deu sua filha em casamento para o rei com algumas condições, e que o fruto desta união foi Balqis.

Mas'udi tem uma inteligência fora de série, e todo muçulmano medianamente inteligente sabe que, para convencer, é preciso ser lógico. No entanto, no que se refere a Balqis, Mas'udi, sempre tão seguro de si, não tem a consciência tranquila. Sente-se obrigado a explicar essa história de gênio: "Aceitamos fatos desse tipo contanto que sejam encontrados em obras históricas e estejam em conformidade com as crenças que a lei religiosa exige que aceitemos" (MAS'UDI, 1962: v.II-384). Nesse caso, a lei religiosa não impunha nada, o Alcorão não considerou interessante nem necessário falar do pai ou da mãe de Balqis. Era um problema pessoal de Mas'udi, que não podia ver uma mulher se destacar no trono, mesmo no Alcorão, sem sentir a necessidade de atacá--la e pôr em dúvida sua humanidade.

Apesar de tudo, Balqis enfrentou os historiadores e suas tentativas de diminuí-la ou humilhá-la. Ela ainda reina na imaginação e na criação literária e poética. O perigo vem agora dos arqueólogos, que estão acumulando provas para mostrar que historicamente ela nunca existiu: "No que diz respeito ao valor histórico do episódio muitas vezes citado da rainha de Sabá, que teria visitado Salomão, um fato é decisivo: tudo o que sabemos de Sabá e de Ma'rib contradiz a hipótese de que ali houve rainhas". É o veredito dos estudiosos eruditos da *Encyclopédie de l'Islam*. "Em todo caso, não se pode encontrar na história, dizem, uma testemunha que fale da existência de uma soberania feminina em Sabá."[127] Dito isto, será que descobertas científicas conseguiriam destruir o poder lendário de Balqis? É pouco provável, pois, detalhe para refletir, o nome de Balqis nunca foi dito no Alcorão. Este fala de uma rainha, literalmente de "uma mulher que é dona do povo de Sabá [*imratun tamlikuhum*]".[128] Seu nome, porém, não aparece de maneira nenhuma no texto sagrado. Foram os historiadores, como Mas'udi, e os autores de *tafsir*, como Al-Tabari, que deram à soberana inominada do Alcorão o nome de Balqis. O essencial é que Balqis vem diretamente da *jahiliya* e que tem ainda, apesar da ciência e seus tratados, uma vida tão longa quanto sua lenda. Ciência ou não, Balqis reina atualmente na poesia árabe e muitos dos poetas contemporâ-

---

127 Em *Encyclopédie de l'Islam*, ver "Saba".
128 Sura 27, versículo 23.

neos recorrem a ela para sugerir uma presença feminina que enfeitiça e encanta.[129]

Felizmente, os iemenitas do século XI não tiveram o eminente desprazer de ler a *Encyclopédie de l'Islam* e suas insolentes revelações sobre Balqis. Era a ela que comparavam aquelas que os governavam, Asma e Arwa, que além disso qualificavam como "Malika Hazima". *Hazm* é, até hoje, o ideal a que todo político aspira. Trata-se da "capacidade de uma pessoa de controlar o curso de sua vida e de seus negócios, e de decidir com firmeza [...] Quando se diz de um homem que ele é o *hazim* de seu povo, isso quer dizer que é o mais experiente, aquele que decide sabiamente e apoia-se na razão para fazê-lo".[130] Ibn Manzur acrescenta que uma das características de *al-hazm* é uma certa prática democrática no nível do processo de tomada de decisão. Um personagem *hazim* não decide sozinho: ouve os outros, pede a opinião de especialistas e leva-a em conta antes de decidir. É isso, aliás, o que explica a firmeza do *hazim*, pois, uma vez tomada a decisão, não se volta mais atrás. Muito didático, Ibn Manzur lembra que é dessa palavra que vem o termo *hizam*, cinto, e que o gesto de prender o cinto expressa bastante bem a ideia. Um *hazim* nunca é pego desprevenido e por isso nunca toma decisões irrefletidas e apressadas, pois pensa constantemente em tudo, prevê os acontecimentos e pesa os prós e os contras de cada possibilidade. *Al-hazm* é com certeza uma das qualidades mais apreciadas entre os árabes em geral, e entre seus dirigentes em particular, no passado e hoje, e muitos poetas fizeram fortuna distribuindo prodigamente esse adjetivo para os príncipes que bajulavam.

---

[129] Basta ler o prolífico Nizar Qabbani, por exemplo. Nos perguntamos o que aconteceria, e como ele poderia expressar o prazer que lhe inspiram as mulheres, se fosse proibido de mencionar Balqis! Acho que faria greve de escrita. E quem perderia com isso? As mulheres árabes, claro, que são as maiores consumidoras de sua poesia, eu em primeiro lugar. Depois da leitura de um poema de Nizar, nos sentimos maravilhosas, majestosas, reconciliadas com o mundo.
[130] Em *Lisan al-'arab*, ver "Hazm".

Encontra-se a mesma admiração entre os historiadores iemenitas modernos. Muhammad al-Thawr não economiza elogios a Asma:

> Estava entre as mulheres mais célebres de seu tempo, e entre as mais soberanas. Era generosa. Uma poeta que compunha versos. Entre as honras de que seu marido Al-Sulayhi se beneficiava, e que eram cantadas pelos poetas, estava o fato de tê-la como esposa [...] Quando constatou a perfeição de seu caráter, seu marido confiou-lhe a direção dos negócios. Raramente tomou decisões contrárias à sua opinião. (AL-THAWR, 1979: 281)

Enfim, o autor acrescenta que o marido "dedicava-lhe um grande respeito e nunca dava a nenhuma opinião a precedência sobre a dela" (ibidem).

Os sentimentos do povo e das elites com relação à rainha Asma se confirmaram quando a tragédia se abateu sobre o casal real a caminho de Meca. Asma não podia desconfiar que a peregrinação de 458/1066, iniciada como uma festa, iria atolar na sombra úmida de uma fonte de água banal chamada Bir Umm Mabad. Quando o cortejo parou à noite e as tendas reais foram armadas, Asma ainda se ocupava de seus deveres com sua corte e suas *jaryas*, enquanto o marido fazia o mesmo entre seu próprio círculo, como pedia o protocolo. 'Ali al-Sulayhi discutia com o irmão sob a tenda quando a morte apareceu a sua porta. Tinha o rosto do inimigo etíope, Sa'id Ibn Najah, o príncipe de Zabid que viera vingar seu pai. Com seus setenta homens sabiamente distribuídos em pontos estratégicos, Sa'id conseguiu, após o assassinato de 'Ali, tornar-se em algumas horas o chefe de todo o comboio.

Passou pelo fio da espada todos os que contavam, sobretudo os príncipes Sulayhi, e deu ordem para que lhe trouxessem Asma viva. Esta foi poupada e ele só decidiu sobre seu futuro depois de resolver o do exército. Para impressionar as delegações vindas de todos os cantos do mundo muçulmano, 'Ali se fizera acompanhar por cinco mil soldados. Depois de cometer o assassinato, Sa'id Ibn Najah não teve nenhum problema em conquistá-los pela boa e simples razão de que eram todos etíopes. Aproveitou-se da solidariedade étnica e convenceu os soldados a se juntarem aos exércitos de Zabid. Com o triunfo militar garantido, Sa'id voltou-se para Asma. Levou-a a uma prisão secreta e, para lembrá-la de sua infelicidade, deu ordem para que pusessem a cabeça cortada de seu marido sobre um poste bem diante de sua porta.

Asma ficará vários meses na prisão, tentando, em vão, contactar seu filho Al-Mukarram e sua mulher Arwa em Sanaa. Seus carcereiros cuidavam para que estes não encontrassem seu rastro. Apenas um ano depois Asma conseguiu enviar uma mensagem ao filho. Quando a notícia de sua prisão se espalhou em Sanaa, os notáveis da cidade se mobilizaram atrás de Al-Mukarram "para salvar a honra de sua rainha prisioneira" (KAMIL, 1968: 169). Três mil cavaleiros revoltados deixaram a cidade com Al-Mukarram e conseguiram em algumas horas derrotar os vinte mil soldados etíopes que defendiam a cidade de Zabid. Esta foi tomada de assalto e Al--Mukarram, à frente de todos, correu para a prisão labiríntica onde estava a mãe. Não sabia que nunca mais seria o mesmo depois disso (AL-'ALAWI, s.d.: v.I-342). Um choque emocional muito forte mudaria o curso de sua vida. Tudo aconteceu como num sonho. Seus passos o levaram para o local secreto onde a mãe tanto esperava sua chegada. Apresentou-se na porta de Asma e, depois de recitar a frase de cumprimento, pediu-lhe permissão para entrar. A mãe, no entanto, ficou fria e em guarda diante do visitante mascarado que tentava falar com ela. Na pressa, Al-Mukarram não havia tirado seu *mighfar*, o capacete de malha de ferro que os árabes usavam em expedições militares:

— Quem é você? — perguntou a mãe.
— Sou Ahmad, filho de 'Ali — respondeu Al-Mukarram.
— Os Ahmad filhos de 'Ali são muitos entre os árabes — respondeu a rainha, ainda desconfiada. (ibidem)

Nesse momento, tirou a máscara e descobriu seu rosto diante da mãe, que saudou seu gesto rendendo homenagem ao novo rei: "Boas-vindas a nosso chefe Al-Mukarram" (AL-'ALAWI, s.d.: V.I--342). Sob o duplo choque do reencontro e da saudação real que lhe dedicava a mãe, que nunca o vira entronizado, e que lembrava a ele ao mesmo tempo da morte trágica do pai e de sua nova responsabilidade, Al-Mukarram foi tomado por um longo arrepio que sacudiu todo seu corpo antes de paralisá-lo para sempre. Saiu da prisão acometido de *falij*, paralisia parcial. Ficaria hemiplégico por toda a vida.

A rainha Asma, cercada de cavaleiros, retomou a estrada para a capital, carregando para Sanaa o corpo meio inerte do valoroso Al-Mukarram, conhecido até então por sua coragem nos campos de batalha. Al-Mukarram tinha um primo, Saba Ibn Ahmad al--Sulayhi, que tinha todas as qualidades necessárias para assumir o poder e estava no auge de sua força, mas ninguém pensava nele quando o cortejo entrou em Sanaa. A rainha Asma manteve o governo do país até sua morte em 480/1087, e Al-Mukarram delegou oficialmente todos os poderes a sua mulher, Arwa, a partir do momento em que o corpo de sua mãe foi enterrado. Arwa foi reconhecida desde a infância por 'Ali, o pai de Al-Mukarram, "como a única pessoa capaz de assegurar a continuidade da dinastia no caso de nos acontecer alguma coisa" (KAMIL, 1968: 169).

Arwa, que perdera os pais muito cedo, fora levada para o palácio de Sanaa junto a seu tio 'Ali. E foi a própria Asma que cuidou de sua educação (AL-ZIRIKLI, 1983: V.I-279). Arwa cresceu lado a lado com seu primo Al-Mukarram, no seio de um palácio em que o poder era assunto de casal e não privilégio do homem. Em 461, com dezessete anos, Arwa casou-se com Al-Mukarram, união principesca que foi ocasião de esplendor e regozijo. O presente da noiva foi o principado de Aden, que recebeu como dote (AL-THAWR, 1979: 169). A partir desse momento ela cuidará de sua gestão, nomeará seus governadores e receberá seus impostos. Como num conto de fadas, Arwa também sentiu as alegrias da maternidade. Deu dois filhos a Al-Mukarram; mas era ela que Sanaa considerava herdeira natural do poder, e ninguém mais.

A passagem do poder para Arwa não foi, portanto, uma surpresa, mas a continuidade de uma tradição (AL-'AMRI[131], 1987: 358; AL-ZIRIKLI, 1983: V.I-279). As mesquitas do Iêmen ressoaram mais uma vez com *khutbas* ditas em nome de um casal e não de um indivíduo. Uma diferença, no entanto, distinguia a nova rainha da antiga: ao contrário de Asma, que reinava com o rosto descoberto, Arwa usará o véu durante as sessões de trabalho. Por quê? Era jovem e bela, tinha apenas trinta e quatro anos, e seu marido era deficiente. É a única concessão que fará à tradição. Mesmo essa concessão, porém, não o era verdadeiramente pois foi autoimposta. Uma decisão de bom senso para uma mulher que decidira dedicar sua atenção, em primeiro lugar, a um objetivo militar: conquistar a única vitória decisiva que mostraria ao Iêmen e ao resto do mundo muçulmano que a dinastia Sulayhi, apesar da sucessão de infortúnios que atingira seus homens, ainda era poderosa. E essa vitória, decidira Arwa, não poderia ser outra senão a cabeça de Sa'id Ibn Najah, o assassino ainda vivo de seu sogro. Sa'id conseguira fugir por mar quando Zabid fora tomada por Al-Mukarram. Retirou-se a tempo, uma vez que a cidade foi considerada irremediavelmente perdida, nos barcos salva-vidas que equipara e mandara atracar no porto, para fugir em caso de derrota (AL-'ALAWI, s.d.: 342).

Para alcançar seus objetivos, Arwa decidiu primeiro transferir sua capital de Sanaa para Jabala, uma pequena cidade-fortaleza empoleirada nas montanhas. Instalou ali o marido e os tesouros dos Sulayhi e se dedicou a fechar o cerco em torno de Sa'id Ibn Najah multiplicando alianças e negociações. Um ano depois, em 481/1088, seus exércitos esmagaram Sa'id nos arredores de Jabala (AL-'ALAWI, s.d.: 343; IBN KHALLIKAN, s.d.: V.III-414; KAMIL, 1968: 180). O sucesso de Arwa deveu-se mais a um trabalho de campo e de infiltração de falsos rumores do que à superioridade militar.

---

[131] Yasin al-Khatib al-'Amri morreu em 1232/1817.

Encorajara Sa'id a atacá-la fazendo-o acreditar que todos os seus aliados a estavam abandonando. Na verdade, pedira a eles que lhe prestassem um favor e fossem insinuar para Ibn Najah que, em caso de ataque a Jabala, não viriam socorrê-la. Sa'id caiu na armadilha e atacou Jabala com total confiança, certo de que Al-Hurra estava isolada e enfraquecida. Uma vez morto Sa'id, trouxeram sua mulher, Umm al-Ma'arik, prisioneira para Arwa. Esta ordenou então que cortassem a cabeça de Sa'id e a pusessem num poste na frente da porta da cela da esposa agora prisioneira, como fora antes feito com Asma. As leis da vingança impõem uma simetria perfeita nos símbolos e nos atos. E esse gesto, que prova que Al-Hurra, como política, era tão cruel quanto Sa'id, o inimigo de sua dinastia, deveria remover qualquer ilusão sobre uma eventual compaixão feminina. Arwa, insistem os historiadores, por estar particularmente preocupada com as conquistas militares, tinha que provar que a dinastia continuava forte, apesar da perda de seu grande chefe 'Ali e da paralisia de Al-Mukarram. Em política, o fato de ser mulher, ao contrário do que ocorre na música, não suaviza em nada os modos. Yasin al-Khatib, um historiador do século XIX, descreve Arwa como uma soberana que "soube administrar com perfeição os negócios do Estado e as guerras" (AL-'AMRI, 1987: 358), e um autor contemporâneo, como "uma mulher intelectualmente dotada e realizada" (AL-'ALAWI, s.d.: 344). Para Al-Zirikli, Arwa "era uma rainha competente e uma administradora extraordinária" (AL-ZIRIKLI, 1983: V.I-279). Deixou belíssimas realizações arquitetônicas, em especial a célebre mesquita de Sanaa e a estrada de Samarra. Interessou-se também pela promoção de centros culturais e religiosos, destinando bons salários aos ulemás e aos professores (AL-THAWR, 1979: 284). Mas é sobretudo seu papel como líder espiritual e o serviço que prestou ao xiismo, propagando-o pela Ásia, que chama a atenção.

Para Al-Zirikli, autor de *Al-A'lam*, o repertório das celebridades, ela foi um "dos líderes do ismaelismo" (AL-ZIRIKLI, 1983: V.I--279). Outras fontes mais prudentes fazem a distinção entre o poder temporal que Arwa recebera de Al-Mukarram e o poder religioso que este havia transmitido a seu primo Saba. 'Abdallah al-Thawr afirma que Arwa recebeu oficialmente o poder temporal de seu primeiro marido Al-Mukarram quando ele ficou doente, mas que este delegou seu título de *da'i*, missionário xiita, a seu primo Saba, com quem Arwa se casará em segundas núpcias (AL-THAWR, 1979: 282). Certo é que, sob o reinado de Arwa, o xiismo ismaelita começou a se irradiar no subcontinente indiano, especialmente na região de Cambaia, no Gujarat, sob influência de *da'is* que partiam do Iêmen.[132] Esse país mantinha relações comerciais estreitas com a Índia, dada sua posição geográfica, desde os sabeus: "As mercadorias eram levadas da Índia a Hadramaute, no Iêmen, pelo mar, então as pessoas do Iêmen a transportavam para a Etiópia, o Egito, a Fenícia etc." (ZAYDAN, s.d.: v.1-23). O Islã, como propagador de novas ideias e de uma dinâmica intelectual, difundia-se bem pelas rotas tradicionais de contato e de comércio, e o Iêmen estava bem localizado para isso. Foram *da'is* iemenitas que estiveram na origem da criação da atual comunidade ismaelita indiana dos Dawudi Bohras.[133]

Que Arwa tenha sido uma adepta do xiismo é, no fim, pouco importante. O certo é que seu poder derivava do triunfo de um dos ramos mais ilustres do xiismo e que, em sua época, a balança do poder pendeu para o lado dessa visão do Islã, até então condenada pelos regimes sunitas em vigor. A chegada ao poder da dinastia Sulayhi teria sido inconcebível se os fatímidas não tivessem conseguido orquestrar uma ofensiva xiita em escala internacional. E, apesar de sua competência e de seus sucessos militares, Arwa sofreu pelo fato de ser mulher. Um homem mais poderoso que ela iria questionar tudo: seu superior na hierarquia do xiismo ismaelita, o imã supremo, o califa Al-Mustansir do Cairo. A primeira crise com Al-Mustansir que teve que superar aconteceu após a morte do marido. Era uma crise que qualquer pessoa chamada a exercer o poder

---

132 Em *Encyclopédie de l'Islam*, ver "Isma'iliya".
133 Ibidem.

enfrentava, pois tinha que implorar a bênção do califa de modo a obter reconhecimento e legitimidade. O califa agora era xiita e, como os xiitas sempre se apresentaram como revolucionários e defensores dos pobres e dos excluídos, seria possível imaginar que com as mulheres teriam uma atitude diferente, principalmente os califas fatímidas que afirmavam ser descendentes de Fatima. O califa fatímida do Cairo iria se comportar de maneira diferente do califa sunita de Bagdá que, como vimos, se opunha sistematicamente ao acesso de mulheres ao poder? A atitude dos fatímidas em relação a Arwa vai esclarecer uma questão essencial: o Islã xiita se diferencia do Islã sunita quando se trata dos direitos políticos das mulheres? O Islã xiita admite com mais facilidade do que o Islã sunita que uma mulher governe um país? O xiismo, sendo antes de tudo a expressão histórica da contestação do poder instalado, deveria a priori ser mais igualitário com relação às mulheres. Essa questão, aliás, nos leva de volta a nosso ponto de partida: as rainhas do Iêmen tiveram direito ao privilégio da *khutba* porque eram xiitas ou porque eram iemenitas? Seu caso excepcional se explica pelo componente religioso (xiismo) ou pelo componente étnico, isto é, pela especificidade cultural, pela memória local e especialmente pela importância do feminino nos mitos e lendas do sul da Arábia?

Depois da morte de Al-Mukarram, Arwa sentiria na própria pele a atitude da hierarquia xiita. A morte de cada chefe de Estado constitui para os muçulmanos um momento de ruptura em que a única certeza é a ansiedade pelo inesperado, como queria a tradição profética. Recusando-se a designar um sucessor de sua própria família apesar das pressões dos parentes, o profeta Muhammad mostrou claramente que a vontade de Allah se afirma contra a essência aristocrática do poder dos árabes que era a regra da *jahiliya*.[134]

---

[134] Há uma descrição detalhada dos últimos dias e horas da vida do Profeta em *Al-Sira al-nabawiya* (Biografia do Profeta), de Ibn Hicham. Ele conta que 'Abbas, tio do Profeta, confidenciou a 'Ali Ibn Abu Talib que estava convencido de que o

O Profeta expressava com essa recusa de designar um sucessor a essência do princípio igualitarista do Islã. Gesto fundamental que obriga, desde o século VII, qualquer político que ambicione o governo de uma comunidade de muçulmanos a explicar aos fiéis qual a origem de seu poder, a justificar sua legitimidade. A morte do chefe, qualquer que seja seu título, califa investido de uma missão divina ou sultão que deriva sua força de um exército ferozmente materialista, o sucessor deve resolver de um modo ou de outro o problema da legitimidade respondendo a uma questão simples: de onde vem seu poder? Quem o autoriza a governar? Pois é inconcebível que uma pessoa governe sem se justificar, sendo que o que caracteriza o poder no Islã é precisamente o fato de que o mundo aqui de baixo é inseparável do além, que o material é inseparável do espiritual. Arwa exercia publicamente o poder material quando seu marido era vivo e o delegara a ela, mas Al-Mukarram continuava sendo o detentor do poder espiritual, o herdeiro da *da'wa* ismaelita no Iêmen e, como tal, obtinha sua legitimidade do oitavo califa fatímida do Egito, que se chamava Al-Mustansir.

Al-Mustansir, longe de ser um soberano menor, se impôs ao mundo como um califa perigoso que tinha redes de terroristas postos a seu serviço por Hasan al-Sabbah, o chefe da ordem dos *hachachin*, a ordem dos "assassinos". Com Al-Mustansir, o ismaelismo conheceu seu apogeu, pois foi durante seu reinado que os exércitos xiitas invadiram Bagdá e fizeram com que a *khutba* fosse dita em seu nome na mesquita de Al-Mansur, sede e símbolo da autoridade abássida e local importante para o sunismo (IBN AL--ATHIR, 1987: V.VIII-342). O reinado de Al-Mustansir, que durou sessenta anos, foi um recorde. Nascido em 410 da Hégira, trinta e quatro anos antes de Arwa, tomou o poder no Cairo em 428,

---

Profeta não tinha mais muito tempo e que era absolutamente necessário intervir junto a ele para saber se "o poder deve permanecer conosco". E Ibn Hicham acrescenta que 'Ali recusou-se energicamente a seguir o conselho do tio e a importunar o Profeta em seu leito de morte. Ver IBN HICHAM, s.d.: V.IV-304.

quando tinha dezoito anos, e só morreu em 487, com setenta e sete anos (IBN AL-ATHIR, 1987: V.VIII-498). Tornou-se tristemente célebre pelas ondas de terrorismo político orquestradas sob sua bênção por um *da'i* que veio pedir-lhe confirmação em 479, o legendário Hasan al-Sabbah, que operava a partir da fortaleza de Alamut, situada sobre um rochedo inacessível no meio das montanhas de Alburz a noroeste se Kazvin.[135] Hasan al-Sabbah já era, quando vivo, uma das personalidades mais fascinantes do século. Ao mesmo tempo filósofo, astrólogo e matemático, deslumbrava seus contemporâneos, e muitos se juntaram a ele e seguiram estritamente suas ordens. Em seu forte, em Alamut, desenvolveu todo um sistema de iniciação-formação que levava os adeptos a considerarem o assassinato político dos muçulmanos sunitas uma coisa natural e até recomendável. Alguns historiadores creditam a ele o assassinato de dois califas abássidas, Al-Mustarchid (512/1118 a 529/1136) e Al-Rachid (529/1136 a 530/1136).

Arwa, enquanto rainha xiita, só podia, com ou sem Alamut, se dobrar à vontade do califa fatímida, seu superior hierárquico, seu imã. Entre os xiitas, o imã é *ma'sum*, isto é, infalível, o que é um dos pontos que separam xiitas e sunitas de modo irremediável, pois a infalibilidade de um ser humano é chocante aos olhos dos sunitas, que atribuem essa qualidade unicamente a Deus.[136] A rainha Arwa não podia, portanto, contestar as decisões do califa Al-Mustansir,

---

135 O que ler sobre Hasan al-Sabbah? Tudo depende do grau de curiosidade e do tempo que se tem para investir. Para os apressados, devorar as biografias de Al-Sabbah na *Encyclopédie de l'Islam*, sem esquecer de passar os olhos pelo verbete "Alamut". Para os amantes de romances, ver o esplêndido *Samarcanda* de Amin Maalouf, que fala sobre o terrorismo intelectual da época por meio da vida palpitante de Omar Khayyam, um colega de classe de Al-Sabbah. Para os mais ávidos, ler em francês e em inglês: DEFRÉMERY, 1854: V.I-130-210 e V.II-353-387; HODGSON, 1955; LEWIS, 1967; SACY, 1818. Para fontes em árabe, ver: 'INAN, 1987: 42; IBN AL-ATHIR, 1987: V.IX-36SS; AL-ZIRIKLI, 1983: V.II-193.

136 Para nós, sunitas, só Allah é infalível, e nossos professores nas escolas primárias não ficam constrangidos em nos apresentar o papa católico como um maluco e um impostor justamente por conta de sua pretensão à infalibilidade.

único capaz de reconhecê-la, como fizera antes com seus predecessores, 'Ali e Al-Mukarram.

Poderíamos facilmente acreditar que há, no xiismo ismaelita, uma espécie de respeito específico pelo feminino, considerando a reivindicação de sua descendência de Fatima, a filha do Profeta, que ocupa ali uma posição eminente. Essa posição é contestada por alguns califas sunitas, que estimam que a herança do poder político não pode passar por uma mulher, que estaria excluída por princípio do grande imamato, isto é, da direção espiritual e política da comunidade. Dispomos de duas cartas extremamente importantes sobre esse assunto, trocadas entre o califa sunita Al-Mansur (136/754 a 158/775), segundo da dinastia abássida, e seu contestador xiita, o célebre Al-Nafs al-Zakiya, tataraneto de 'Ali, cujo nome completo é Muhammad Ibn 'Abdallah Ibn al-Hasan Ibn al-Hasan Ibn 'Ali.

Al-Nafs al-Zakiya vivia tranquilamente em Medina e resistira até então às solicitações daqueles que lhe ofereciam armas e dinheiro para se opor contra o primeiro abássida, Al-Safah, o pai de Al-Mansur e fundador da dinastia abássida. Quando este morreu, porém, e seu filho Al-Mansur assumiu o poder, Al-Nafs al-Zakiya sucumbiu à tentação. De acordo com o modelo clássico de contestação xiita, Al-Nafs al-Zakiya, que escondia de início suas pretensões ao poder, declarou-se publicamente um dia como o único califa legítimo. Seus adeptos expulsaram o governador de Al-Mansur da cidade. Começou então entre o califa abássida e seu contestador uma troca epistolar que é uma mina de ouro para aqueles que se interessam pela lógica da legitimidade do poder nas duas maiores divisões do Islã, mesmo que Al-Nafs al-Zakiya tenha terminado com a cabeça cortada como todos os seus predecessores.[137] Quem fala de legitimidade fala necessariamente de nascimento,

---

137 Ver os detalhes dos acontecimentos do ano 145 da Hégira, data em que Al-Nafs al-Zakiya declarou oficialmente que era "Amir al-Muminin", em AL-TABARI, 1979: v.x-201ss. Um resumo bem conciso sobre esse assunto e sobre o conteúdo da troca epistolar está no capítulo "A história política da *chi'a*" em AMIN, 1961: v.III-277ss.

e quem fala de nascimento fala necessariamente de maternidade. Um dos eixos do debate entre o califa sunita e seu contestador xiita era precisamente esclarecer sua posição em relação ao papel das mulheres na transmissão do poder: uma mulher poderia transmitir o poder político? Debate que introduz numa cena política, monoteísta por essência, o fantasma cuidadosamente escondido da maternidade. Essa maternidade é desprezada por completo no plano físico pelo xiismo, que reconhece apenas a lei patriarcal: os filhos nascidos de um casamento muçulmano pertencem necessariamente ao pai. Esse princípio é tão fundamental que o status de filho ilegítimo, isto é, daquele que só tem mãe, é praticamente inexistente, por um lado, e, por outro, é impossível para casais muçulmanos adotar um filho. A adoção, que corre o risco de reproduzir uma ficção de paternidade, é descartada pela charia, o que, atualmente, mergulha os juízes em problemas insolúveis pois, na maior parte dos países muçulmanos, todas as crianças adotadas o são de uma forma mais ou menos ilegal.[138]

Para acompanhar o combate epistolar, lembremos que Al-Mansur tinha como mãe uma *jarya* não árabe, uma escravizada berbere que se chamava Sallama. Alguns dizem que Sallama vinha da tribo dos Nafzawa, outros sustentam que pertencia à dos Sanhadja (IBN HAZM, 1981: v.II-120). O primeiro insulto que o pretendente xiita endereçaria ao califa abássida é que ele, Al-Nafs al-Zakiya, era de raça árabe pura tanto do lado paterno como do materno, enquanto

---

138 As últimas estatísticas sobre o mundo árabe revelaram que este vive atualmente uma verdadeira revolução demográfica, cujo traço mais destacado é o recuo da idade para o casamento, tanto para homens como para mulheres. E quem diz recuo da idade de casamento diz multiplicação das chances de ver aumentar o número de filhos ilegítimos, pois as barreiras tradicionais de controle da sexualidade pré-marital não existem mais. Essas barreiras eram a separação dos sexos e o controle dos pais sobre o deslocamento físico das filhas. A educação cada vez mais avançada das meninas e seu acesso ao trabalho assalariado anularam todos os sistemas de controle baseados na imobilidade do elemento feminino. Não sabemos nada sobre os filhos ilegítimos pois os médicos e os juízes guardam com todo cuidado esse segredo que é altamente explosivo para a imagem da comunidade.

o califa abássida não podia dizer o mesmo. Segundo Al-Nafs al--Zakiya, Al-Mansur tinha uma ascendência duplamente maculada, primeiro porque Sallama tinha sangue '*ajam* (não árabe) nas veias e segundo porque era uma *umm walad*, uma escravizada que se compra e vende e que foi encontrada num mercado (AL-TABARI, 1979: v.x-211). Ele, Al-Nafs al-Zakiya, tinha por parte das mulheres uma cadeia de aristocratas ilustres que o levavam direto a Khadija, a primeira mulher do Profeta, Khadija "a pura, a primeira a orar diante da *qibla*" (ibid.: 210).[139] Foi para ela que o Profeta confiou a revelação de sua missão, e foi em sua companhia que se dirigiu ao santuário da Caaba para revelar ao mundo sua nova religião. Khadija deixou muitas filhas, entre elas a preferida do Profeta, Fatima. Esta é considerada a primeira mulher xiita e Al-Nafs al-Zakiya, em sua carta para o califa, a descreve como "a melhor das mulheres, e a primeira entre as nobres damas do paraíso" (ibidem). O que poderia responder o califa abássida diante de uma genealogia feminina tão ilustre?

A resposta do califa Al-Mansur, que credita sua legitimidade a sua ascendência do Profeta por meio de um homem, seu tio Al--'Abbas, é simples, lógica e sobretudo coerente:

> "Recebi suas observações e li sua carta", escreveu para Al-Nafs al--Zakiya. "Na verdade, toda sua argumentação repousa sobre o orgulho que tem de sua descendência por parte das mulheres. E Deus não pôs as mulheres no mesmo nível dos tios ou dos pais [...] De fato, vocês são os descendentes do Profeta por parte de sua filha, mas esta não tem o direito de herança da *wilaya* [sucessão política], e não tem o direito de ser imã. Então, como você poderia herdar algo a que nem ela mesma tem direito?" (ibid.: v.x-212)

Segundo os abássidas, as pretensões dos descendentes de 'Ali ao poder eram totalmente infundadas, pois a transmissão do califado

---

[139] A referência a Khadija faz alusão ao fato de que ela foi a primeira convertida ao Islã.

por mulheres era impossível. Estas, excluídas por definição da direção maior do Estado, não podiam transmiti-la.

É preciso lembrar que, sempre a partir do princípio da primazia de Fatima, alguns xiitas desenvolveram leis diferentes em matéria de herança. Uma das seitas extremistas, que tem o nome de *ghurabiya*, chega a dar, em homenagem à lembrança de Fatima, toda a herança para a filha, violando assim a charia sunita que reserva para elas apenas metade da parte que vai para o filho.[140] A *ghurabiya*, que estava baseada na cidade de Qum, ameaçara de morte um corajoso juiz sunita que insistia na necessidade de aplicar a charia e teria ordenado dar à filha apenas a metade do que iria para o irmão. O juiz percebeu por experiência própria que o lugar do feminino dificilmente seria o mesmo nos dois casos. Por exemplo, quando um homem morre deixando uma filha e um neto (o filho do filho), os xiitas excluem o neto da herança e deixam toda a fortuna para a filha, o que é uma aberração para os sunitas. De acordo com estes últimos, a fortuna é, nesse caso, dividida em duas partes iguais, uma para a filha e outra para o neto (AMIN, 1961: v.III-260). As leis de herança constituem, depois da infalibilidade do imã, um dos maiores pontos de conflito entre sunitas e xiitas, além de outros sobre os quais as comunidades não se entendem de modo algum. Ahmad Amin, que faz em algumas páginas um resumo muito conciso das diferenças em matéria de status pessoal entre xiitas e sunitas, acrescenta o casamento *mut'a* à lista. O *nikah al-mut'a*, literalmente "casamento de prazer", contrato que une um homem e uma mulher por um período limitado, que pode ser de alguns dias a alguns meses ou mais e ao fim do qual o marido deve pagar uma quantia fixada anteriormente para a mulher, é apenas considerado *zina* entre os sunitas, isto é, fornicação pura e simples, uma forma de prostituição. E isso por várias razões, a principal sendo que o casamento *mut'a* não exige

---

140 A referência está no *Tabaqat*, de Al-Subki, citado em METZ, 1968: v.I-123. No que diz respeito à seita xiita *ghurabiya*, ver ABU ZAHRA, 1924: 65.

testemunhas, portanto não tem o caráter público tão essencial para o casamento sunita. A segunda razão é que não dá aos parceiros o direito de herdar um do outro, e a terceira é que o destino dos filhos é mais que incerto. Claro que não há repúdio possível, pois o casamento se anula por si próprio com a data limite fixada (AMIN, 1961: v.III-254ss). Dadas todas essas divergências em matéria de herança e de casamento, em que o feminino parece desempenhar papéis diferentes, poderíamos esperar uma atitude similar no plano político e mais conciliatória por parte do califa xiita do Cairo, que estaria mais disposto a aceitar uma rainha como Arwa do que seu homólogo sunita.

O califa Al-Mustansir vai reagir, no entanto, exatamente como um califa sunita na ocasião da morte de Al-Mukarram: opõe-se à possibilidade de que Arwa assuma sozinha o poder e despacha emissários que a aconselharão vivamente a se casar e a se apagar atrás de seu cônjuge. Tudo voltaria à ordem se Arwa consentisse em se casar com Saba Ibn Ahmad, primo de seu marido, que Al-Mukarram, na véspera de sua morte, designara também como sucessor (*khalifa li al-'ahd*). As fontes históricas, porém, até então concordantes, divergem sobre os detalhes dessa sucessão e as condições do segundo casamento de Arwa.

Primeiro, alguns especificam que Al-Mukarram havia cuidadosamente dividido as tarefas entre Arwa e Saba, legando a ela uma *wasiya* e a ele uma *da'wa*. A *wasiya* em benefício de Arwa confirmava-a em sua função de detentora do poder político terreno, e a *da'wa* designava Saba como herdeiro da missão espiritual de líder da comunidade ismaelita do Iêmen (AL-'ALAWI, s.d.: 282). Outros historiadores contentam-se em dizer apenas que Al-Mukarram deu o '*ahd* a seu primo Saba sem especificar o que compreenderia.[141] O '*ahd*, que etimologicamente quer dizer "obrigação, engajamento, pacto, tratado ou convenção", é o termo consagrado para se referir ao decreto político pelo qual um soberano reinante designa

---

141 Entre eles estão Al-'Alawi (s.d.: 342) e Al-Zirikli (1983: v.I-289).

um sucessor. O sentido de "testamento" é tão evidente na palavra *'ahd* que é usado em árabe para designar o Antigo e o Novo Testamento (*Al-'ahd al-'atiq* e *Al-'ahd al-jadid*).[142]

Em todo caso, qualquer que fosse a natureza do *'ahd* de Al--Mukarram, segundo Yasin al-Khatib, Arwa exerceu *al-mulk*, isto é, "o poder terreno", sem nenhuma interrupção, independentemente dos acontecimentos, desde a doença de Al-Mukarram em 473 até sua morte em 530, o que quer dizer que reinou durante quase meio século apesar da oposição do califa (AL-'AMRI, 1987: 358). Foi obrigada, porém, a fazer concessões a ele. Alguns dizem que Al--Mustansir intimou Arwa a se casar com Saba e que ela obedeceu e se casou docilmente. Ele teria criado um fato consumado enviando-lhe uma carta que dizia: "Dei você em casamento ao maior dos Comandantes, Saba" (AL-ZIRIKLI, 1983: V.1-289). Outros dizem que Saba tomou a iniciativa de pedir Arwa em casamento cinco meses depois da morte do marido (AL-THAWR, 1979: 284). Uns dizem que ela aceitou o pedido, outros que o recusou — recusa que foi mal recebida, pois Saba, ferido em seu amor-próprio, teria cercado Arwa em sua fortaleza de Jabala. Para convencê-la, usou, dizem os defensores dessa hipótese, seu irmão Ibn Amir para fazê-la mudar de ideia e aceitar Saba como esposo. O irmão de Arwa teria dito a ela que era o califa Al-Mustansir em pessoa que desejava seu casamento com o *da'i*, e que ele, o califa, pagaria um dote astronômico de cem mil dinares (em moedas de ouro) e cinquenta mil outros presentes diversos a fim de acertar a história dessa sucessão, que o incomodava muito (AL-'ALAWI, s.d.: 342).

Ao que parece, as pressões e os argumentos levaram Arwa a ceder e aceitar Saba como esposo. A tentação de enriquecer foi, pelo visto, a que menos pesou em sua decisão, pois Arwa já era muito rica, dado que era a guardiã dos tesouros da dinastia e uma das razões pelas quais decidira mudar a capital de Sanaa para Jabala fora manter os tesouros em segurança. Alguns afirmam que o casamen-

---

142 Em *Encyclopédie de l'Islam*, ver "'Ahd".

to nunca foi consumado, outros dizem o contrário: o casamento teria sido devidamente consumado, mas sem que houvesse filhos (AL-THAWR, 1979: 284).

Os defensores do casamento sem descendência contam em detalhes uma noite de núpcias espetacular e movimentada. Depois da conclusão do *'aqd al-nikah* (contrato de casamento), Saba teria deixado o forte de Achiakh, em que vivia, para ir a Jabala, onde morava a noiva. Teria entrado no palácio de Dar al-'Izz, que Al--Mukarram construíra para ela, e sido levado a um salão onde sua mulher deveria juntar-se a ele. Arwa veio efetivamente encontrá-lo, mas ele não a reconheceu pois estava disfarçada de *jarya*. Ela o teria servido durante toda a noite, sem que ele lhe dirigisse um olhar, persuadido de que a mulher que se movimentava a seu redor era apenas uma *jarya* comum. Como Saba era muito piedoso, nem levantou o olhar para ela, absorvido pela espera da rainha. A aurora chegou e a rainha ainda não estava lá, somente a *jarya*, sempre a seu serviço. Ele deixou então o palácio e voltou para casa, sem se dar conta de que a escravizada que estava diante dele era a rainha em pessoa (AL-'ALAWI, s.d.: 342).

Consumado ou não, o casamento durou onze anos, de 484 até a morte de Saba em 495. Arwa continuou a reinar com a ajuda de vizires e sem nenhum marido-biombo, aparentemente ignorando as ordens do califa. Em 495/1102, Arwa tinha pouco mais de cinquenta anos, e o califado fatímida do Egito, desgastado pelas lutas de sucessão que se seguiram à morte de Al-Mustansir em 487, não era mais tão poderoso quanto antes. Os ismaelitas haviam se separado em dois ramos, cada um seguindo um de seus filhos e criando assim uma divisão que precipitaria o fim de seu império. Al-Mustansir designara seu filho mais velho Nizar como príncipe herdeiro, o que revelou ao lendário Hasan Ibn al-Sabbah, o chefe de Alamut, quando este veio vê-lo disfarçado de comerciante para concluir o acordo que garantiria sucesso ao império xiita e segundo o qual Alamut mobilizaria seus terroristas contra os abássidas da Pérsia. Questão-chave para o *da'i* de Alamut, que devia conhecer quem seria seu chefe depois da morte de Al-Mustansir, dada a importância da hierarquia na cosmogonia xiita (IBN AL-ATHIR, 1987: V. VIII-497). Após a morte de Al-Mustansir em 487, porém, Nizar foi afastado do poder e seu irmão Al-Musta'li, declarado califa no Cairo, contrariando a vontade do pai. Al-Musta'li será considerado impostor fora do Egito e, "até hoje, os ismaelitas só reconhecerão Nizar como imã" (ibidem). Essa divisão enfraqueceu terrivelmente o califado do Egito, pois regiões inteiras do império recusaram-se a reconhecer Al-Musta'li. Este avançou com crueldade, a ponto de emparedar Nizar, que fugira para Alexandria e se proclamara califa: "Quando Al- Musta'li fez Nizar 'se entregar', construiu um muro em volta dele" (ibid.: 398). O ciclo do imã mártir, do imã justo e do inocente sacrificado ganhava nova vida. Desta vez, no entanto, suas implicações geográficas eram imensas, pois o *da'i* mais poderoso, o chefe de Alamut, Hasan al-Sabbah, declarou-se, depois da morte de Nizar, chefe supremo e reivindicou o título de *huja*. "Depois de sua morte, os senhores de Alamut tornaram-se os chefes supremos e, a partir do quarto entre eles, Hasan [557/1162] – *'ala dikrihi al-salam* –, começaram a ser reconhecidos como imãs."[143]

Arwa continuou fiel ao Cairo. Graças a ela, Al-Musta'li será reconhecido não apenas pelo Iêmen, mas também pelos ismaelitas da Índia que deles dependiam.[144] Infelizmente, Al-Musta'li não lhe foi grato. Em 512/1119, enviou ao Iêmen um de seus homens, Najib al-Dawla, que, achando Al-Hurra muito velha e provavelmente também muito popular, tentou tomar seu reino. Teve uma grande surpresa: o Iêmen ainda amava sua rainha e só se via governado por ela. Exército e população se mobilizaram atrás de Arwa para combater o enviado do califa. "Quando Najib al-Dawla declarou guerra a Al-Hurra, com a ideia de tirá-la do poder, ela recebeu tamanho apoio da maioria dos emires do país que este se viu obrigado a renunciar a seu projeto." (KAMIL, 1968: 171). Ela ficou no poder,

---

[143] Wilferd Madelung no artigo sobre "Isma'iliya" em *Encyclopédie de l'Islam*.
[144] Ibidem.

apesar da inimizade do califa do Cairo, seu superior hierárquico, até sua morte em 532/1138.

Arwa morreu de morte natural, verdadeiro milagre para um soberano árabe, depois de ter exercido os plenos poderes de chefe de Estado do Iêmen durante mais uns bons vinte anos.

Se Asma e Arwa, sobretudo esta última, puderam não apenas governar, mas ter a *khutba* dita em seu nome, além dos notáveis e da população do país a seu lado, devem isso ao fato de serem xiitas ou iemenitas? Depois de ter tentado definir a postura do xiismo com relação ao feminino e ao político, podemos concluir que a variável religiosa deve ser eliminada, o que deixa apenas uma explicação possível: a dimensão cultural local, a memória específica do Iêmen que parece aceitar as mulheres como parceiras no jogo político. Se a história mostra que sunitas e xiitas se opõem em tudo, mostra também que estão de acordo sobre o destino reservado às mulheres em matéria de política. Os califas xiitas assim como os sunitas detestam ver uma mulher governar uma comunidade muçulmana. Pode-se até dizer que o conflito entre sunitas e xiitas sobre o papel de Fatima é o melhor exemplo para ilustrar como o oportunismo político usa como bem entende, e segundo seus interesses, o feminino. O Islã dos políticos, o Islã do *qasr* (palácio), muda e se colore de acordo com as circunstâncias. Os políticos que são califas e cádis, com interesses precisos a defender, podem modificar à vontade o Islã-Risala, o Islã mensagem do Profeta registrada no livro divino, o Alcorão. Se a sucessão por parte de mulheres é a única maneira para os xiitas de ganhar legitimidade e um palácio, suas autoridades religiosas vão trabalhar para prová-lo. Se o palácio sunita de Bagdá precisar rejeitar as mulheres como transmissoras de legitimidade, as autoridades religiosas não terão nenhuma dificuldade em fazer o texto dizer o que querem. A única diferença é que, para o califa fatímida, seus interesses vão levá-lo a ter duas posições contraditórias em relação ao feminino e seu lugar na cena política. Dirá *sim* à sua proeminência num debate esotérico sobre a transmissão do poder, com Fatima reivindicada como ancestral por quem passa a política e sua legitimidade, e *não* à presença de mulheres como parceiras na cena política, de modo que Arwa será recusada e declarada incapaz de garantir o governo de um Estado xiita.

A história dos fatímidas constitui um campo de investigação único para aqueles que se interessam pelo feminino e pela política. Circunstâncias diferentes, mas também extraordinárias, levarão uma princesa fatímida a ocupar o lugar do califa e a executar suas funções na escala do império durante uns quatro meses. Trata-se de Sitt al-Mulk, que assumiu o poder em 411/1020, depois do misterioso desaparecimento de seu irmão, o imã Al-Hakim bi-'Amr Allah, califa alucinado e delirante que numa bela manhã declarou ser Deus em pessoa e que era preciso adorá-lo como tal. Tarefa exaustiva para os fiéis em geral e para sua irmã Sitt al-Mulk em particular.

A história de Sitt al-Mulk é tão fascinante quanto exemplar, na medida em que as circunstâncias empurraram uma mulher a fazer o inimaginável: tomar o lugar de um califa para salvar milhões de fiéis da loucura do imã. Não se tratava mais, como no caso de Arwa, de exercer o *mulk*, o poder terreno puro, mas de ocupar o lugar vazio de um califa inapto para assumir suas responsabilidades. Sitt al-Mulk tomou o lugar do imã infalível que a loucura transformara em assassino alucinado e cujos gestos não respondiam mais, aos olhos dos fiéis, a nenhuma lógica, e não mostravam mais nenhuma legitimidade. O caso de Sitt al-Mulk é sem dúvida um caso limite, aquele em que o feminino, em princípio relegado ao harém, irrompe no trono. Para se proteger, o sistema vai negar totalmente a existência de Sitt al-Mulk, e a *khutba* nunca será dita em seu nome nas mesquitas. Ela própria, chefe mulher a quem os historiadores atribuem de bom grado o adjetivo *hazima*, vai procurar, depois de quatro meses de poder direto, estabelecer uma barreira e se mascarar.

III.
A DAMA DO CAIRO

Sitt al-Mulk, nascida em um palácio fatímida, não teve necessidade de acrescentar um título a seu nome, que significa "Dama do Poder". Também nunca precisou brigar para ganhar o primeiro lugar junto aos califas: estes sempre se aglomeraram em torno dela, fascinados pela mistura — irresistível para os árabes — de imensa beleza e enorme inteligência. No entanto, por maldição ou destino, nenhum dos califas que a adulou se tornou seu marido. Ela permanecerá como refém do clã, de seu poder e de suas paixões ambíguas. O califa Al-'Aziz, seu pai, a mimará, e seu irmão Al-Hakim a torturará como amante com seus ciúmes. Por fim, será em nome de um terceiro califa, seu sobrinho Al-Zahir, que exercerá o poder durante quatro anos.[145] Governará o império entre 411/1020 e 415/1024, em nome de uma criança a quem outorgará o título de Al-Zahir, "Eminentemente Visível",[146] pois o poder dela será, como determina a lei sagrada, marcado pela invisibilidade. A *khutba* nunca será dita em seu nome; em nome do imã-criança os fiéis recitarão as orações rituais de sexta-feira. No entanto, ela governava o império, e "mostrou qualidades excepcionais, principalmente em matéria de justiça, que a tornaram amada pelo povo" (AL-ZIRIKLI, 1983: v.III-78).[147] Ser querido pelo povo do Egito nem sempre foi tarefa fácil. Seu pai Al-'Aziz e seu irmão Al-Hakim recebiam com regularidade cartas com insultos por parte de seus governados, e isso apesar da grande diferença que existia entre os dois, especial-

---

[145] As biografias de Sitt al-Mulk são muitas nas fontes árabes. As fontes antigas mais citadas são: 'INAN, 1947: 34-41; AL-'AMRI, 1987: 162-466; AL-AMILI, 1985: 240-241; HASAN, 1970: 108-114.
[146] Seu título completo é "Al-Zahir li-I'zaz Din Allah". Ver sua biografia em IBN KHALLIKAN, s.d.: v.III-406ss; e sua entronização em IBN AL-ATHIR, 1987: v.VIII-131.
[147] Ver também IBN KHALLIKAN, s.d.: v.VIII-130, acontecimentos do ano 411.

mente a doçura e a tolerância no primeiro e a violência irracional e injustificada no segundo.

Sitt al-Mulk era uma das mais belas princesas fatímidas. Tinha as mãos enfeitadas com as joias mais preciosas da dinastia, a pele perfumada e era adornada por centenas de *jaryas* que tinham como tarefa essencial torná-la ainda mais bela, vestindo-a com túnicas extraordinárias de seda fina, linho e brocado real especialmente criadas por uma manufatura que só servia à dinastia.[148] O estranho é que os fatímidas que tomaram o poder no Egito em nome da contestação xiita e prometiam no início a simplicidade e o ascetismo como alternativa ao fausto abássida (que, de acordo com sua propaganda, simbolizava a decadência) foram rapidamente engolidos por um luxo até então nunca visto no Império Muçulmano. E Sitt al-Mulk se servirá, como toda a família principesca, na loja do Estado (*khizanat al-kiswa*) fundada por seu avô Al-Mu'izz, cujos mestres artesãos tinham como missão criar roupas de brilho ofuscante, sendo a luz o elemento central da cosmogonia xiita. Os fatímidas se vestirão de branco para se opor ao preto, cor oficial dos trajes cerimoniais dos califas abássidas, mas seu branco será realçado com bordados de ouro e de prata, salpicados de pedras preciosas para refletir a luminosidade do divino.[149] Sitt al-Mulk nasceu no apogeu de seu triunfo, e refletirá seu luxo e sua influência. Foi literalmente fisgada por um poder que a cercava desde seu nascimento em 359/970, um ano depois da conquista do Egito por seu avô. Passou uma infância feliz no extraordinário Qasr al-Bahr, o Palácio do Mar concebido por soberanos astrólogos para se equiparar às estrelas.

O primeiro a sucumbir ao charme de Sitt al-Mulk foi seu pai, o califa Al-'Aziz, quinto fatímida (365/975 a 411/1020). Ele deu ao Cairo, criado em 359/970 por seu predecessor, seu pai al-Mu'izz, dois

---

[148] Em *Encyclopédie de l'Islam*, ver "Libas" na parte sobre os fatímidas.
[149] A cor sempre teve um papel primordial no ritual e no cerimonial do poder nas dinastias árabes, e a contestação do poder estabelecido se manifestava no nível do símbolo, entre outras formas, pela adoção de uma cor diferente. Ver "Libas", em *Encyclopédie de l'Islam*.

de seus mais belos palácios Qasr al-Bahr (Palácio do Mar) e Qasr al-Dahab (Palácio de Ouro). Foi no primeiro, que "não havia igual nem no Oriente, nem no Ocidente", que Sitt al-Mulk viveu quando criança. Sua infância foi feliz; seu pai era tão apaixonado por sua mãe que a qualidade da relação influenciou as práticas políticas do reino (IBN KHALLIKAN, s.d.: v.v-372). Na verdade, esse amor foi considerado nefasto por alguns dignitários, pois a mãe de Sitt al-Mulk era uma *jarya* cristã de origem bizantina, orgulhosa de sê-lo e decidida a continuar assim. Muitos viam com maus olhos os jogos de um califa-imã xiita, em princípio sempre em guerra santa contra os *rums* (bizantinos), e de uma *jarya* inimiga fazendo a lei em seu palácio.[150] Xenofobia mais justificada por parte dos fanáticos da corte que por Al-'Aziz, que "amava o perdão e o usava com frequência" (IBN AL-ATHIR, 1987: v.vii-477), incluindo os cristãos em sua política de tolerância. Sob seu reinado, os não muçulmanos, judeus e cristãos, tiveram direito a privilégios aos quais nunca antes acessaram. Chegaram aos cargos mais altos do império, participaram de todas as atividades políticas, tomaram decisões e conseguiram uma proeminência que suscitou muitos ciúmes e atraiu para o califa críticas e insultos por parte daqueles que não compartilhavam seus ideais de ecumenismo e de abertura.[151] A nomeação de dois altos funcionários, o primeiro um cristão, 'Issa Ibn Nasturus, para o posto de vizir, e o segundo Mancha, um judeu que serviu como seu representante na Síria, atraiu para Al-'Aziz a fúria dos mais fanáticos entre seus fiéis. Foi bombardeado com mensagens que o criticavam por dar tanta influência a não muçulmanos (ibidem). Al-'Aziz, porém, resistiu às pressões e fez de sua política de tolerância o ideal da educação que transmitiu à filha Sitt al-Mulk. Ela herdou suas qualidades pessoais, notadamente em matéria de abertura e tolerância, e ficou a seu lado para encorajá-lo a manter Nasturus quan-

---

150 Alguns dizem que era copta ('INAN, 1947: 34).
151 Ver a biografia de Al-'Aziz sob o nome de Nizar al-'Ubaid em IBN KHALLIKAN, s.d.: v.v-372.

do Al-'Aziz enfraqueceu diante dos ataques e o depôs ('INAN, 1947: 35-36). Nascida de um casamento misto entre um imã e uma cristã, Sitt al-Mulk reivindicou sua dupla identidade e a defendeu como um ideal. Em vez de ficar dividida entre duas comunidades rivais, procurou abri-las uma para a outra. O respeito pelos cristãos e pelos judeus será um dos assuntos que vão colocá-la em oposição ao califa seguinte e pôr sua vida em perigo. Ela insistirá para que seus dois tios cristãos, Arsenius e Aristes, mantenham seus postos de influência, embora as intervenções contra eles se multiplicassem. Os historiadores muçulmanos nunca deixam de enumerar como critérios de avaliação de um califa seu grau de tolerância e sua capacidade de evitar derramamento de sangue. Um grande califa é antes de tudo um califa tolerante; um reinado desastroso é aquele em que o sangue é derramado. E todos reconhecem o reinado de Al-'Aziz, que durou vinte e um anos, como bem-sucedido, e ele próprio como um príncipe excepcional. Ibn Khallikan descreve-o como "generoso, corajoso, que tendia para a clemência, pois perdoava com facilidade" (IBN KHALLIKAN, s.d.: v.v-371).

Al-'Aziz era um soberano excepcional sob todos os pontos de vista. Um belo homem, moreno com grandes olhos claros e ombros largos, adorava os cavalos e a caça, em especial a caça aos leões. Era também cultivado e virtuoso (ibid.: 372). Sitt al-Mulk herdou duas das qualidades do pai: a beleza que estava perto da perfeição e a coragem que era igual à dos heróis (AL-'AMRI, 1987: 463). Muito cedo, seu pai a associará ao poder pedindo-lhe sua opinião e encorajando-a a expressá-la. Ainda adolescente, Sitt al-Mulk se acostumou a ver sua opinião ser levada em consideração, e as coisas continuarão assim mesmo depois da morte de seu pai.

Al-Hakim era o irmão caçula de Sitt al-Mulk, o homem que precipitaria o Egito nas profundezas trágicas da loucura fanática e do assassinato irracional, transformando as promessas de abertura em ódios certeiros. Cresceu como qualquer outra criança, ao lado da irmã dezesseis anos mais velha, em um palácio aberto para o mar e para os outros. Nada levava a prever que a destruição se insinuaria na cidade com um sorriso de criança. O Cairo não esquecerá jamais sua entronização depois do enterro do pai, organizado tão apressadamente que os pés do cadáver escapavam do caixão. O eunuco que cuidava do protocolo do palácio não teve tempo de encontrar, menos ainda de confeccionar, um caixão do tamanho de Al-'Aziz, grande esportista de ombros largos, levado na flor da idade por uma morte acidental. A cidade assistiu boquiaberta ao enterro real, que teria sido solene se não fosse esse detalhe insólito: os pés do califa morto que saíam do caixão.

Al-Hakim, ainda criança, brincava quando seu professor e tutor, Al-Ustad Burjwan, um eunuco escravo, ordenou que parasse imediatamente, prosternou-se diante dele e beijou a terra sob seus pés murmurando: "Al-salam 'ala Amir al-Muminin" (Paz sobre o Comandante dos fiéis) (IBN KHALLIKAN, s.d.: v.v-375). Os chefes militares e os dignitários fizeram com que vestisse as roupas do poder menos de uma hora depois da morte do pai em um *hammam* da cidade de Bilbays, causada por instruções mal-entendidas a respeito de um medicamento perigoso que deveria tomar no banho. Al-'Aziz, que tinha pouco mais de quarenta e dois anos, estava a caminho de uma expedição contra os bizantinos. Era o Ramadã de 386 (14 de outubro de 996) (Ibidem; 'INAN, 1947; AL-MAQRIZI, 1987: V.II-285; IBN AL-ATHIR, 1987: V.VII-477). O Cairo que o vira partir no centro de seu impressionante cortejo militar viu chegar, no pôr do sol, uma criança de onze anos vestida com uma roupa monocromática, com um turbante de pedras preciosas na cabeça, uma lança na mão e um sabre do lado, bandeiras hasteadas e o guarda-sol real em destaque, precedido pelo corpo de Al-'Aziz. Os pregoeiros cruzaram a cidade com ordem de anunciar a morte do pai e a entronização do filho acompanhada da frase clássica que reflete a insondável ansiedade que gera a sucessão: "Allah, o altíssimo, é garantia de seus bens e de suas vidas" (KHALLIKAN, s.d.: v.v-375). Ninguém desconfiava que, com essa criança que tinha a fronte cingida de pedras preciosas e o olhar surpreso, a loucura e o horror penetrariam na cidade.

Al-Hakim aterrorizou o Cairo com seus excessos públicos e Sitt al-Mulk com seus ciúmes privados. Era assombrado pelo número de seus amantes, que imaginava serem muitos e via por toda parte, sobretudo entre os grandes generais de seu exército. Essas suspeitas e ciúmes empurrariam Sitt al-Mulk para o fratricídio e uma série de assassinatos. A morte de Al-'Aziz chegou subitamente e desencadeou no espírito do rei-criança tempestades cuja natureza e amplitude ele próprio ignorava. A partir daí, tudo se desenvolveu no ritmo alucinante da fatalidade.

Os acontecimentos se encadearam, cada vez mais incontroláveis, mórbidos e sanguinários, como num verdadeiro pesadelo, conduzindo à noite da primavera de 411 em que a notícia de que o califa Al-Hakim desaparecera se espalhou pelo Cairo. Um califa não desaparece. Entre a morte tranquila numa cama (caso raro, é verdade), a morte corajosa em um campo de batalha, a morte devota na estrada para Meca, ou ainda uma morte violenta, um assassinato premeditado pelas intrigas sombrias de palácios e gineceus, as escolhas são muitas. Um desaparecimento, porém, era tudo o que a comunidade muçulmana não esperava. A multidão do Cairo, perturbada por um evento tão incomum, se dividiu em duas: a maioria, que ratificou o desaparecimento de Al-Hakim, e a minoria que esperará até hoje. Estes são os drusos, que vivem nas montanhas do Líbano atualmente. Perseguidos pelos egípcios, foram obrigados a emigrar para o norte e se recolher em montanhas isoladas para esconder seu culto considerado herético.

Em 411, a maioria dos habitantes do Cairo já tinha esse caráter prosaico que fará dos egípcios um dos povos mais rebeldes do mundo árabe, e começou-se a acreditar fortemente na hipótese de um assassinato. Muitos dos cairotas já haviam cogitado regicídio quando o acaso de uma caminhada os levava pelo caminho do califa Al-Hakim, cujas rondas noturnas pontuadas de violência e execuções capitais vinham aterrorizando a cidade. Este terror explica o fenômeno extraordinário da tomada do poder por Sitt al-Mulk, que vai ocupar o lugar do califa e assumir suas funções durante vários meses, situação absolutamente impensável em condições normais. Os *fuqaha*, especialistas em ciências religiosas que tinham como missão prever e descrever tudo em caso de vacância do poder califal para evitar a desordem na comunidade dos fiéis, consideraram todas as situações menos essa. A loucura figura entre as cláusulas que liberam os fiéis de sua *bay'a*, seu contrato de obediência ao imã. Quando um infortúnio como esse se abate sobre uma comunidade muçulmana, ninguém sabe como enfrentá-lo. O mais bizarro é que a transferência apocalíptica do poder de um irmão para a irmã aconteceu na maior calma, calma que se choca com a excitação clássica e a *fitna* (desordem) inevitável que acompanham os interregnos.

Com a morte de Al-Hakim, apenas seu filho ainda criança podia oficialmente reivindicar o poder. Tudo, porém, era tão imprevisto que ninguém pensava mais no ritual e seus protocolos, a ponto de Sitt al-Mulk aparecer como uma alternativa aceitável e normal. No entanto, nada era normal em um curso dos acontecimentos que a dinastia fatímida considerava como ditado pelos astros e estritamente controlado por eles: nem o desaparecimento de Al-Hakim, nem a espera que se seguiu.

Sobre esse desaparecimento, há várias versões que estão de acordo em um ponto: Al-Hakim tinha o costume de sair demais, pelo menos para um califa, segundo o protocolo.

> Ele exagerou. Num sábado, fez pelo menos seis aparições, uma a cavalo, uma no lombo de um burro, e uma terceira numa liteira içada sobre a cabeça de carregadores. Na quarta aparição, foi visto fazendo um passeio pelo Nilo, de barco. E desta vez notaram que o califa não usava turbante. (AL-MAQRIZI, 1987: V.II-288)

Foi o fato de que passeasse com frequência à noite, porém, que semeou os primeiros germes de angústia nas mentes.

Sabia-se da paixão de Al-Hakim pelas estrelas, paixão que não tinha nada de anormal, pois quase todos os imãs ismaelitas eram versados em astronomia — para eles ao mesmo tempo uma iniciação, uma ciência e um passatempo. No tempo de Al-Hakim, os maiores astrólogos do mundo muçulmano eram convidados a ir ao Cairo para fazer companhia ao soberano. A observação dos astros e o cálculo de seus movimentos eram importantes para o xiismo ismaelita, baseado na noção de um "tempo cíclico" em que os acontecimentos terrestres só se explicam por sua realidade esotérica, isto é, pela relação com o "drama no céu", cujo resultado, na verdade, preparam (CORBIN, 1986: 128ss). *'Ilm al-nujum*, a ciência dos astros, manteve desde o início um lugar central no ismaelismo e, segundo as previsões, servia para expressar interesses diversos. Em sua apresentação de fontes do ismaelismo, Ibn al-Nadim lembra por exemplo que o filósofo astrônomo Muhammad Ibn al-Hasan, que atendia pelo apelido de "Zaydan", foi aclamado em Al-Kurkh quando anunciou que, segundo "as leis astrais" (*al-hukm al-nujumi*), os persas tomariam o poder dos árabes, graças à transferência de certa constelação triangular de Escorpião para Sagitário (IBN AL--NADIM, 1978: 267). O cálculo da aparição do imã providencial, do Mahdi esperado (*Al-Mahdi al-muntazar*), assim como o do tempo exato para um *da'i* revelar sua verdadeira identidade, entrava em previsões astrológicas que exigiam um conhecimento íntimo do céu e de suas leis.

Os ismaelitas usavam em profusão as especulações astrológicas para prever os acontecimentos (*'ilm al-ghayb*) e, mais trivialmente, para definir o número de dias por mês já que não utilizavam o mês lunar como os sunitas. Era preciso "permitir ao imã fixar o início do mês sem ser obrigado a esperar a aparição da lua. Na prática, o começo do mês é fixado graças a cálculos astronômicos, de modo que cai muitas vezes um ou dois dias antes do dos outros muçulmanos".[152] Dá para entender por que o estudo

---

152 Em *Encyclopédie de l'Islam*, ver "Isma'iliya". Dá para imaginar as fricções que essa maneira de calcular pode criar entre ismaelitas e sunitas, pois estes últimos se orientam segundo o mês lunar, principalmente durante o mês do Ramadã.

dos astros e a matemática (*al-nujum wa al-hisab*) foram ensinados a Al-Hakim como parte integrante da educação de um príncipe herdeiro fatímida.

A fascinação de Al-Hakim pelos astros, no entanto, não bastava para explicar seu desejo imoderado de sair à noite. Muitos fiéis começaram a pensar que ele sofria de insônia, e essa insônia se tornaria o terror dos cairotas pois multiplicava as ocasiões de violência e deu início a uma série de incidentes bizarros que culminariam no assassinato de Al-Hakim. Sua insônia explicava a ordem que deu para matar todos os cachorros, cujos latidos o impediam de dormir. Explicava também a ordem dada aos comerciantes e artesãos para trabalhar à noite e dormir de dia, de modo que o cortejo de Al-Hakim pudesse deambular em um Cairo iluminado e vibrante de atividade. A população, no início fascinada pelo espetáculo luxuoso das procissões que acompanhavam o cortejo califal nas primeiras noites, rapidamente se decepcionou, pois Al-Hakim aderiu pouco tempo depois ao ascetismo total. Não se viam mais os cavalos de raça pura com arreios de ouro e prata incrustados com esmalte e pedras preciosas. Alguns, na procissão fatímida, usavam no pescoço correntes de ouro e colares de âmbar. Às vezes, os cavalos vestidos para danças do ritual cerimonial circulavam com os tornozelos circundados por braceletes banhados a ouro. O couro das selas era substituído por brocado vermelho ou amarelo ou mesmo por *siglat*, um bordado de seda de várias cores (CANARD, 1952: 375).

Um belo dia, o fausto a que o califa havia acostumado as multidões desapareceu, e ele passou a ser visto passeando sozinho, abandonado, desprezado, vestido com uma simples túnica de lã; ele, cuja luz inspirava as vestimentas antigamente. Deixou crescer os cabelos e negligenciou o uso do turbante, símbolo distintivo da dinastia que foi a primeira a enfeitá-lo com pedras e fez do acessório, pelo modo de amarrar, uma espiral de majestade e um ornamento sem igual (AL-MAQRIZI, 1987: 288). A multidão se lembrava ainda mais desses momentos de magnificência ao ver como a silhueta do califa despido de ornamentos e andando sozinho pelas ruas do Cairo foi se tornando um pesadelo. A angústia se amplificou na misteriosa noite da primavera de 411 em que Al-Hakim saiu para não mais voltar. Corriam rumores, já havia alguns dias, de que uma grande cena de ciúmes mais uma vez o colocara em confronto com a irmã. Ele a ameaçara, assim como os amantes que lhe imputava, de morte. A cidade estava tomada por rumores e o desaparecimento do califa só fez com que se multiplicassem. Várias versões circularam sobre as causas dos acontecimentos, versões que serão fielmente registradas pelos historiadores, os quais, porém, nunca conseguirão chegar a uma conclusão.

A versão mais comumente admitida é a de Ibn al-Athir:

> Na noite de segunda-feira, quando não restavam mais do que duas ou três noites no mês de Chawal de 411 [13 de fevereiro de 1021], Al--Hakim bi-'Amr Allah Abu 'Ali al-Mansur Ibn al-'Aziz bi Allah Ibn al-Mu'izz al-'Alawi, o senhor do Egito, desapareceu. E ninguém tinha nenhuma informação sobre ele. A razão de seu desaparecimento era ter saído para passear à noite, como tinha o hábito de fazer [...] Foi na direção leste de Hiluwan e estava acompanhado de dois escudeiros [...] As pessoas saíram à procura de seus rastros até o fim de Chawal. No terceiro dia do mês seguinte, uma equipe deixou o palácio chefiada por Al-Mudaffar al-Saqlabi, responsável pela *midalla* [o guarda-sol, um dos símbolos do poder], chegou a Hiluwan e subiu a colina [...] Avistaram o burro em que Al-Hakim havia montado. Este tinha marcas de sabre nas patas da frente. O burro ainda estava com a sela [...] Seguiram as pegadas e chegaram até suas roupas [...] Estavam rasgadas a faca [...] A equipe voltou e não teve nenhuma dúvida sobre quem o matara. (IBN AL-ATHIR, 1987: V.VIII-128)

Al-Hakim erguera a cidade contra ele e multiplicara assim ao infinito o número de seus assassinos potenciais: "Os habitantes do Cairo o detestavam por causa de todo mal que havia feito a eles", explica Ibn al-Athir. "Enviavam-lhe cartas em que insultavam seus ancestrais [...] Foi depois disso que mandou incendiar o Cairo." (IBN AL-ATHIR, 1987: V.VIII-128).

Em 410/1020, Al-Hakim de fato dera ordem para incendiar Al-Fustat — que hoje se chama Masr al-Atiq, Cairo Antigo — quando os egípcios o cobriram de libelos injuriosos, depois das manifestações que se seguiram à proclamação de sua divindade. Ordenara a suas tropas negras que pilhassem e incendiassem Al-Fustat. Uma luta mortal irrompeu entre os exércitos do califa e a população. Outras tropas estrangeiras estacionadas no Cairo, especialmente turcas e berberes, foram liberadas contra os habitantes e muitos egípcios tiveram que resgatar suas mulheres e filhos capturados como reféns pelos soldados e escravizados (ibid.: 129).

A população do Cairo ficara ofendida com a declaração de Al-Hakim a respeito de sua própria divinização, não apenas devido ao absurdo do princípio, mas sobretudo porque os "obrigava a se prosternarem cada vez que seu nome era pronunciado numa reunião, numa mesquita ou até na rua. Todos aqueles que ouviam seu nome deviam se prosternar e beijar a terra para celebrar sua grandeza" (AL-HANBALI, s.d.: V.III-194). O desaparecimento de Al-Hakim, portanto, não surpreendeu ninguém, mas gerou muita ansiedade, uma ansiedade nervosa, pois tudo o que dizia respeito a Al-Hakim se revestia de uma dimensão irracional, do imprevisível, daquilo que escapa ao simples. Al-Hakim podia ter decidido apenas desaparecer por alguns dias, e acontecia frequentemente de se retirar para o deserto, com "sandálias de beduíno nos pés e uma toalha na cabeça" (AL-MAQRIZI, 1987: V.II-288).

Foi por essa razão que, depois do desaparecimento do califa, não apenas os egípcios não criaram nenhuma dificuldade para Sitt al-Mulk, mas tornaram-se seus cúmplices e aliados, permanecendo tranquilos e evitando as desordens que normalmente acompanham a morte de um califa. Tranquilidade e calma ainda mais suspeitas considerando que muitas pessoas pensavam que fora ela quem organizara o desaparecimento. Durante cinco dias seguidos, ela enviou escudeiros e soldados para esquadrinhar o Cairo e suas colinas, principalmente aquelas que Al-Hakim frequentava com assiduidade. Normalmente, é necessária uma sucessão relâmpago, em que estão implicados apenas os que são próximos da esfera do poder, os *ahl al-ikhtiyar*, aqueles que têm o privilégio da escolha. Essa sucessão se deu o mais rápido possível, devido aos perigos de *fitna*, isto é, da possibilidade de o povo intervir, perturbando a ordem da elite. Ou bem se guarda em segredo a morte do califa até que seu herdeiro chegue, se estiver longe, ou ela só é anunciada ao mesmo tempo que se organiza o ritual de entronização de seu sucessor.

Estranhamente, nessa primavera, ninguém pensava em perturbar o palácio e as intrigas dos poderosos. O Cairo prendia a respiração. Os militares, assim como o povo, aguardavam em silêncio. Excepcionalmente, o vazio do poder paralisava. A multidão popular, amaldiçoada pelos historiadores oficiais e que só podia se expressar em batalhas de rua nas raras ocasiões de interregno em que as muralhas do teatro político se esgarçavam, surpreendeu por sua letargia.[153] Um Cairo letárgico é ainda mais surpreendente do que um Cairo em plena sedição. Cidade enfeitiçada desde seu nascimento por sua própria desordem a ponto de se confundir com ela, o Cairo sempre fascinou:

> É o ponto de encontro dos viajantes, a estação dos fracos e dos poderosos. Você encontra ali tudo o que deseja, intelectuais e ignorantes, homens diligentes ou entregues a frivolidades, amáveis ou temperamentais, de origem humilde ou de berço ilustre, nobres ou plebeus, ignorados ou célebres. O número de seus habitantes é tão grande

---

[153] Sobre o ódio e o desprezo do povo, *al-'amma*, conferir o excelente resumo da *Encyclopédie de l'Islam*. Folhear também os manuais para cortesãos, como o ensaio creditado a Al-Jahiz, *Le Livre de la couronne* (*Kitab al-taj*), que é um manual didático sobre etiqueta e a vida na corte, ou como seduzir o príncipe. A ideia de base é se mostrar pequeno. Toda dignidade incomoda o chefe. Cf. AL-JAHIZ, 1954.

que seus fluxos fazem-na parecer um mar agitado. (IBN BATTUTA, 1982: v.I-120)[154]

Enquanto Sitt al-Mulk organizava as buscas para encontrar o irmão, os habitantes do Cairo, atentos e obedientes, com os olhos voltados para o palácio, não conseguiam acreditar na morte de Al-Hakim, que os habituara a comportamentos inexplicáveis: era capaz de tudo, absolutamente tudo; seus caprichos mórbidos não tinham limites. Não declarara guerra aos cães?

Em 395, dera a ordem de caçar e matar sistematicamente todos os cães do Cairo e enviara ordens para que seus governadores em todo o Egito fizessem o mesmo. Al-Maqrizi diz que mataram tanto que a espécie foi dizimada por completo, e Ibn Khallikan acrescenta um detalhe que dá uma ideia da atmosfera psicológica de uma cidade onde o assassinato, mesmo de animais, virou assunto oficial: "Quando Al-Hakim ordenou que matassem os cachorros, assim que um aparecia nos mercados, nas ruelas ou nas grandes avenidas, era imediatamente condenado à morte" (AL-MAQRIZI, 1987: v.II-286; IBN KHALLIKAN, s.d.: v.V-393). Por que os cachorros? Qual era seu crime contra o califa? O argumento mais sensato que podemos apresentar, conclui Al-Maqrizi, é "que é preciso evitar procurar razões para os atos de Al-Hakim. Os sonhos que o obcecavam desafiavam qualquer interpretação" (AL-MAQRIZI, 1987: v.II-289). Alguns explicaram sua decisão de eliminar a espécie canina pelo fato de que os latidos o impediam de dormir. De fato, a cidade seria pouco a pouco engolida por seus problemas de insônia. Começou primeiro convocando os *majlis* (reuniões oficiais de

---

[154] É preciso notar, no entanto, que o Egito de Ibn Battuta é o do século XIV. Ibn Battuta, que nasceu em Tanger em 1304, fez sua primeira viagem a Meca em 1326. E foi durante essa viagem que visitou o Egito pela primeira vez. Cito Ibn Battuta pela beleza da descrição e por sua exatidão, até para o Cairo atual. Mas para quem quer se informar sobre o Cairo de Al-Hakim, é preciso ler *Al-Khitat*, de Al-Maqrizi, onde há uma descrição praticamente bairro a bairro, destacando em especial os monumentos.

trabalho) à noite, desde 389. Tinha então catorze anos: "Al-Hakim decidiu que os *majlis* aconteceriam à noite, e todos os altos funcionários de Estado foram forçados a aderir" (AL-MAQRIZI, 1987: v.II-285). Depois de algumas sessões, porém, desistiu e começou seus passeios noturnos. No início, tinham a aparência de um cortejo oficial que encorajava as multidões a sair e a se divertir tarde da noite: "A população gastou muito para enfeitar as ruas e iluminá-las, quantias enormes foram despendidas. Essa atividade noturna encorajou as pessoas a comer e beber fora, e os cantos, as diversões e os espetáculos se multiplicaram até ultrapassar todos os limites" (ibidem). Resultado que vai provocar em Al-Hakim o desejo de reprimir a "devassidão" e as mulheres, que serão apontadas como responsáveis pelas desordens que aconteciam.

Esquecendo que o problema se originava de seus passeios noturnos, Al-Hakim vai tentar pôr ordem numa cidade muçulmana que começava a tomar gosto demais pelos prazeres da noite. "Proibiu as mulheres de saírem à noite e os homens de se sentarem nas lojas." Alguns anos depois, pôs fim a suas saídas noturnas e proibiu a população de circular à noite e de se divertir. "A escalada, porém, vai se acelerar. Em 410, proibiu as pessoas de cantar em público e de passear perto do mar. Proibiu também a venda de vinho e foi dada uma ordem a todos para que não saíssem às ruas entre o pôr do sol e a aurora." (ibid.: 287). Pegar barcos de passeio tornou-se um ato proibido porque dava prazer às pessoas e sobretudo permitia que homens e mulheres compartilhassem um mesmo espaço. Al-Hakim ordenou às casas que tinham vista para o *khalij* (o canal) que fechassem portas e janelas, pois a vista dava prazer. Foram principalmente as mulheres, seus corpos e seus deslocamentos, que se tornaram uma verdadeira obsessão para Al-Hakim.

As mulheres e tudo o que se refere ao prazer vão assombrar o califa. Todas as suas proibições têm um mesmo objetivo: eliminar as mulheres da vida cotidiana, torná-las invisíveis, escondê-las, fazer com que sua existência seja esquecida, como se sua presença fosse de algum modo a causa da inflação, da seca e das epidemias que dizimavam a cidade. Como para os cachorros, as decisões relativas às mulheres foram acompanhadas de violência. A proibição de sair foi primeiro limitada à noite, depois estendeu-se até reduzir a vida delas a uma prisão em todos os sentidos do termo, físico e espiritual. Paradoxalmente, chorar, assim como rir e se divertir, foi proibido — chorar e até soluçar em enterros. "Depois, proibiu-as de seguir os enterros, e logo a visita aos cemitérios foi proibida. Foi assim que não se viu mais nenhuma mulher nos cemitérios durante os *eids* [festas]."[155] A escalada, no entanto, estava apenas ganhando velocidade de cruzeiro. Logo, Al-Hakim proibiu as mulheres de andar na rua com o rosto descoberto. Depois foram seus ornamentos que se tornaram objeto de uma atenção especial. Al-Hakim não queria mais que uma mulher circulasse nas ruas toda enfeitada.[156] A definição de enfeite mudava de acordo com aquele que tinha o poder de defini-lo, e as prisões e interpelações de mulheres nas ruas se multiplicaram até chegar ao que parecia a consequência lógica: seu emparedamento. "Proibiu as mulheres de saírem às ruas. E logo nenhuma mulher estava visível. Ordenou aos sapateiros para não mais fabricarem sapatos para elas e seus *hammams* foram fechados."[157] As mulheres, lembra Ibn al-'Imad, "ficaram prisioneiras e não puseram mais os pés na rua durante sete anos e sete meses, até a morte de Al-Hakim" (AL-HANBALI, s.d.: v.II-193).

Era de se esperar que as mulheres egípcias não aceitassem em silêncio o destino que o califa lhes reservara. Como as cairotas de hoje, suas avós se recusaram a obedecer ao califa e a suas ordens, segundo elas, insensatas: "Algumas saíram, apesar da proibição, e foram liquidadas" (IBN AL-ATHIR, 1987: v.I-129). As mulheres foram em delegação se queixar com Al-Hakim e explicar a ele que "nem todas as mulheres têm um homem que se ocupa delas e administra seus interesses" (IBN AL-ATHIR, 1987: v.I-129). Então Al-Hakim, em

---

155 Em *Encyclopédie de l'Islam*, ver "Al-Hakim".
156 Ibidem.
157 Ibidem.

resposta às reclamações, teve uma ideia de gênio que os historiadores reportam com uma seriedade em que não falta ironia:

> Ordenou aos comerciantes que levassem para as mulheres tudo o que se vendia nos mercados e nas ruas, assim elas poderiam fazer suas compras. Deu instruções precisas aos vendedores. Deviam usar um instrumento que parecia uma concha com um braço bem longo. Com este instrumento aproximaria a mercadoria da mulher escondida atrás da porta, e esta colocaria ali o valor pedido se desejasse adquiri-la. Assim, o vendedor não veria sua cliente. (IBN AL-ATHIR, 1987: V.I-129-130)

Ao contrário do que se pode acreditar, a maioria dos homens muçulmanos não aprecia esse tipo de absurdo, e Ibn al-Athir conclui dizendo que "as pessoas foram terrivelmente afetadas por esse tipo de medida". Muitas que tentaram resistir "foram mortas, um grupo inteiro por afogamento. Al-Hakim liquidou muitas mulheres mais velhas" (AL-HANBALI, s.d.: V.III-173).

Quem eram essas mulheres que preferiam a morte à prisão? Aristocratas e esposas de notáveis, orgulhosas de seus privilégios, ou mulheres pobres que precisavam circular para ganhar a vida? Quem eram essas egípcias que desafiaram as proibições injustas do califa há novecentos e sessenta anos e decidiram transgredir as ordens e andar nas ruas que ele declarara intrinsicamente masculinas? Eram mulheres educadas ou iletradas? Camponesas levadas pela seca ao Cairo ou filhas e esposas de ricos burgueses? Eram mães de família ou mulheres estéreis, mulheres agraciadas pela natureza ou marginalizadas, com quem ninguém se importava? Essas serão as questões que jovens adolescentes das universidades do Cairo um dia terão como tema para tese, investigação e pesquisa. E, nesse dia, veremos revelar-se a nossos olhos uma história do povo do Cairo muito diferente daquela em que a tradição misógina quer que acreditemos: a de um povo lutador, rebelde, em que a raiva contra a iniquidade do dirigente não tem sexo. Uma raiva que inflama tanto as mulheres quanto os homens com o mesmo ardor e os manda lado a lado, provavelmente de mãos dadas, para as ruas onde a morte e a liberdade se misturam alternadamente. Os historiadores insistem em um fato que explica a dinâmica do Cairo atual: os homens eram profundamente afetados pelas proibições que se abatiam sobre as mulheres e sua humilhação não era diferente da de suas esposas, filhas ou amantes. Nessa época, o povo do Egito já sabia e sentia que qualquer violência na cidade, mesmo contra os cachorros, era na verdade uma violência contra ele. E sabia que, com o aprisionamento das mulheres, sua própria liberdade estava em jogo. Tinha razão.

Logo, a lista de proibições cresceu. Desta vez, dizia respeito a alimentos tão banais, tão inocentes, que ninguém poderia imaginar colocá-los no banco dos réus. A primeira foi — ó cúmulo das delícias — a *mulukhiya*. Al-Hakim proibiu a venda desse legume muito apreciado até os dias de hoje pelos egípcios porque Aicha e Mu'awiya, inimigos dos xiitas, o adoravam.[158] As proibições alimentares, no entanto, não pararam por aí. A venda de tremoços, de alguns mariscos e de peixes sem escamas foi proibida. Uvas verdes e uvas-passas com as quais seria possível fabricar vinho foram proibidas e seus estoques foram destruídos (AL-HANBALI, s.d.: v.III-193; AL-MAQRIZI, 1987: v.II-287). Tonéis foram esvaziados no Nilo, grandes quantidades foram queimadas e seu transporte foi proibido. As violações eram punidas com a morte, o que deu origem a execuções públicas, e todas essas proibições multiplicavam as demonstrações de violência por parte dos encarregados de aplicar a lei e de cuidar da ordem. No entanto problemas ainda mais sérios abundavam, em especial uma inflação tão galopante que a obtenção do pão envolvia longas filas e regras draconianas. Uma seca arrasadora que baixara

---

158 Em *Encyclopédie de l'Islam*, ver "Al-Hakim". Aicha e Mu'awiya são inimigos do califa 'Ali, que é considerado, pelos xiitas, o único imã digno de governar a comunidade muçulmana, o único sucessor legítimo do Profeta. Aicha provocou e comandou uma guerra civil contra 'Ali e Mu'awiya conseguiu tomar o poder de 'Ali e se autodeclarar califa em seu lugar por meio de uma combinação de operações militares e estratégias astutas.

as águas do Nilo de modo dramático tornava o reabastecimento da cidade quase impossível. Multiplicando as proibições de circular, comer e se divertir, Al-Hakim operava de forma constante o remanejamento de impostos na esperança de conter a inflação, mas em vão. Os motins por pão se multiplicaram.[159] Para que fossem respeitadas as novas disposições, Al-Hakim soltou pelo país um exército de espiões cujo objetivo era informá-lo sobre tudo, especialmente sobre sua família e pessoas de sua corte. Não que o uso de espiões fosse desconhecido antes dele, mas, no seu caso, os rumores que lhe contavam o deixavam furioso "e quando estava furioso não se controlava; assim, muitos homens foram executados e gerações inteiras dizimadas" (AL-HANBALI, s.d.: v.III-194).

Segundo Al-Jahiz, o emprego de espiões era uma prática considerada absolutamente normal por um califa e remonta ao califa 'Umar:

> 'Umar conhecia tão bem seus governadores e seus súditos distantes como se tivessem compartilhado à noite a mesma cama e o mesmo travesseiro. Em nenhum país, em nenhuma região, havia governador ou general que não fosse observado e constantemente seguido por um espião do califa. As palavras dos habitantes do Oriente e do Ocidente lhe eram trazidas a cada noite e a cada manhã. (AL-JAHIZ, 1954: 186)

E Al-Jahiz, que aconselha em seu manual do bom governo ao chefe da comunidade que peça a ajuda de espiões, acha que o bom rei deve "conhecer os pensamentos secretos de seu círculo e de sua família e manter espiões perto deles, de modo particular, e perto do povo, de modo geral" (ibid.: 184). Aconselha àqueles entre seus leitores que ainda duvidam da legitimidade de uma prática como essa a ler as

---

[159] Para que a ligação entre as proibições sobre a circulação dos homens e das mulheres com os alimentos e a inflação ficasse evidente, Al-Maqrizi pontuava todo seu texto, inserindo ao lado de cada proibição os problemas de reabastecimento que vivia o país (AL-MAQRIZI, 1987: v.II-285-289).

cartas que 'Umar "endereçava a seus governadores e a seus agentes, e que eram tão bem documentadas que cada um deles suspeitava de seus parentes próximos e de seus amigos mais íntimos" (AL-JAHIZ, 1954: 184). Al-Jahiz faz uma lista de califas que praticavam a espionagem com grande sucesso, como Mu'awiya, o primeiro omíada, e Harun al-Rachid, com quem a espionagem atingiu os limites do refinamento e tornou-se uma arte. Mas se os califas omíadas e abássidas usavam as informações, tanto em tempos de paz como de guerra, estas nunca conduziam a liquidações físicas sistemáticas como conheceram os egípcios sob Al-Hakim. Com a multiplicação de proibições que não se referiam mais a atos excepcionais, mas a coisas simples como comer, adornar-se, sair para beber ou passear, a possibilidade de cometer uma violação aumentava vertiginosamente.

Depois dos cachorros, das mulheres e das restrições físicas, Al-Hakim atacou um novo alvo para encontrar soluções mágicas para os sérios problemas econômicos que desequilibravam o país: os *dimmis*, "protegidos", isto é, judeus e cristãos. Rompendo uma tradição de tolerância, Al-Hakim proibiu-os de vender e de consumir vinho, até para celebrar a missa. Destruiu suas igrejas e ordenou que profanassem seus cemitérios. No entanto, os *dimmis*, a população não muçulmana, estavam institucionalmente sob a proteção do califa muçulmano.

Os cristãos e os judeus, também chamados de *ahl al-kitab*, "povo do Livro", tinham alguns privilégios, em especial o direito de realizar seu culto e viver de acordo com suas próprias leis. Sob o reinado de Al-Hakim, foram objeto de perseguições e inúmeras humilhações públicas. Do mesmo modo que com as mulheres, as proibições para os *dimmis* se relacionavam com o corpo, a simbologia da roupa e o espaço. Pediu aos cristãos e aos judeus para usarem nos banhos um sinal que os diferenciasse dos muçulmanos. Aos primeiros, impôs o uso de uma cruz, aos segundos, um sininho pendurado no pescoço. Depois impôs que alguns usassem cinto, turbante e véu para a cabeça pretos. Para os cristãos, impôs o uso de uma grande cruz de madeira pendurada no pescoço e os proibiu de montar a cavalo, deixando para eles montarias mais baixas, como os burros. Todos os altos funcionários judeus e cristãos foram demitidos e alguns executados. A fim de escapar a essas perseguições, cristãos e judeus pediram para se tornar muçulmanos. Assistiu-se a conversões em massa.[160] Mas nem o banimento das mulheres dos espaços públicos e sua reclusão nas casas, nem a perseguição aos judeus e aos cristãos e seu desejo subsequente de se tornar muçulmanos, pareciam atenuar a inflação ou fazer subir o nível das águas do Nilo. A crise econômica continuava a se espalhar e a busca pelo pão tornava-se o maior problema.

O califa retomara suas caminhadas tanto à noite como de dia. Tornaram-se cada vez mais frequentes e os incidentes violentos em seu caminho eram quase inevitáveis:

> Passando um dia em frente a um açougue, pegou o cutelo deste e golpeou um de seus escudeiros, que morreu no local; então foi embora sem se preocupar com o cadáver; a multidão aterrorizada não ousou fazer nada e o morto ficou ali até que Al-Hakim mandasse uma mortalha para enterrá-lo".[161]

Examinavam-se as sombras dos becos para localizar a odiada aparição, cuja caminhada solitária refletia a solidão de cada um de seus súditos: haviam perdido todo o contato com aquele que deveria guiá-los para o paraíso, um paraíso cujo sentido a multidão esquecera, mergulhada como estava no círculo maldito a que um califa mal-amado submetera seus súditos assustados e desiludidos.

Nesse estado de coisas, a presença de Sitt al-Mulk no palácio era bastante tranquilizadora. O povo do Cairo era informado pelos rumores que os milhares de artesãos, escravos e servidores empregados no palácio repercutiam. Sabia-se do caráter dela e de suas

---

[160] Para todos esses detalhes, ver: AL-HANBALI, s.d.: v.II-192-195; AL-MAQRIZI, 1987: v.II-284-289; IBN AL-ATHIR, 1987: v.VIII-128-131; e IBN KHALLIKAN, s.d.: v.V-292-298.
[161] Em *Encyclopédie de l'Islam*, ver "Al-Hakim". Ver as referências a outros incidentes de violências inexplicáveis que marcaram o caminho de seus passeios nas fontes citadas na nota precedente.

tentativas vãs de sensibilizar o irmão, de tirá-lo da influência dos feitiços de seus próprios caprichos e dos *da'is* xiitas extremistas que estavam a seu redor. Mas um homem, em especial, apareceu em sua comitiva e afastou Al-Hakim da influência da irmã, arrastando-o para o abismo da loucura e dizendo-lhe que era Deus em pessoa, e não um simples imã (AL-HANBALI, s.d.: V.III-194).

Havia todo tipo de *da'is* extremistas no Cairo fatímida. Eram considerados os astrólogos, os matemáticos e os ideólogos. Hamza Ibn 'Ali, no entanto, não se parecia com ninguém, e ninguém antes soubera tecer, frente à razão vacilante de Al-Hakim, sonhos tão megalomaníacos como o de *al-taalluh*, o sonho tentador para qualquer mortal de escapar a seu fim. Que mistério além da morte é capaz de deixar um califa insone? Nunca saberemos o que torturava Al-Hakim, o que atirava o príncipe dos fiéis às ruas e florestas noturnas, à procura dos astros que pareciam desafiar a morte com sua fixidez. Não saberemos jamais que medos impeliam o príncipe para fora do palácio, com seu luxo e suas doçuras. Certo é que o *da'i* Hamza foi capaz de propor um remédio para seus medos e que a decisão do príncipe de se declarar *Ilah*, o próprio Deus, portanto imortal, de algum modo fez sentido. Não apenas Al-Hakim se deixou convencer por Hamza, mas cedeu a suas pressões; anunciou sua divinização publicamente e obrigou os muçulmanos a o adorarem (ibidem). Se a maioria dos muçulmanos optou pela desobediência a um príncipe que perdera o senso dos *hudud*, o respeito do limite, uma pequena minoria preserva até hoje a lembrança de Al-Hakim e de Hamza nas montanhas do Líbano. Para os drusos, o desaparecimento de Al-Hakim é apenas uma *ghayba*, uma ausência que faz parte da ordem cosmológica do imamato e de seus mistérios, que ultrapassam o entendimento comum.[162] O fun-

---

[162] Nunca é demais insistir sobre a importância do *kilman*, o mistério, do *batin*, o escondido, o não aparente na visão xiita do mundo e de seu eixo central, que é o imamato. E o imã escondido é o pilar dessa cosmogonia. Ler o capítulo "Chiisme et philosophie prophétique" em CORBIN, 1986. Ver também "Ismailisme" em *Encyclopédie de l'Islam*.

dador dessa seita, Hamza Ibn 'Ali, declarou a seus adeptos que "Al-Hakim se escondera e que voltará para a terra depois de sua ausência para fazer reinar a fé".[163] Os drusos desempenham um papel muito modesto atualmente; poucas pessoas conhecem sua visão de mundo e os personagens-chave de seu culto. Os dois drusos mais célebres do mundo árabe moderno, pelo menos para pessoas da minha geração, são Farid al-Atrach e sua irmã Asmahan, dois dos maiores representantes da canção moderna. De descendência principesca, bonitos e talentosos, Farid al-Atrach e Asmahan têm uma vida marcada por essa qualidade fascinante do xiismo extremista: o mistério que tem o poder de liberar a imaginação. É um pouco desse gosto pelo irreal e dessa escapada para o incomum que encontramos nas canções tristes e nas melodias híbridas de Farid e Asmahan, melodias que não são de todo orientais, nem ocidentais, nem intrinsicamente árabes, nem totalmente asiáticas, e que foram para mim, norte-africana, o primeiro contato com os drusos e uma oportunidade de descobrir que existia outro Islã diferente do sunismo.[164] Se um grupo de adeptos ainda mantém a lembrança

---

[163] Uma das melhores biografias de Al-Hakim, que resume de forma ao mesmo tempo sucinta e detalhada as informações dispersas em vários volumes de algumas fontes, como *Wafayat al-a'yan* de Ibn Khallikan e *Al-kamil fi al-tarikh* de Ibn al-Athir, é a de Al-Zirikli em seu *Al-A'lam*, volume VII, página 304. Outra biografia resumida magistral é a que consta em *Encyclopédie de l'Islam*.

[164] Para os admiradores como eu dos cantores Farid al-Atrach e de sua irmã Asmahan: sabiam que são drusos? Farid nasceu em uma família de notáveis drusos em Al-Qarya, parte síria da montanha drusa, em 1910. Aprendeu a tocar alaúde com a mãe e partiu com Asmahan para o Cairo quando houve a revolta da Síria contra os franceses em 1925. No Cairo, continuaram sua formação musical. Asmahan morreu misteriosamente quando seu carro afundou, em um acidente entre o Cairo e Suez em 1944. Em 1960, quando terminei o ensino médio e deixei Fez para ir para a Universidade Muhammad V em Rabat, escutávamos, claro, Elvis Presley e sonhávamos com Marilyn Monroe. Mas eram os ares langorosos de Asmahan, quando murmurava "Qahwa, asqini ahwa" (Café, me sirva um café), que eu tentava reproduzir religiosamente em meu aprendizado do charme e da sedução, diante da galeria inesperada de estudantes vindos de todos os cantos do Marrocos. Éramos umas trinta garotas em pouco mais de mil estudantes. Asmahan, diziam as fofocas, fora espiã durante a Segunda Guerra Mundial, e por isso foi liquidada.

de Al-Hakim com abnegação e respeito, não podemos, no entanto, dizer o mesmo dos egípcios de então.

À declaração de sua divindade, com toda a pompa requerida nas mesquitas e grande alarido dos cádis e do ulemá, o povo do Cairo ficou furioso. Os egípcios usaram dois meios de expressão que estarão entre os mais poderosos do mundo moderno: imprensa escrita e mensagens rabiscadas à mão nos muros. O palácio de Al-Hakim será inundado de cartas com insultos, e os responsáveis pela tarefa terão uma imensa dificuldade para limpar as pichações que ridicularizam a pretensão do fatímida ao status divino. Louco de raiva diante da contestação dos egípcios, que ousavam cobrir as paredes da medina com mensagens de rejeição e desobediência, Al-Hakim deu ordens para incendiar a cidade (IBN AL-ATHIR, 1987: V.VIII-128; AL-HANBALI, s.d.: V.III-194)[165], e alguns cronistas dizem que o fez com certo prazer.[166] Diante da cidade em chamas, a decisão de Sitt al-Mulk de agir não

---

Alguns diziam que trabalhava para os árabes, outros, para os ingleses. A fofoca que detesto é a que faz dela uma aliada dos nazistas. Para defender a causa dos árabes contra os ingleses, teria embarcado no jogo da Alemanha. Os homens em sua vida? Todos os príncipes e os reis do Oriente Médio a disputavam, além de, é claro, artistas e jogadores de futebol. Com que mais se poderia sonhar? De qualquer modo, é seu ar de mistério que desencadeia o sonho e faz funcionar o segredo que era meu ideal de feminilidade durante as horas confusas da adolescência. E Farid, que chorava sua solidão em todos os cantos da Medina, representava a virilidade verdadeira, que exalava doçura por todos os poros. Sonhar com Asmahan era uma tarefa tão absorvente que por pouco não trucidamos um estudante de Marraquexe em 1963 quando nos revelou que ela havia morrido bem antes da independência. Decidimos não acreditar, como os adeptos de Hamza com Al-Hakim. E, pessoalmente, a partir do momento em que me apronto para entrar numa operação de sedução, seja sentimental ou profissional, seja um jantar romântico ou uma conferência, é o ar langoroso de Asmahan que tento fazer reviver. É um pouco por isso que começo sempre minhas conferências com uma vozinha bem suave que vai direto ao coração. Farid al-Atrach teve, depois dela, uma carreira fulgurante, tornando-se o célebre cantor e ator que conhecemos. Fez a trilha de mais de 500 filmes. Morreu em 1974 e alguns, como eu, ficam lamentavelmente românticos a partir do momento que sua voz flui com toda sua doçura pelo rádio. *Allah yarhamu!*
165 Em *Encyclopédie de l'Islam*, ver "Al-Hakim".
166 Comentário de M. Canard, autor da biografia sobre Al-Hakim em *Encyclopédie de l'Islam*, que traz uma das bibliografias mais completas que se pode encontrar.

surpreendeu. Se todos os historiadores estão de acordo em apontá-la como assassina de Al-Hakim, o que seria um fratricídio, apenas um levanta a hipótese de um regicídio. Trata-se de um historiador de porte, Al-Maqrizi, que fez, em seu *Al-Khitat*, o quadro mais impressionante do Cairo dos fatímidas, livro que até hoje é uma das fontes mais respeitadas sobre seu reinado. De acordo com ele, o assassino de Al-Hakim seria um homem dos Bani Husayn, que teria declarado publicamente em 415 que fora ele quem matara o califa com a cumplicidade de três outros homens. Quando lhe perguntaram como havia feito, "o homem pegou uma faca e plantou-a em seu coração dizendo 'foi assim que o matei', e se suicidou na frente das pessoas" (AL-MAQRIZI, 1987: 289). Por que o matara? Respondeu que agiu para defender a honra do Islã e de Allah. O assassino anônimo de Maqrizi, no entanto, não tem peso diante da quase unanimidade dos historiadores que creditam a iniciativa pelo assassinato a Sitt al-Mulk. Ela possuía mais de uma razão para liquidá-lo: ele havia ferido seu orgulho enviando-lhe cartas humilhantes em que a acusava de *zina* (fornicação) e a ameaçava de morte (IBN AL-ATHIR, 1987: V.VIII-128; IBN KHALLIKAN, s.d.: V.V-298). Então ela escreveu a Ibn Daus, um grande general da escolta de Al-Hakim, que este supunha ser seu amante, e combinou um encontro com ele. Durante o encontro, teria proposto uma troca com o militar e prometido compartilhar o poder com ele se matasse o califa. Concluída a missão de Ibn Daws e assassinado Al-Hakim, Sitt al-Mulk descobrirá, com grande surpresa, que uma vez que se põe a mão na engrenagem do assassinato político não é possível parar. O que fazer com Ibn Daws, que sabia de tudo, e com aqueles entre seus servidores que o ajudaram na tarefa? No entanto, havia algo mais urgente: a entronização do filho de Al-Hakim ainda criança, o que era proibido pela charia, pois para ser califa era preciso já ter alcançado a idade adulta. Quem além de Ibn Daws, homem forte do império, poderia convencer os cádis e fazer com que as autoridades religiosas colaborassem?

Uma vez que o filho de Al-Hakim foi cingido com o turbante real e o ritual da ordem reestabelecido no palácio e na cidade, Sitt al-Mulk pôde então prosseguir com a tarefa que se tornava urgente: liquidar Ibn Daws, que conhecia seu segredo e tinha o poder de chantageá-la. Pensou num estratagema que permitisse uma morte em público: enviou guardas em plena reunião de vizires e notáveis e estes apontaram Ibn Daws e o acusaram de ter suprimido "nosso chefe o califa", antes de matá-lo durante a própria sessão. Com o palácio limpo e a regência oficialmente organizada, Sitt al-Mulk escolheu ministros competentes e se dedicou durante quatro anos a restituir a ordem na economia e a pacificar os ânimos. Conseguiu as duas coisas.

Foi um caso absolutamente único, em que uma mulher, depois de circunstâncias excepcionais que levaram a uma vacância no poder durante os primeiros meses de distúrbios que se seguiram ao desaparecimento do califa, praticamente assumiu a função deste, e governou o império em seguida, como regente. A lição importante a tirar disso é que essa rainha fatímida, no entanto, nunca ousou pedir que a *khutba* fosse dita em seu nome. Embora certamente ela tenha pensado nisso, Sitt al-Mulk, como observadora experiente da cena califal, conhecia melhor do que ninguém a lei do harém que marca para sempre suas habitantes: a lei do véu. Ela também confirma para nós que, sobre a questão do feminino, xiitas e sunitas concordam: o acesso das mulheres ao grande imamato, ao governo do Estado, é um acontecimento que acompanha e expressa a desordem. As mulheres não têm os mesmos direitos políticos dos homens. São, devido a sua essência, estranhas à política. O que confirma novamente que o caso das rainhas iemenitas não se deveu à variável xiita, mas a uma particularidade da cultura regional. A lógica do pertencimento ao harém impõe a máscara, o véu, para todas aquelas que violam os *hudud*, cruzam a linha e passam para o outro lado, o da cena califal. O véu é uma questão de teatro e ritual e nisso é mais perturbador que a ausência e a morte. Na ausência ou na morte, o que está em jogo é a existência. Os mortos e os ausentes não existem — em graus variados, é verdade. No ritual do véu, porém, o que está em jogo é a aniquilação da vontade de seres fisicamente presentes. Seres que não estão mortos nem ausentes, mulheres que estão lá e que olham com olhos bem abertos e atentos. Não era a presença de Sitt al-Mulk no trono do Egito que perturbava, era sua vontade soberana, que a *khutba* tem como função celebrar. É a razão pela qual o homem árabe não fica incomodado com a inteligência da mulher. Uma mulher muito inteligente é sempre alguma coisa admirável e admirada, e a infiltração massiva de mulheres nas esferas universitárias do mundo árabe em menos de trinta anos de escolarização corrobora essa ideia. O acesso das mulheres ao saber, à universidade e às academias não atrapalha, contanto que esse fenômeno não afete a política e não tenha um impacto nessa esfera. O que incomoda é a decisão de uma mulher de existir enquanto vontade independente, e há uma grande diferença entre a inteligência e a vontade. A inteligência de uma mulher pode sempre ser posta a serviço de quem a possui, mas a vontade nunca. Uma vontade é ou não é. E se é, só pode ser em competição com outra, sobretudo com a do homem a quem se deve obediência. É por isso que o árabe tem a palavra *al-nachiz* para designar uma mulher que se rebela contra a vontade de seu marido. O conceito de *nuchuz* só se aplica às mulheres e é a declaração de uma mulher de que tomou a decisão de não mais seguir a vontade do marido. Uma *nachiz* é uma mulher que se declara como indivíduo, não mais como um ser que se alinha à vontade de outro. E o *nuchuz* é evidentemente sinônimo de *fitna*, desordem. A definição de cidadania que está na *Declaração universal dos direitos humanos* é o exato sinônimo de *nuchuz*, a emergência da vontade do indivíduo, qualquer que seja seu sexo, como soberana na cena política. A vontade individual, e seu lugar no tabuleiro político do Islã moderno, é o problema-chave em torno do qual giram todos os debates, seja dos imãs ou dos homens da esquerda laica, seja os discursos dos chefes de Estado ou os textos dos prisioneiros políticos. Todo discurso sobre as mulheres é, portanto, um discurso, no mundo muçulmano, sobre o futuro do indivíduo e seu lugar na sociedade. Enquanto nossa vontade estiver velada, assim também permanecerá a dos homens que não vivem na comitiva do príncipe e não participam de seus privilégios. Nos reinos das mulheres que assumiram o poder no Islã, apenas aquelas próximas ao príncipe, seja pai, filho, irmão ou marido, conseguiram se infiltrar na cena política. As mulheres que não vivem na intimidade do palácio não têm mais chance de acesso do que tem o homem comum. É essa essência aristocrática que é totalmente questionada pelo direito de voto e o sufrágio universal. Nisso, a eleição de Benazir Bhutto por sufrágio universal — os islamistas entenderam bem — constitui uma ruptura total com o Islã califal, sendo a dupla emergência na cena política do velado, do obsceno: a vontade das mulheres e a do povo.

O sufrágio universal rasga dois véus, dois *hijabs*, que significam e materializam os dois limites que estruturam o Islã político enquanto arquitetura cósmica: o *hijab* da mulher e o do califa. Por mais paradoxal que possa parecer, as mulheres não são as únicas a se esconder atrás de um *hijab*. O califa muçulmano, concentração cósmica de todas as vontades dos fiéis, daqueles que optaram pela submissão e a negação da vontade em benefício do grupo, precisa mais do que ninguém se proteger. O *hijab* do califa, seu véu, é uma instituição tão fundamental do Islã político quanto o das mulheres, e, se nunca é invocado diretamente no grito desesperado pela volta ao véu, é porque oculta o inominável: a vontade do povo, a vontade da *'amma*, a massa, tão perigosa quanto as mulheres.

CONCLUSÃO
A MEDINA-DEMOCRACIA

Os véus nunca escondem apenas o obsceno. E mais obscena do que a vontade soberana das mulheres é a da *'amma*, a massa popular definida em princípio como privada de razão. Se o califa é o polo mais elevado da arquitetura política, a *'amma* constitui seu polo mais vil, o mais terreno; a *'amma*, como dirão todos os historiadores, não pode pensar, pois para pensar é preciso ter critérios para ordenar, distinguir, julgar e avaliar. Ora, a *'amma* é privada de senso e de discernimento, o que a torna refratária à ordem e a seu representante, o califa de quem é inimiga natural e cuja vida põe constantemente em perigo.

Daí a necessidade de proteger este último, de escondê-lo atrás de um *hijab*, um véu-barreira. Esse *hijab al-khalifa*, o véu do califa, não é um pequeno detalhe, mas uma instituição-chave que tem seus rituais e agentes incumbidos de seus cuidados. O *hijab* do califa surgiu com a série de assassinatos dos primeiros dirigentes muçulmanos em plena mesquita, o primeiro deles sendo 'Umar.

'Umar Ibn al-Khattab, dirigente irrepreensível, de uma retidão exemplar, humilde diante de Deus e justo com os homens, foi morto no coração da mesquita, cumprindo seu dever. Aprontava-se para comandar a oração quando um descontente o apunhalou. Era o segundo califa depois do Profeta, e sua morte foi um trauma. Mas, se foi o primeiro, não foi o último. Sua morte provocou um ódio assassino entre o chefe e seus súditos. Cada vez que um califa aparecia, a multidão produzia um assassino. Presos entre o dever de rezar e a falta de diálogo com o imã, seus súditos transformaram a mesquita em local de sacrifício e o imã em vítima. Nos pátios das mesquitas, os cadáveres de califas se amontoavam. Para estancar o massacre, o sistema político muçulmano foi obrigado a criar um outro limite e erguer outro *hijab*: o *hijab* do califa, eminente e intrinsicamente político desta vez, cujo objetivo era afastar o representante de Deus na terra da violência do povo que devia governar. O palácio califal ficou assim preso entre dois *hijabs*: o *hijab* das mulheres e o da *'amma*, massa terrestre sublevada num ódio quase animal contra o sagrado e seus representantes. O assassinato do califa 'Umar pode ser considerado o acontecimento-chave que levou à divisão do espaço político e ao exílio do povo obsceno atrás de um limite-barreira.

Vamos rebobinar a cena, já que a história muçulmana não vive da cronologia histórica, mas volta sempre às cenas primordiais: em um dia do ano 13/634, 'Umar andava na rua como sempre fazia. Foi abordado por Abu Lulua, um escravizado não árabe descontente. 'Umar, famoso por seu amor à justiça, mas também por sua rigidez, proibira, por medida de segurança, os não árabes (*'ajam*) de morar em Medina. Um dos discípulos do Profeta, Al-Mughira Ibn Chu'ba, pedira autorização para abrigar na cidade Abu Lulua, um persa masdeíta originário de Nihawand, ferreiro de profissão. O escravizado veio se queixar de seu senhor ao califa: achava que lhe extorquia uma contribuição muito alta por causa da permissão de residência que conseguira. O califa tomou a defesa do senhor. O escravizado veio se queixar ao califa uma segunda vez, e desta vez ameaçou-o. 'Umar contentou-se em dizer: "Este escravo acaba de me ameaçar!". No entanto, não deu sequência ao assunto e, um dia,

> Abu Lulua escondeu um punhal sob as roupas e se escondeu, no fim da noite, num canto da mesquita, esperando o califa que ia cedinho acordar os fiéis para a oração. Quando o califa passou perto dele, o escravo se atirou sobre ele e deu-lhe três punhaladas, uma mortal, embaixo do umbigo. Das doze pessoas que atacou em seguida, seis morreram dos ferimentos; depois, matou-se com seu punhal. (MAS'UDI, 1962: V.III-607; 1983: V.II-329)

Foi com essa cena de horror ao amanhecer, na mesquita de Medina, com o califa apunhalado e os cadáveres dos fiéis e do assassino estendidos uns ao lado dos outros, que começou a guerra entre o califa e o povo.

Esse assassinato será seguido por muitos outros, especialmente o de 'Ali Ibn Abu Talib, também na mesquita, que provocará a primeira cisão no Islã, a que colocará o califa desconfiado contra a multidão de fiéis reunidos na mesquita, multidão que pode abrigar um assassino: "Veja", lamenta-se Ibn Khaldun em seu inigualável *Muqaddima*, "os califas que foram assassinados na mesquita na hora do chamado para a oração e como seus assassinos os observavam precisamente naquele momento. Isso prova que presidiam a oração pessoalmente e não eram substituídos nessa tarefa" (MAS'UDI, 1962: V.III-607; 1983: V.II-329). Com a série de assassinatos dos califas, a *umma*, comunidade ideal dos fiéis, foi substituída pela *'amma* que tinha ódio contra o califa e queria matá-lo.

O *hijab*, o véu que esconde o exterior e o filtra para proteger o califa, dali em diante separará este último de seus súditos que se tornaram *'amma*. A ficção do califa justo ficará então prisioneira do espaço terrestre e de sua realidade violenta, violência que quebra a cena política em duas: o espaço da decisão califal e o espaço da *'amma*, excluída das tomadas de decisão e para sempre exilada atrás das muralhas do palácio. A instituição do *hijab al-khalifa* apareceu, segundo Ibn Khaldun, simultaneamente à transformação do ideal califal em despotismo terrestre:

> Quando o califado se transformou em realeza teocrática e apareceram as instituições do sultanato com suas designações [isto é, quando o califa passou a delegar os poderes de imã, de oração, de justiça e de gestão das finanças], a primeira coisa de que se ocuparam foi fechar a porta para o público, por causa do medo que os príncipes tinham dos atentados de carijitas e outros dissidentes [...] Deixar a porta aberta tinha ainda outro inconveniente: permitir que a multidão assediasse os príncipes e os impedisse de se ocupar de seus assuntos importantes. O dignitário que escolheram para esse serviço foi chamado de *hajib*. (IBN KHALDUN, 1951: 89)

O *hajib* compartilha com a palavra *hijab* sua raiz *hajaba*, esconder, velar, pôr uma barreira, separar o espaço em dois com um *sitr*, um véu. A única diferença entre *hajib* e *hijab* é que o primeiro é um homem e o segundo um objeto, véu ou barreira qualquer. Os dois, porém, têm a mesma função: dividir o espaço em dois, o dentro e o fora, com o objetivo de proteger o dentro do fora. O *hajib* "se interpõe entre o sultão e a '*amma* [o público] e fecha ou abre sua porta para esta segundo a condição dos visitantes, e só em horas fixadas pelo príncipe" (IBN KHALDUN, s.d.: 240; 1951: 89).

Há textos muito bonitos na história árabe sobre a solidão dos califas piedosos, como 'Umar Ibn 'Abd al-'Aziz, que queria a qualquer custo acabar com a violência e dialogar com os rebeldes. Ele passava seu tempo recebendo-os e escrevendo longas cartas para se explicar e compreendê-los. 'Umar Ibn 'Abd al-'Aziz morreu, infelizmente, muito cedo. Cedo demais para institucionalizar a prática de dialogar com o oponente em vez de cortar sua cabeça. O califa piedoso sofria ao ser separado do povo pelo *hijab*, consciente da impossibilidade de cumprir sua tarefa, que lhe impunha ser ao mesmo tempo, de acordo com o ideal, chefe de Estado e chefe de governo, ministro da justiça, das finanças e comandante do Exército.

> O cargo de cádi faz parte das funções incluídas no califado, pois visa arbitrar entre as pessoas em disputa para pôr fim às contestações e resolver os litígios, mas apenas aplicando as prescrições da lei de inspiração divina tirada do Alcorão e da Sunna. Por isso esse encargo faz parte das atribuições do califa. (IBN KHALDUN, s.d.: 217ss)

No entanto, logo tornou-se impossível para o califa cumprir qualquer função que garantisse o contato frente a frente com o povo: "Os califas, nos primeiros tempos do Islã, a exerciam [a função de cádi] e não a delegavam a ninguém. O primeiro a delegar essa função a um terceiro, a quem concedeu poder total, foi 'Umar (que Deus o tenha)" (ibidem). 'Umar, o segundo califa ortodoxo, morreu no ano 13/634, e, desde então, a justiça muçulmana não é mais feita por quem é responsável por ela de acordo com o plano divino, ou seja, o próprio califa. Harun al-Rachid, como vimos, foi o primeiro a delegar a função de imã, enviando alguém para fazer a oração em seu lugar. Desde então, o califa e o povo, que não tinham mais nenhuma oportunidade de dialogar, ficaram presos num ciclo de violência e de sedição-execução. O califa se fecha em seu palácio de onde o povo é excluído e só vê o mundo através do *hijab*. Uma corte elitista, formada por vizires, altos funcionários, ulemás, autoridades religiosas e generais do exército, o cerca e encobre seu horizonte.

> A *'amma* segue aquele que a encabeça, sem distinguir entre o talento e a incapacidade, sem separar a verdade do erro. Ao leitor que queira refletir sobre o que dizemos, recomendamos que dê uma olhada nas assembleias de eruditos: as encontrará cheias de homens da elite entre os quais despontam o discernimento, a virtude e a inteligência. Se, por outro lado, examinar a *'amma* nos lugares em que se aglomera, vai encontrá-la sempre reunida em torno de um adestrador de ursos ou de um malabarista que faz os macacos dançarem ao som de um tambor; constatará que vai aonde a levam o prazer e a frivolidade; aqui faz visitas frequentes a um trapaceiro, um mágico, um charlatão, ali dá ouvidos a relatos mentirosos de um sermão popular [...] (MAS'UDI, 1962: V.III-729; 1983: V.III-44)

Essa arenga desdenhosa do historiador Mas'udi contra o povo-*'amma*, que encontramos em muitos discursos de dirigentes muçulmanos, está profundamente ancorada na mentalidade dos atuais mandatários e retoma a definição proverbial do califa 'Ali Ibn Abu Talib, também morto pelas punhaladas de um revoltado. Perguntaram-lhe o que achava da *'amma*: "É uma manada de brutos dóceis a qualquer berro", respondeu, "que não procura a luz da ciência. É com razão que se aplica à multidão o epíteto de enxame de gafanhotos" (ibidem). Todas as cruzadas que alguns políticos reacionários muçulmanos nutrem hoje contra o Ocidente e suas democracias parlamentares, consideradas estranhas ao espírito do Islã, decorrem do fato de destruírem totalmente uma imagem de poder político que, como vimos, não tem nada a ver com o ideal do califa no início da Hégira, o de um imã iluminado pela charia, atento a seu povo, próximo, em uma mesquita sem barreiras, ideal de Islã político que quinze séculos de despotismo não conseguiram destruir. É aí que residem o milagre, o enigma e o desafio dos tempos modernos.

Podemos falar em milagre porque o sonho desafia a história e se revela totalmente impermeável a suas lições. Podemos também falar em enigma porque, durante esses quinze séculos, os povos se ergueram constantemente contra o despotismo de seus dirigentes sem que sua raiva e sua dor conseguissem encontrar uma saída do ciclo da violência. Podemos, enfim, falar em desafio na medida em que o sufrágio universal, emprestado do Ocidente — laico, é verdade — tornou-se, desde as independências nacionais, uma prática institucional, por mais limitada que seja. É interessante constatar que, no mundo muçulmano atual, não debatemos mais a legitimidade do voto no sufrágio universal, mas o grau de falsificação de seus resultados, o que já é um grande passo à frente para a aceitação do povo como fonte de soberania. No entanto, nada é mais estrangeiro ao poder político no Islã do que o reconhecimento do povo como depositário da soberania, ideia bizarra que nunca foi capaz de tocar o mais piedoso dos califas.

Califas piedosos, o Islã conheceu muitos, e sofriam por não poder pôr em prática o que o livro sagrado definia como charia e caminho tanto para a justiça na terra como para o paraíso no céu.

Contam que um dia um violento furacão que atingiu a cidade de Bagdá quase fez todos os edifícios desmoronarem e enterrarem os habitantes sob suas ruínas. Então Mahdi [marido de Khayzuran e pai de Harun al-Rachid] foi visto prosternado em seu palácio e rezando assim: "Senhor, confiastes a meus cuidados a nação de Vosso enviado. Não a puni pelos inúmeros pecados que cometi. Em consideração à figura florescente e imutável de Muhammad, salvai esta nação!". Ele rezou com fervor até que o furacão parasse. (AL-TABARI, 1958: V.IV-444; 1979: V.X-15)

Quem um dia poderá conhecer a amplitude da solidão do califa torturado pela angústia de uma justiça impossível? É um outro lado da história muçulmana que seria preciso escrever um dia. Quem sabe das noites em claro de um imã? No entanto, acontecia com frequência de rezarem como crianças perdidas em noites de lua cheia.

> Rabi, seu [de Al-Mahdi] camareiro, contou o seguinte fato: me avisaram, uma noite, que Mahdi havia levantado, que estava sozinho em seu gabinete e rezava. Entrei nesse cômodo, que era todo branco de cal sem nenhum enfeite; a luz branca da lua que batia nas paredes e no divã ressaltava ainda mais a cor vermelha de um tapete que cobria o piso, e sobre o qual estava Mahdi, vestido de branco,[167] o rosto voltado para o divã. Recitava o Alcorão com uma voz suave e não notou minha presença. Minha admiração se voltou tanto para o aposento, para o luar que o iluminava, como para o califa implorando a Deus e sua voz melodiosa. (Ibidem)

Muitos califas muçulmanos mergulharam em orações na esperança de poder neutralizar a violência, a rebelião e a sedição que o *hijab* escondia.

Opondo a noção tão negativa do povo-*'amma* à tão positiva do povo cidadão eminentemente ocidental, entendemos por que qualquer debate sobre os direitos da pessoa é na verdade um debate obsceno que só pode ser formulado em termos de véus, de *hijab*, isto é, de limites para proibir e de limites para proteger. A obsceni-

---

167 Al-Mahdi aqui é descrito vestido de branco. Dissemos antes que os abássidas se vestiam de preto. Não há contradição: o preto é a cor de seus trajes oficiais e o branco a da roupa de oração, para todos, reis ou pessoas humildes como você e eu.

dade é dupla: vem do fato de a soberania do povo cidadão retirar a legitimidade do político da abóbada celeste e a rebaixar a seu nível terreno, e de se levantar a bandeira do individualismo ocidental contra a lei do grupo que rege o Oriente e legitima seus despotismos. Essa dupla obscenidade é mais difícil de gerir desde que, depois das independências, os Estados muçulmanos marcaram sua frágil existência com o paradoxo da ambiguidade: por um lado, o Islã será a religião de Estado, por outro o Estado reconhecerá, instalando parlamentos eleitos por sufrágio universal, que a soberania desceu do céu às terras baixas das vontades vacilantes das pessoas subnutridas das favelas. Desde então, o Estado muçulmano só se sustentará apresentando seu teatro em duas cenas fundamentalmente contraditórias: a cena califal e a cena parlamentar. Daí a duplicação dos véus e a multiplicação desenfreada dos limites.

Ao lado da cena califal tradicional, em que o povo é marcado pelo sinal negativo de *'amma*, que traz a desordem, desenvolve-se desde o fim da colonização e o acesso à independência uma segunda cena: a cena parlamentar, em que o povo é dotado de razão e goza de todos os direitos, inclusive o de designar o chefe supremo do Estado, o que pode conduzir a supostas aberrações como a eleição de uma mulher muçulmana...

O artigo primeiro da *Declaração universal dos direitos humanos* constitui uma violação integral do *hijab* e de sua lógica: "Todos os seres humanos nascem livres e iguais em dignidade e direitos. São dotados de razão e de consciência". O artigo 19, por sua vez, constitui uma ruptura total com a concepção de uma *'amma* sanguinária e desregrada: "Todo ser humano tem direito à liberdade de opinião e expressão; esse direito inclui a liberdade de, sem interferência, ter opiniões e de procurar, receber e transmitir informações e ideias por quaisquer meios e independentemente de fronteiras". O que representa a definição de *fitna*, a desordem, na cena califal baseada na obediência da *'amma* e no silêncio mascarado das mulheres. *Fitna* é a eleição de Benazir Bhutto para a função de chefe de Estado, *fitna* é o triunfo de uma mulher eleita pelo voto da *'amma* paquistanesa, em 1410/1988, para o posto de chefe suprema, ato que fecha esse imenso parêntese de quinze séculos de despotismo teocrático, de *mulk*, como diria Ibn Khaldun, que tremeu por sua vida ontem como todos os outros hoje.

A *Declaração universal dos direitos humanos*, ratificada pela quase totalidade dos Estados muçulmanos depois da Segunda Guerra Mundial, destruía assim a unidade do campo político e o dividia daí em diante em duas cenas, contraditórias, talvez, mas necessárias. Necessárias porque os muçulmanos não controlam mais, como no tempo de Harun al-Rachid, a marcha dos impérios, o ritmo dos astros e a medida do tempo. Ao lado de seu calendário, que segue a contagem dos meses lunares neste ano de 1411, consideram outro, estranho e estrangeiro, rápido e angustiante, que marca um ano paralelo, com o número de 1990. Dupla cena, duplo calendário, vertigem do tempo que não significa mais o que devia significar, que precisa se desdobrar, se tatuar com um outro tempo que pertence a outros para se sustentar e fazer sentido. Calendários duplos, atendendo às exigências contraditórias de cada um de seus chefes: um calendário para rezar, outro para pagar a dívida; um calendário que marca a hora sagrada de Meca, outro que revela os caprichos da Bolsa e repercute os delírios do dólar.

Dupla cena, duplo calendário, dupla identidade; cidadãos soberanos ali, muçulmanos submissos e fiéis aqui. Somos forçados, para sobreviver, a aprender a dançar no ritmo desarticulado do que podemos chamar de "medina-democracia".

Esse vai e vem, essa dança demente entre duas cenas não apenas opostas, mas irreconciliáveis — por um lado, uma cena califal em que a soberania é a de um grupo-*umma* concentrado numa vontade divina necessariamente única e unificada, e, por outro, uma cena parlamentar em que a soberania é atomizada entre milhões de indivíduos, todos com a mesma importância — esgota nossas energias, nós, os habitantes da medina-democracia. Devemos constantemente nos vigiar, de acordo com a pessoa que temos à nossa frente, ajustar nossas máscaras e nossa postura, e principalmente saber segurar a língua. Falar livremente, um direito sagrado do cidadão na cena parlamentar, é criticado e condenado como uma *bid'a*, um crime, na cena califal. A língua do fiel é monofuncional: recitar o saber dos ancestrais é seu dever e sua razão de ser. A língua do cidadão, por outro lado, é plurifuncional: pode, é claro, repetir o saber dos ancestrais, mas cada um é encorajado a dizer coisas novas, a imaginar não apenas um novo saber, mas também um novo mundo. Um fiel não tem o direito de dizer ou escrever qualquer coisa, principalmente o que passa por sua cabeça, onde só deve passar o que a tradição decidiu. É por isso que os habitantes da medina-democracia que esquecem seu duplo pertencimento simultâneo a cenas contraditórias e ideologicamente opostas pegam sua bela pluma para escrever livros que não se parecem em nada com os da suna e se veem, de tempos em tempos, atacados pelos imãs. Estes, lógicos apesar das aparências, só nos lembram o óbvio: não se pode ser muçulmano, *muslim*, submisso por definição, e falar ao mesmo tempo.

Há alguns meses, durante o congresso constitutivo da Organização Marroquina dos Direitos Humanos, um eminente ulemá do sul do Marrocos, convidado de honra, cujo discurso todos aguardavam, surpreendeu a audiência, constituída de universitários e advogados em sua maioria, lembrando:

> Tenho a impressão, irmãos e irmãs no Islã, que muitos de vocês que tomaram a palavra e abordaram a liberdade de expressão esquecem que um bom *mumin* [fiel] não pode dizer qualquer coisa. Há muitas coisas que não têm o direito de dizer.

Ninguém na sala se levantou para contestar e reivindicar o direito à palavra livre. Por quê? Porque, na medina-democracia, a palavra livre pode levá-lo direto para a prisão, se você não dominar perfeitamente a dança das máscaras e os jogos duplos. Veja aqueles miseráveis prisioneiros políticos que se contam aos milhares nos países muçulmanos e que a Anistia Internacional mostra em seu relatório. Qual é o problema deles e como chegaram lá? Esqueceram uma coisa que os imãs nos lembram todas as manhãs: na cena califal só há lugar para uma única opinião, aquela estabelecida como verdade sagrada do califa.

Nosso problema — nós, habitantes da medina-democracia — é que somos nossos próprios parceiros. Representamos para nós mesmos a comédia e valsamos entre cenas irreconciliáveis; e aí as coisas se complicam para nossa pobre psique, que precisa, como um motor obrigado a funcionar sem combustível, gastar uma energia enorme apenas para se manter em equilíbrio.

As pessoas que vivem em democracias sem ambiguidade, em que o direito à liberdade de expressão beira a desordem, e aquelas que vivem nas teocracias sem ambiguidade, em que ninguém exceto o chefe tem direito à palavra, não têm nenhum problema. Cada um sabe seu lugar e o código que rege o movimento de sua língua. Um provérbio marroquino resume bem a situação: *al-lisan ma fih 'azam*, "a língua não tem osso", pode então *tazliq*, escorregar facilmente; e as derrapagens da língua não têm, infelizmente, o mesmo alcance. Uma escorregada de língua na França constitui um lapso banal que agrada aos psicanalistas, grandes gurus da cena parlamentar. No entanto, ouse se divertir deixando a língua derrapar perto do califa e sua cena, e assistirá ao apocalipse. Paradoxalmente, nessa cena em que a opinião de um indivíduo não tem peso, uma escorregadela de língua (*zalqat al-lisan*) tem o efeito de uma tempestade devastadora que sacode a terra e o céu e balança este último numa obscenidade blasfematória. Quando eu era criança e voltava da escola corânica com os pés inchados pela *falaqa* (instrumento que prende os pés para que se possa bater em suas solas), minha avó, que tentava sempre me ensinar a felicidade, perguntava: "Mas minha pequena, o que você fez exatamente?". Eu segurava as lágrimas de humilhação e de rancor, e começava então a formular minha resposta: "Eu queria dizer à *fqiha*...". E minha avó, que carregava cinquenta anos de harém, sempre me interrompia antes que eu pudesse terminar a primeira frase: "Menininha, não precisa dizer mais nada. Você cometeu uma falta muito grave, você queria, você, dizer alguma coisa para sua *fqiha*. Não se diz nada na sua idade, muito menos a alguém mais velho. Nos calamos. Não dizemos nada. Você verá que não vai mais receber palmadas". Minha avó morreu quando eu tinha treze anos, numa bela tarde de verão. Eu dobrei de tamanho, desenvolvi ombros largos, deixei a escola corânica e atravessei a vida com passos seguros em busca de dignidade. Minha trajetória, porém, sempre foi interrompida pelos conselhos consternados daqueles que me amavam e que queriam minha felicidade. Repetiam sempre a mesma coisa: é preciso se calar para não apanhar.

Na medina-democracia, o indivíduo foca todos os seus esforços em um órgão elementar, a língua, e sua ginástica faz com que esqueça o essencial, o cérebro e o ato de pensar. Enquanto os ocidentais se concentram na reflexão, nós, habitantes da medina-democracia, investimos nossos esforços na arte de falar. Mas para expressar o quê? Na maior parte do tempo não sabemos nada. É por isso que nossos encontros se prolongam até a meia-noite e que nossas conferências são intermináveis. Isso explica também os rios de palavras de nossos planejadores, nossos políticos, nossos técnicos e nossos intelectuais, seja qual for sua cor política. Discursos que são reduzidos, quando submetidos a uma rigorosa análise de conteúdo, a uma simples manutenção da língua, sem nenhuma ou quase nenhuma novidade no nível da reflexão. Talvez porque a capacidade de um ser humano de desenvolver sua mente dependa de seu grau de responsabilidade pelo que acontece em sua terra. Se a terra pertence a outra pessoa, a necessidade de refletir torna-se inútil.

Um cidadão e um fiel não se comportam da mesma forma no espaço, pela boa e simples razão de que o céu e a terra são administrados por leis diferentes e se combinam numa arquitetura cósmica que enquadra o corpo humano e sua vontade numa gravidade específica. No planeta califal, o céu é imenso, vasto e onipresente; esmaga a terra com sua força divina e sua soberania sagrada. A terra, por mais povoada que seja, pesa pouco na cena califal. É minúscula, comparada à majestade esmagadora do céu. É, acima de tudo, degradada diante da espiritualidade luminosa que ilumina o céu. Baixa é a terra dos fiéis, material e cheia de sensualidade. Degradada e degradante é a terra califal, povoada de seres liliputianos diante da imensa eternidade divina. É pela escala desse céu imenso e no espaço e no tempo que se mede a terra e seus habitantes, que são de pequeníssima ordem. Na cena parlamentar, por outro lado, não há céu, ou ele fica fora do espaço político. A terra ocupa todo o espaço, e os cidadãos são gigantes, tão soberanos uns quanto os outros, pisando com pés mortais uma terra cuja grandeza reside em sua trágica finitude. Uma finitude calculada por uma inteligência humana superpoderosa, que desenvolveu instrumentos para medir tudo, incluindo os anos que faltam antes que a terra e sua galáxia desapareçam num buraco negro.

Nós, habitantes das medinas-democracia, estamos rodopiando entre o céu e a terra, cosmonautas a despeito de nós mesmos, sem trajes ou máscaras de oxigênio, abandonados nessa dança planetária, com o rosto nu e as palmas abertas. Com uma diferença, que está longe de ser desprezível: nós, as mulheres, devemos fazer todas essas piruetas de véu.

Céus!

Quando penso em nossa força! Silêncio, porém! Não se deve falar disso de forma alguma. Arriscamos atrair mau-olhado!

REFERÊNCIAS

'ACHUR, Sa'id 'Abd al-Fattah. *Misr wa al-Cham fi 'asr al-ayyubiyin wa al-mamalik*. Beirute: Dar al-Nahda al-'Arabiya, 1972.

'INAN, Muhammad 'Abdallah. *Tarajim islamiya, charqiya wa andalusiya*. Cairo: Dar al-Ma'arif, 1947.

_____. *Nihayat al-Andalus*. Cairo: Maktabat al-madani, 1987.

ABBOTT, Nabia. *Two Queens of Baghdad*. Chicago: University of Chicago Press, 1946.

_____. *Malikatan fi Baghdad*. Tradução de 'Umar Abu Nasr. [S.l.: s.n.], 1969.

ABU ZAHRA, Muhammad. *Tarikh al-madahib al-islamiya*. Cairo: Maktabat al-Adab, 1924.

AL-'AFIYA, 'Abd al-Qadir. *Al-Hayat al-siyasiya wa al-ijtima'iya wa al-fikriya fi Chifchauan*. Casablanca: Ministère des Affaires Islamiques, 1982.

_____. *Imrat al-jabal, al-Hurra Bint 'Ali Ibn Rachid*. Tetuan: Maktabat al-Nur, Muassasat 'Abd al-Khaliq Torres, 1989.

AL-'ALAWI, Salih Ibn al-Hamid. *Tarikh Hadramawt*. [S.l.: s.n.], [s.d.].

AL-'AMRI, Yasin al-Khatib. *Al-Rawda al-fayha fi tawarikh al-nisa*. Giza: Dar al-'Alamiya, 1987.

AL-'ASQALANI, Ibn Hajar. *Al-Isaba fi tamyiz al-sahaba*. Cairo: Maktabat al-Dirasa al-Islamiyya, [s.d.].

_____. *Fath al-bari fi charh Sahih al-Bukhari*. Cairo: Matba'at Mustafa al-Halabi, 1959.

AL-AMILI, Zaynab Fawwaz. *Al-Durr al-manthur fi tabaqat rabbat al-khudur*. Cairo: Al-Matba'a al-Kubra, 1985.

AL-ANDALUSI, Ibn 'Abd Rabbih. *Al-'Iqd al-farid*. Beirute: Dar al-Kutub al-'Ilmiya, 1983.

AL-BAGHDADI, Muhammad Ibn Habib. *Kitab al-muhabbar*. Beirute: Al-Maktab al-Tijari, [s.d.].

AL-BUKHARI, Muhammad Siddiq Khan al-Qinnawji. *Husn al-uswa bi-ma thabata min Allah wa-rasulihi fi al-niswa*. Beirute: Muassasat al-Risala, [s.d.].

_____. *Sahih al-Bukhari*. Beirute: Dar al-Ma'arif, [s.d.].

AL-DAHABI, Chams al-Din Muhammad Ibn Ahmad. *Siyar a'lam al-nubala*. Cairo: Dar al-Ma'arif, 1958.

AL-DAMDI. *'Aqiq al-Yaman*. [S.l.: s.n.], [s.d.].

AL-FASI, Abu Zar. *Al-Anis al-mutrib bi-rawd al-qirtas fi akhbar muluk al-Maghrib wa tarikh madinat Fas*. Rabat: Dar al-Mansur, 1972.

AL-GHAZALI, Lutfallah Muhammad. *Hidayat al-murid fi taqlib al-'abid*. Cairo: Maktabat al-Janna, 1954.

AL-HANBALI, 'Abd al-Hayy Ibn al-'Imad. *Chadarat al-dahab fi akhbar man dahaba*. Beirute: Manchurat Dar al-Afaq al-Jadida, [s.d.].

AL-ISFAHANI, Abu al-Faraj. *Kitab al-aghani*. Beirute: Dar Ihya al-Turath al-'Arabi, 1963.

AL-JAHIZ, Abu 'Uthman Amir Ibn Bahr. *Le Livre de la couronne*. Tradução de Charles Pellat. Paris: Societé d'édition Les Belles Lettres, 1954.

_____. *Rasail al-Jahiz*. Cairo: Maktabat al-Khanji, 1964.

_____. *Kitab al-bayan wa al-tabyin*. Beirute: Dar Sa'b, 1968.

AL-MALIQI, Abu al-Hasan. *Al-Hadaiq al-ghana fi akhbar al-nisa: tarajim chahirat al-nisa fi sadr al-Islam*. Líbia: Dar al-'Arabiya li al-Kuttab, 1978.

AL-MANSURI, Baybars. *Kitab al-tuhfa al-mulukiya fi al-dawla al-Turkiya*. Beirute: Dar al-Misriya al-Lubnaniya, 1987.

AL-MAQQARI, Ahmad Ibn Muhammad. *Nafh al-tib min ghusn al-Andalus al-ratib*. Beirute: Dar Sadir, 1967.

AL-MAQRIZI, Ahmad Ibn 'Ali. *Al-Khitat*. Cairo: Maktabat al-Thaqafa al-Diniya, 1987.

AL-MUHANDIS, Mahmud Fahmi. *Kitab al-bahr al-sakhir*. [S.l.: s.n.], [s.d.].

AL-MURRAKUCHI, 'Abd al-Wahid Ibn 'Ali al-Tamimi. *Al-Mu'jib fi talkhis akhbar ahl al-Magrib*. Casablanca: Dar al-Kitab, 1978.

AL-NAJRAMI, Muhammad Yusuf. *Al-'Alaqa al-siyasiya wa al-thaqafiya bayna al-Hind wa al-khilafa al-'Abbasiya*. Beirute: Dar al-Fikr, 1979.

AL-NASAI, Ahmad Ibn Chu'ayb. *Sunan al-Nasai*. Cairo: Al-Matba'a al-Misriya bi al-Azhar, 1930.

AL-NASIRI, Ahmad. *Al-Istiqsa fi akhbar al-Maghrib al-aqsa*. [S.l.]: Dar al-Kitab, 1956.

AL-SABKI, Taj al-Din Abu Nasr Abdul Wahab. *Tabaqat al-chafi'iya al-kubra*. Cairo: Al-Matba'a al-Husainiya, [s.d.].

AL-SUYUTI, Jalal al-Din. *Al-Mustazraf min akhbar al-jawari*. Beirute: Dar al-Kitab al-Jadid, 1976.

AL-TABARI, Abu Ja'far Muhammad Ibn Jarir. *Jami al-bayan 'an tawil ay al-Quran* [*Tafsir al-Tabari*]. Cairo: Dar al-Ma'arif, [s.d.]. Edição comentada e apresentada por Ahmad e Muhammad Chakir.

_____. _____. Beirute: Dar Dar al-Fikr, 1983.

_____. *Cronique de Tabari*. Tradução de H. Zotenberg. Paris: Éditions Besson et Chantemerie, 1958.

_____. *Tarikh al-umam wa al-muluk*. Beirute: Dar al-Fikr, 1979.

_____. *Les quatre premiers califes*. Tradução de H. Zotenberg. Paris: Sindbad, 1981.

AL-TANUKHI, Abu 'Ali Al-Muhassin Ibn 'Ali. *Al faraj ba'd al-chidda*. [s.l.: s.n.], [s.d.].

AL-THAWR, 'Abdallah Ahmad Muhammad. *Hadihi hiya al-Yaman*. Beirute: Dar al-'Awda, 1979.

AL-ZIRIKLI, Khayr al-Din. *Al-A'lam: qamus tarajim li achhar al-rijal wa al-nisa min al--'arab wa al-musta'rab 'ind al-mustachriqin*. Beirute: Dar al-'Ilm li al-Malayin, 1983.

AMIN, Ahmad. *Duha al-Islam*. Cairo: Maktabat al-Nahda al-Misriya, 1961.

_____. *Zuhr al-Islam*. Cairo: Maktabat al-Nahda al-Misriya, 1966.

_____. *Fajr al-Islam*. Beirute: Dar al-Kitab al-'Arabi, 1975.

BEARMAN, P. J. et al. (ed.). *Encyclopédie de l'Islam*. Leida: Brill e Paris: Maisonneuve et Larose, 1960-2005.

CANARD, Marius. "La procession du nouvel an chez les fatimides", in *Annales de l'Institut d'Études Orientales*, volume X. Argel, 1952.

CASTRIES, Henry de. *Les sources inédits de l'histoire du Maroc de 1530 a 1845*. Paris: Archives et Bibliothèques de France, 1905.

CORBIN, Henry. *Histoire de la philosophie islamique*. Paris: Gallimard, 1986.

DANNENBERG, Hermann et al. *Zeitschrift für numismatik*, volume VII. Berlim: Weidmannsche Buchhadlung, 1880.

DAUD, Muhammad. *Tarikh Tituan*. Tetuan: Instituto Mulay Hasan, 1959.

DEFRÉMERY, Charles. "Nouvelles recherches sur les Ismaéliens ou Batiniens de Syrie", in *Journal Asiatique*, volume II. Paris: Société Asiatique, 1854.

FRAIN, Irène, "Rita Hayworth, la passion et la fatalité", in *Paris-Match*, 31 de agosto de 1989.

GOLDZIHER, Ignaz. "What is meant by al-Jahiliya", in *Muslim Studies*. Chicago: Aldine Publishing Co., 1966.

HAKIM, Muhammad Ibn 'Azuz. "Sida al-Hurra, exceptionelle souveraine", in *Le Mémorial du Maroc*, volume III. Rabat: Nord Organisation, 1982.

HASAN, 'Ali Ibrahim. *Nisa lahunna fi al-tarikh al-islami nasib*. Cairo: Maktabat al-Nahda al-Misriya, 1970.

HODGSON, Marshall G. S. *The Order of Assassins*. Haia: Brill, 1955.

IBN 'ASAKIR. *Tarikh Dimachq*. [S.l.: s.n.], 1982.

IBN AL-ATHIR. *Al-Kamil fi al-tarikh*. Beirute: Dar al-Kutub al-Ilmiya, 1987.

IBN AL-JAWZI. *Kitab ahkam al-nisa*. Beirute: Manchurat al-Maktaba al-'Asriya, 1981.

IBN AL-NADIM. *Al-Fihrist*. Beirute: Dar al-Ma'arif, 1978.

IBN BATALAN. *Risala fi chari al-raqiq*. Cairo: Maktabat al-Janna. 1954.

IBN BATTUTA. *Voyages*. Tradução de C. Defremery e B. R. Sanguinetti. Paris: Librairie François Maspero, 1982.

_____. *Rihla*. Beirute: Dar Bayrut, 1985.

IBN HAZM. *Jamharat ansab al-'arab*. Cairo: Dar al-Ma'arif, [s.d.].

_____. *Rasail*. Beirute: Al-Muassasat al-'Arabiya li al-Dirasa wa al-Nachr, 1981.

IBN HICHAM. *Al-Sira al-nabawiya*. Beirute: Dar lhya al-Turath al-'Arabi, [s.d.].

IBN KHALDUN. *Al-Muqaddima*. Beirute: Dar al-Kitab al-'Arabi, [s.d.].

_____. *Recueil de textes de sociologie et de droit publique musulman contenus dans les Prolégomènes d'Ibn Khaldun*. Tradução G. Sourdon e L. Bercher. Argélia: Bibliothèque de l'Institut d'Études Supérieures Islamiques d'Alger, 1951.

IBN KHALLIKAN. *Wafayat al-a'yan*. Beirute: Dar al-Thaqafa, [s.d.]. Edição revisada por Ihsan 'Abbas.

IBN MANZUR. *Lisan al-'arab*. [S.l.: s.n.], [s.d.].

IBN MISKAWAYH. *Kitab tajarib al-umam*. Cairo: Charikat al-Tamaddun al-Sinaiya, 1915.

IBN RUCHD. *Bidayat al-Mujtahid wa nihayat al-muqtasid*, volume I. Beirute: Dar al-Fikr, [s.d.].

IBN SA'D. *Al-tabaqat al-kubra*. Beirute: Dar al-Fikr, 1980.

JOLY, Alexandre. "Tetouan", in *Archives* Marocaines, volume V. Paris: Ernest Leroux, 1905.

KAHHALA, 'Umar Rida. *A'lam al-nisa fi 'alamay al-'arab wa al-Islam*. Damasco: Muassasat al-Risala, 1982.

KAMIL, Mahmud. *Al-Yaman*. Beirute: Dar Bayrut li al-Tiba'a wa al-Nachr, 1968.

LE CORAN. Paris: Maisonneuve et Larose, 1980. Tradução de Régis Blachère.

LE GOFF, Jacques. *Faire de l'histoire: les nouveaux objets*. Paris: Folio Gallimard, 1974.

LEWIS, Bernard. *The Assassins: a radical sect in Islam*. Londres: Weidenfield and Nicolson, 1967.

_____. *Islam, from the Prophet Muhammad to the capture of Constantinople*. Nova Iorque: Harper and Row, 1974.

_____. *Le retour de l'Islam*. Paris: Gallimard, 1986.

_____. *Le langage politique de l'Islam*. Paris: Gallimard, 1988.

MAALOUF, Amin. *Les Croisades vues par les Arabes*. Paris: JC Lattès, 1986.

_____. *Samarcanda*. Tradução de Marília Scalzo. Rio de Janeiro: Tabla, 2022.

MAS'UDI, Abu al-Hasan 'Ali. *Les praries d'or*. Tradução de B. de Meynard e P. de Courtelle. Paris: Société Asiatique, 1962.

_____. *Muruj al-dahab*. Beirute: Dar al-Ma'arif, 1983.

MERNISSI, Fatima. *Le harem politique: le Prophète et les femmes*. Paris: Albin Michel, 1987.

METZ, Adam. *Al-hadara al-islamiya*. Cairo: Maktabat al-Khanji e Beirute: Dar al-Kitab al-'Arabi, 1968.

MILLOT, Louis. *Introduction à l'étude du droit musulman*. Paris: Recueil Sirey, 1970.

POOLE, Stanley Lane. *Tabaqat salatin al-islam*. [S.l.]: Dar al-'Alamiya li al-Nachr, 1982.

SACY, Antoine-Isaac Silvestre de. "Mémoire sur la dynastie des Assassins", in *Mémoires de l'Académie des Inscriptions et Belles-Lettres*, volume IV, parte II. Paris, 1818.

SULEIMAN, Ahmad al-Sa'id. *Tarikh al-dual al-islamiya wa mu'jam al-usar al-hakima*. Cairo: Dar al-Ma'arif, 1969.

SWAYD, Ahmad. *Nisa chahirat min tarikhina*. Beirute: Muassasat al-Ma'arif, 1985.

TAYFUR, Ahmad Ibn Abu Tahir. *Kitab balaghat al-nisa*. Beirute: Dar al-Nahda al-Haditha, 1972.

ÜÇOK, Bahriye. *Al-Nisa al-hakimat fi al-tarikh*. Tradução de Ibrahim Daquqi. Bagdá: Maktabat al-Sa'dun, 1973.

VÉRONNE, Chantal de la. "Sîda el-Horra, la Noble Dame", in *Hespéris*, volume XLIII. Paris: Librairie Larose, 1956.

WRIGHT, H. Nelson. *Catalogue of the coins in the Indian Museum, Calcutta*, volume II. Oxford: Clarendon Press, 1907.

ZAYDAN, Jurji. *Tarikh al-tamaddun al-islami*. [S.l.: s.n.], [s.d.].

Cet ouvrage, publié dans le cadre du Programme d'Aide à la Publication année 2023 Carlos Drummond de Andrade de l'Ambassade de France au Brésil, bénéficie du soutien du Ministère de l'Europe et des Affaires étrangères.

Este livro, publicado no âmbito do Programa de Apoio à Publicação ano 2023 Carlos Drummond de Andrade da Embaixada da França no Brasil, contou com o apoio do Ministério francês da Europa e das Relações Exteriores.

AMBASSADE DE FRANCE AU BRÉSIL
*Liberté
Égalité
Fraternité*

Dados Internacionais de Catalogação na Publicação (CIP)

M566s

Mernissi, Fatima, 1940-2015
    Sultanas esquecidas : mulheres chefes de Estado no Islã / Fatima Mernissi ; tradutora: Marília Scalzo. Rio de Janeiro : Tabla, 2024.
    276 p. ; 23 cm.

    Tradução do original em francês: Sultanes oubliées, femmes chefs d'État en Islam.
    ISBN 978-65-86824-69-8

    1. Império Islâmico – Reis e governantes – Biografia. 2. Rainhas – Império Islâmico – Biografia. I. Scalzo, Marília. II. Título.

CDD 909.097671

Roberta Maria de O. V. da Costa – Bibliotecária CRB-7 5587

Título original
Sultanes oubliées: femmes chefs d'État en Islam

© 1990 Fatima Mernissi

EDITORA
Laura Di Pietro

ASSISTENTE EDITORIAL
Felipe Benjamin Francisco
Olívia Janot

PREPARAÇÃO
Isa Próspero

REVISÃO
Talita Grass
Gabrielly Alice da Silva

REVISÃO DAS REFERÊNCIAS
Gustavo Racy
Pablo Beneito

CAPA E PROJETO GRÁFICO
Cristina Gu

DIAGRAMAÇÃO
Barbara Cutlak
Cristina Gu

IMAGEM DA CAPA
© Hannah Gaskarth, 2022
The Weird Sisters

[2024]

Todos os direitos desta edição reservados à
EDITORA ROÇA NOVA LTDA.
+55 21 99786 0747
editora@editoratabla.com.br
www.editoratabla.com.br

Este livro foi composto em Masqualero e Meno Text, e impresso em papel Avena 80 g/m² pela gráfica Exklusiva em janeiro de 2024.